DIETMAR FELDEN

**Durch den Fünften Kontinent –
Leben und Leistung Ludwig Leichhardts**

AP.

EDITION PETERMANN

DIETMAR FELDEN

Durch den Fünften Kontinent

Leben und Leistung Ludwig Leichhardts

 Justus Perthes Verlag Gotha

Die Deutsche Bibliothek – CIP Einheitsaufnahme

Felden, Dietmar:

Durch den fünften Kontinent : Leben und Leistung Ludwig Leichhardts / Dietmar Felden. - Gotha : Perthes, 1996
    (Edition Petermann)
    ISBN 3-623-00844-3

Umschlaggestaltung: Peter Spallek, Gotha

ISBN 3-623-00844-3

Impressum

1. Auflage 1996
© Justus Perthes Verlag Gotha GmbH, Gotha 1996
Printed in Germany. All rights reserved.
Gesamtherstellung: Peter Spallek – UniPrint, Gotha
Redaktionsschluß: August 1996

Inhaltsverzeichnis

6

Von Trebatsch nach London

Naturverbundenheit. „Das muntere Wandern, das denkende Herumbewegen zwischen Wunderwerken der Natur, die schöne Abwechslung von Ermattung und Ruhe hat einen großen, unendlichen Reiz. Ich möchte wohl immer so wandern, wenn es ginge."

So gibt der zweiundzwanzigjährige Ludwig Leichhardt am 10. September 1836 in einem Brief an den Vater seiner Freude während einer Harzwanderung Ausdruck. Sicher läßt sich dieses Zitat nicht als Vorahnung auf seine Jahre später beginnende Forscherlaufbahn werten. Doch es macht sehr wohl treffend einen Wesenszug von ihm sichtbar: die tiefe Liebe und Verbundenheit zur Natur. Vielleicht mit einer Nuance des Pathetischen, des Schwärmerischen, das aber sehr zeitig zielgerichtetem wissenschaftlichem Tätigsein Raum gibt und schließlich in das bis zur Selbstlosigkeit reichende disziplinierte, aufopferungsvolle Forscherdasein hineinreift, wo die Natur letzten Endes nicht nur Größe und Schönheit, sondern auch die Tragik des zum Teil Unbezwingbaren haben sollte.

Schon während seiner frühen Jugend hatte sich Ludwig Leichhardt mit der Absicht getragen, später einmal Naturforscher zu werden und die zu seiner Zeit auf der Landkarte noch zahlreich vorhandenen weißen Flecken tilgen zu helfen. Wieder und wieder studierte er die Weltkarte im Trebatscher Pfarrhaus. Doch dieses Vorhaben, das dem Wunsch der Eltern auf eine gediegene Lehrer- oder Gelehrtenlaufbahn entgegenstand, ließ sich nicht ohne weiteres realisieren.

Leichhardts Vater, Christian Hyronimus Leichhardt (1778–1840), entstammte einer kinderreichen Landarbeiterfamilie aus dem Halberstädtischen. Von früh auf an harte Arbeit, an den Broterwerb für die Familie gewöhnt, bewährte er sich als Torfgräber in der Nähe von Schadeleben bei Halberstadt sowie anschließend im Rhinluch und bei Dahlewitz.

Erst fünfundzwanzigjährig, wurde er 1803 als königlicher Torfmeister im Sawallschen Luch eingesetzt – einem Moor- und Sumpfgebiet unweit der Spreemündung in den Schwielochsee. Es befindet sich im Südwesten der Mark Brandenburg.

Viele Teile dieser Landschaft sind aufgrund ihres ausgedehnten Gewässernetzes – häufig von Wald- und Wiesenflächen durchbrochen – reich an Torflagerstätten. Bereits lange vor Leichhardt hatte man den relativ hohen Heizwert jenes vorwiegend in Sümpfen und Mooren lagernden, unter Luftabschluß entstandenen pflanzlichen Zersetzungsproduktes erkannt und zu nutzen gesucht.

Auch die preußische Regierung bemühte sich, die Torfgebiete in der Mark Brandenburg unter Anleitung fähiger Leute zu erschließen und Torfstiche einzurichten, in denen das Brennmaterial gewonnen werden konnte. In einem einschlägigen Lexikon aus Leichhardts Zeit heißt es u. a.: „Der Torf ist ein nützliches Brennmaterial und z. B. für Holland von derselben Wichtigkeit als die Steinkohle für England."

Jedenfalls hatte es Leichhardts Vater sehr schnell durch Fertigkeit, Disziplin und Fleiß im Torfgewerbe zu etwas gebracht, und kurz nach seiner Berufung zum Torfinspektor waren für ihn auch die materiellen Möglichkeiten gegeben, eine Familie zu gründen. Er hielt um die Hand von Charlotte Sophie Strehlow, Tochter eines Gutsinspektors, an.

Charlotte gebar in der glücklichen Ehe neun Kinder. Nach der Geburt des ersten, der Tochter Auguste, übersiedelte Hyronimus Leichhardt mit der Familie nach Trebatsch, einem kleinen Straßendorf etwa drei Kilometer westlich des Schwielochsees im Königlich Preußischen Kreis Lübben. Sie bezogen im Ortsteil Sabrodt ein kleines Haus. (Heute ist Trebatsch zusammen mit Sabrodt eine Gemeinde im Kreis Oder-Spree-Kreis.)

Nachdem das Haus durch einen Brand vernichtet worden war, baute sich Hyronimus mit Unterstützung der Gemeinde ein neues – ein Fachwerkhaus aus Lehm.

In diesem Haus kommt Friedrich Wilhelm Ludwig Leichhardt am 23. Oktober 1813 zur Welt. Er ist das sechste Kind der Familie. Nach dem ersten, der oben erwähnten Tochter Auguste, bekam die Familie Zuwachs durch die Söhne Raimund und Hermann sowie die beiden Töchter Charlotte und Henriette. Später werden Adolph und Julius geboren.

Ludwig Leichhardt hat berühmte Zeitgenossen. 1813 kommen auch Richard Wagner (gest. 1883) und Giuseppe Verdi (gest. 1901) zur Welt.

Ludwigs Geburt fällt in eine bewegte Zeit. Eben erst haben die verbündeten Armeen Preußens, Rußlands, Österreichs und Schwedens in der Völkerschlacht bei Leipzig die napoleonischen Truppen entscheidend geschlagen. Sie zwangen Napoleon Bonaparte (1769–1821) nach dem Verlust von 90 000 Mann seiner Truppen, den Rückzug aus den okkupierten Gebieten anzutreten.

Am 5. Dezember erhält Ludwig Leichhardt in seinem Geburtsort die protestantische Taufe. Als Taufzeugen haben sich u. a. eingefunden der Amtsrat Zier aus Trebatsch, der sich wiederholt für die materiellen Belange der Familie Leichhardt einsetzte und die Frau des Predigers Rödelius aus dem Fischerdorf Zaue am südwestlichen Ufer des Schwielochsees.

Die ausgedehnte südmärkische Landschaft in ihrer Harmonie von Seen, Flüssen, Wiesen, Feldern und Wäldern hat seit frühester Kindheit einen nicht zu verkennenden Reiz auf den heranwachsenden Jungen ausgeübt. Oft nimmt ihn der Vater mit auf seine Inspektionsgänge in die Torfgrube. Er macht ihn auch mit der reichen Tier- und Pflanzenwelt bekannt. Im Heide- und Seengebiet der Beeskower Platte gibt es viele Arten von Wasservögeln, darunter Rohrdommeln, Rohrweihen, Bleßhühner, aber auch Lachmöwen und Eisvögel. Zusammen mit den Geschwistern und anderen Dorfkindern tollt Ludwig an den Ufern der Spree umher. Natürlich wird sommers ausgiebig gebadet. Wozu sonst gibt es diesen ansehnlichen Fluß, der Trebatsch und Sabrodt fast gewaltsam zu trennen scheint?

Trotz des häufigen Aufenthalts in der Natur ist er von recht schwächlicher Konstitution und kränkelt oft, ein Umstand, der auch in der Folgezeit und bis in die australischen Jahre hinein manchen seiner Pläne negativ beeinflußt.

Irgendwie sucht er schon in den Kinderjahren Bewährung, die außergewöhnliche Situation. Einmal verfällt er auf die Idee, mehrere Tage lang zu hungern. So überläßt er heimlich den größten Teil der Essenration einem Bediensteten seines Vaters. Bis er fast umfällt vor Kraftlosigkeit. Erst dann ißt er wieder.

In der Trebatscher Dorfschule zeigt er sich fleißig und begabt. Davon berichtet Zuchold in seiner Skizze über Ludwig Leichhardt: „Bei einer Schulrevision des Superintendenten Ideler fragte der Lehrer vorzugsweise ältere Knaben, was von dem Revisor natürlicher Weise gerügt wurde. Alsbald wurde unser Leichhardt als einer der jüngsten aufgerufen und gab so treffende Antworten, daß sich der Revisor längere Zeit mit ihm beschäftigte zur nicht geringen Freude sowohl des Lehrers als auch der sich etwas weniger sicher fühlenden Schulkameraden."

Hyronimus Leichhardt verfolgt voller Interesse das Lerntalent seines Sohnes Ludwig, an dem er besonders hängt. Dieser soll es einmal leichter haben, das Brot zu verdienen, als er selbst es in jungen Jahren hatte. Gymnasium, Universität, eine Beamten- oder Wissenschaftlerlaufbahn – das sind seine Vorstellungen von Ludwigs Entwicklung. Und Vater Hyronimus kann es sich mittlerweile leisten, solche Pläne zu hegen.

Auch nach den Befreiungskriegen war das Königrcich Preußen im wesentlichen ein Agrarland geblieben. Etwa 75 % der Einwohner lebten auf dem Lande, wo die feudalen Abgabe- und Hörigkeitsverhältnisse eine moderne landwirtschaftliche Entwicklung mit industriellen Methoden nach wie vor hemmten. Allerdings hatte sich der preußische König Friedrich Wilhelm III. (1770–1840) 1818 unter dem Druck rheinischer Großbourgeois dazu bereit erklärt, die zwischen den einzelnen Landesteilen in Preußen bestehenden Zollschranken aufzuheben. Nachdem einige Kleinstaaten der preußischen Zollhoheit beigetreten waren und eine Reihe mittel- und süddeutscher Staaten aus eigenen Zollvereinen mit der preußischen Regierung Einigung erzielt hatten, kam es 1833 zur Gründung des Deutschen Zollvereins. Zwar gab es in jedem der deutschen Länder nach wie vor eine separate Währung sowie eigene Maße und Gewichte, doch der ins Leben gerufene Zollverein versuchte dem deutschen Kapital seinen Markt zu garantieren und erhob für die Einfuhr ausländischer Waren hohe Gebühren. Diese Maßnahmen bewirkten, daß die kapitalistische Industrie wie in England oder Frankreich nunmehr auch in Deutschland raschen Aufschwung nehmen konnte. Hyronimus Leichhardt hatte sich kurz nach der Jahrhundertwende als Holz- und Torfhändler etabliert, wobei er den Torf per Schiff bis in die preußische Hauptstadt versandte.

Die Zollmaßnahmen der Regierung wußte er später für seine persönlichen wirtschaftlichen Interessen zu nutzen. Schon 1826 war Leichhardts finanzielle Lage so gut, daß er das Sawallsche Luch mit den Torfstichen pachtete.

Nun konnte er auch an eine umfassende Bildung und Erziehung seiner Söhne denken.

Schulzeit. Hyronimus Leichhardt schickt den inzwischen dreizehnjährigen Ludwig gemeinsam mit dem fünf Jahre älteren Hermann zu Pastor Rödelius nach Zaue, um sie dort auf den Gymnasiumbesuch vorbereiten zu lassen.

In der kleinen idyllischen Fischersiedlung am Schwielochsee verbringen beide zusammen mit anderen Jungen eine herrliche Zeit. Die 18 Zöglinge sind in einem geräumigen schilfgedeckten Haus auf dem Anwesen von Rödelius untergebracht. Der Pastor unterrichtet sie in alten Sprachen, in Religion und vermittelt ihnen auch grundlegende naturwissenschaftliche Kenntnisse. Insgesamt ist seine pädagogische Haltung ausgerichtet nach den philanthropischen Reformbestrebungen eines Christian Gotthilf Salzmann (1744–1811), Johann Heinrich Pestalozzi (1746–1827) oder Johann Bernhard Basedow (1724–1790).

Als willkommenen Ausgleich zum intensiven Lernen gibt es viel Beschäftigung im Freien. Rödelius läßt die Jungen laufen und Ball spielen; jeder von ihnen hat ein ihm zugewiesenes kleines Stück Land zu bearbeiten. In der warmen Jahreszeit nehmen Baden, Bootsfahrten und Fischfang auf dem See eine beachtliche Rolle im Dasein der Zöglinge ein. Unter Führung von Rödelius geht es auf ausgedehnte Exkursionen in die Umgebung, denen sich oft auch Ludwigs Patin, die Pastorsfrau, anschließt. Rödelius läßt die Jungen Pflanzen und Gräser bestimmen und sammeln. Nach fast jedem Streifzug präparieren sie unter seiner Anleitung Insekten. Bald haben Ludwig und Hermann eine ganze Sammlung von Käfern und getrockneten Pflanzen, die sie in den Ferien mit nach Hause nehmen und dort in Herbarien und Insektenkästen einordnen. Während dieser Vorbereitungsphase auf das Gymnasium bildeten sich wesentliche Züge des Charakters und der Persönlichkeit Ludwig Leichhardts. Auch Rödelius fallen die Begabung und der Lerneifer Ludwigs, seine gefühlstiefe Veranlagung und Begeisterung für die Natur sofort auf. Er sucht sie zu fördern, so gut es ihm möglich ist.

Im Herbst 1829 wird Ludwig Leichhardt Schüler am Cottbuser Gymnasium. Die Stadt am Rande der Niederlausitz ist zu jener Zeit bedeutendes geistiges und wirtschaftliches Zentrum im Regierungsbezirk Frankfurt/ Oder. 1807 war Cottbus an Napoleon gefallen. Dieser hatte es dem König von Sachsen abgetreten und dafür einige Gebiete in Thüringen erhalten. Nach dem Wiener Kongreß wurde die Stadt schließlich wieder Preußen einverleibt.

Das Gymnasium, ein weiträumiger Barockbau im Nordwesten nahe der Oberkirche, ist neben der Superintendentur und dem Landratsamt eines der Wahrzeichen des mehr als 10000 Einwohner zählenden Cottbus. Zu denen, die das Bürgerrecht haben, gehören auch zahlreiche Wenden mit einer eigenen Kirche sowie etliche Franzosen. Es gibt Woll- und Leinenmanufakturen. Aus den Brauereien kommt das damals weithin bekannte „Kottbuser Bier".

Viele Panoramagemälde aus dem Cottbus zur Zeit des Gymnasiasten Ludwig Leichhardt hat der Maler Karl Blechen (1798–1840) in seiner Jugendphase geschaffen.

Der fünfzehnjährige Leichhardt findet Unterkunft im Hause seines Schwagers Friedrich August Schmalfuß, der Musik- und Zeichenlehrer ist. Schmalfuß hatte sich seit seiner Jugend vergeblich als Porträt- und dann als Theatermaler betätigt, bis er 1829, kurz bevor Ludwig Leichhardt ins Cottbuser Gymnasium aufgenommen wird, eine feste Anstellung an einer Stadtschule fand. Zwei Jahre zuvor war Leichhardts Schwester Henriette seine Frau geworden. Schmalfuß hatte damals auf Einladung von Vater Hyronimus in Trebatsch geweilt, um ein Familienporträt anzufertigen. Dabei war sein Herz gleichsam an Henriette „hängengeblieben". Dank der Aufzeichnungen von Friedrich Schmalfuß ist es möglich, auch über Leichhardts Familienverhältnisse einige Aufschlüsse zu erhalten.

Im gemütlichen Heim des jungen Paares, am Topfmarkt, wird Ludwig liebevoll aufgenommen und von beiden umsorgt. Auch jetzt ist seine Gesundheit nicht die beste. Mehrfach befällt ihn ein neurovegetatives Magenleiden. Trotzdem geht er auch im Gymnasium mit dem ihm eigenen Eifer ans Lernen. Wißbegierig nimmt er alles auf und sitzt bei Kerzenlicht bis in die Nacht hinein über den Büchern. In nur zwei Jahren durchläuft er die Tertia und die Sekunda. Schon Michaelis (29. September) 1831 kann er das Gymnasium verlassen.

Ungeachtet der labilen körperlichen Verfassung ist Leichhardt bemüht, sich weiter abzuhärten. Erstaunlich, wie er seine psychische Leistungskraft immer wieder durch körperliche Belastung zu ergänzen sucht, wie er sich selbst Bewährungssituationen schafft. An Wochenenden und in der Freizeit wandert er regelmäßig von Cottbus nach Trebatsch und nach Tagen oder Wochen wieder zurück. Immerhin beträgt die Entfernung zwischen beiden Orten etwa 45 km. Ihm aber scheint das nichts auszumachen. Um sich obendrein seine Furchtlosigkeit zu beweisen, unternimmt er die Fußmärsche meist während der Nachtstunden. Außerdem geht ihm dadurch keine Zeit verloren, und er kann den nächsten Tag wieder weitgehend für die geistige Arbeit nutzen.

Erster Aufenthalt in Berlin. Wenige Wochen nur hält sich Ludwig Leichhardt nach erfolgreichem Abschluß des Gymnasiums im Trebatscher Elternhaus auf. Schon im Oktober 1831 geht er nach Berlin, um an der Alma mater der preußischen Hauptstadt zu studieren. Ludwigs Vater hatte die nahegelegene Metropole für die erste Studienphase des Sohnes ausgewählt. So konnte man sorgfältig beobachten, wie sich der hoffnungsvolle Sproß der Familie entwickeln würde und, wenn nötig, sofort durch Rat und Tat zur Seite stehen. Sollte diese erste Etappe in Berlin erfolgreich sein, ließen sich andere Stätten zur Fortsetzung des Bildungsganges ins Auge fassen. Als Ludwig Anfang November in Preußens Hauptstadt eintrifft, herrscht dort reges politisches, geistig-kulturelles und merkantiles Treiben. „Berlin ... ist durch Schönheit und Großartigkeit seiner Gebäude, Regelmäßigkeit der Straßen, durch die Bedeutsamkeit der wissenschaftlichen und artistischen Institute, durch reges Kunst-, Industrie- und Gewerbesleben eine der ersten Städte Europas."

Jene Errungenschaften sind Auswirkungen bürgerlicher Reformen und der bürgerlich-patriotischen Bewegungen sowie Ausdruck sich weiterentwickelnder Produktivkräfte, was sich Anfang der 30er Jahre mit Beginn der industriellen Revolution widerspiegelt.

Seit 1797 regiert Friedrich Wilhelm III. Unter seiner Regentschaft nimmt die Berliner Baukunst einen beachtlichen Aufschwung. Durch Friedrich Karl Schinkel (1781–1841) läßt er u. a. das neue Schauspielhaus und das Museum erbauen. Schinkels architektonischer Perfektion ist es wesentlich zu verdanken, daß die Innenstadt modernes bürgerliches Profil erhält. Die Eröffnung der Universität im Oktober 1810, an der dann 1831 auch Ludwig Leichhardt immatrikuliert wird, ist Höhepunkt der durch Wilhelm von Humboldt eingeleiteten langjährigen Bildungsreform.

Das geistige Leben nicht nur an der Universität, sondern ebenso in den literarisch-musikalischen Salons, den Theatern und Bibliotheken ruft bei dem in provinzieller Enge aufgewachsenen Jungen unverhohlene Bewunderung hervor.

Dem Studium sieht Leichhardt mit großer Erwartung entgegen, weiß er doch, daß hier eine ganze Reihe von in fast ganz Europa bekannten Wissenschaftlern ihre Lehrtätigkeit ausübt. Dazu zählen beispielsweise Christoph Wilhelm Hufeland (1762–1836) – seit Gründung der Universität Professor für spezielle Pathologie und Therapie; der Historiker Friedrich Ludwig von Raumer (1781–1873), dessen Vorlesungen zur deutschen und europäischen Geschichte einen großen Hörerkreis anziehen und der Philosoph Georg Wilhelm Friedrich Hegel (1770–1831). Leichhardt ist es leider nicht mehr vergönnt, Hegel zu erleben. Kurz bevor er in Berlin eintrifft, fällt der Gelehrte einer Choleraepidemie zum Opfer.

Ferner wirken an der Universität der preußischen Hauptstadt der Chemiker und Mineraloge Eilhard Mitscherlich (1794–1863), die Germanisten Karl Lachmann (1793–1851), Franz Bopp (1791–1867) und August Böckh sowie gewissermaßen im Umfeld der Universität Adalbert von Chamisso (1781–1838).

Chamisso, Vertreter der Berliner bürgerlichen Romantik und Dichter des „Peter Schlemihl", war nach einer drei Jahre währenden Weltreise zum Adjunkt und später zum Kustos des Berliner Botanischen Gartens berufen worden. Man hatte ihm die Ehrendoktorwürde verliehen und ihn zum Mitglied der Berliner Akademie der Wissenschaften ernannt – vor allem als Verdienst für seine fundierten naturwissenschaftlichen Darlegungen in der von ihm verfaßten und 1821 erstmals veröffentlichten „Reise um die Welt". Mehrfach ist Leichhardt während des ersten Aufenthaltes in Berlin Besucher des von Chamisso betreuten Botanischen Gartens. Er studiert eingehend die floristischen Belege aus vielen Ländern. Es ist anzunehmen, daß es dabei zur Begegnung der beiden kam.

Fast mit Sicherheit aber dürfte Ludwig Leichhardt Chamissos „Reise um die Welt" gekannt haben, denn seit der Gymnasialzeit las er voller Begeisterung die .einschlägige Reiseliteratur seiner Zeit, auch Raumers „Herbstreise nach Venedig" und Alexander von Humboldts „Ansichten zur Natur". Besonders nachhaltigen Eindruck hinterließen im jungen Leichhardt die „Briefe eines Verstorbenen" aus der Feder von Hermann Fürst von Pückler-Muskau (1785–1871), der außerdem ein bedeutender Landschaftsgestalter war. In dem vierbändigen Werk schildert der Abkömmling eines alten sächsischen Adelsgeschlechts freimütig seine Reiseimpressionen durch Europa und zeichnet ein aufschlußreiches Sittengemälde jener Ära. Bis in die australischen Jahre klingt diese Lektüre – wie Briefe es belegen – in Leichhardt nach.

Nicht minder begeistert wird er von Chamissos Reisedarstellung gewesen sein, zählt sie doch zu den ersten Expeditionsberichten über die Südseeregion sowie den Nordpazifik. So dürfte auch die Lektüre solcher Reiseliteratur dazu beigetragen haben, daß sich in Leichhardt während seines ersten Berliner Aufenthaltes der Hang zu den Naturwissenschaften weitgehend ausprägt.

Am 5. November erfolgt seine Immatrikulation an der Philosophischen Fakultät der Universität, die in jener Zeit rund 2000 Studenten zählt. Vier Semester verbringt Ludwig Leichhardt zunächst an dieser Bildungseinrichtung.

Noch dem elterlichen Wunsch folgend, möglichst einmal die Gelehrtenlaufbahn einzuschlagen, belegt er Vorlesungen zur klassischen Philologie. Daneben hört er Psychologie und Logik. Schon im folgenden Semester zeigen sich jedoch seine naturwissenschaftlichen Neigungen. Vorlesungen in Astronomie, Anthropologie und Geographie stehen auf dem Studienprogramm. Mit besonderem Interesse hört er bei Carl Ritter (1779–1859) die beiden Vorlesungen „Geographie von Europa" sowie „Beschreibung der Halbinseln des mittäglichen Europa". Ritter, Begründer der vergleichenden Geographie, war in der Fachwelt durch Werke wie „Europa, ein geographisch-historisch-statistisches Gemälde" und „Die Erdkunde im Verhältnis zur Natur und Geschichte des Menschen" bekannt geworden. Den hohen Faktenreichtum und Realitätsbezug für seine wissenschaftlichen Arbeiten erwirbt er sich seit 1830 durch jährliche Wanderungen. Sie führen ihn bis Mitte des 19. Jahrhunderts in fast sämtliche europäische Länder. Ritter wird für Ludwig Leichhardt zum Vorbild des ständig um Praxisverbundenheit bemühten Wissenschaftlers, der seine Hypothesen in eigenem, oft entbehrungsreichen Einsatz beweisen will, und der in dieser Methodik seine Haupterkenntnisquelle sieht.

Ausnahmslos bestätigt man Ludwig Leichhardt nach jedem Semester an der Berliner Universität hervorragenden Fleiß. Seine Beurteilungen – auch die vom Juli 1833 nach der beantragten Exmatrikulation – sind mustergültig.

Eine nachhaltige Freundschaft. Die Fortsetzung der Studien soll nun an der Universität Göttingen erfolgen, einer Bildungseinrichtung, wo die Naturwissenschaften einen guten Ruf haben. Etwas spontan, fast überstürzt scheint Leichhardts Abschied von Berlin im Sommer 1833 zu sein. Noch einmal geht er für wenige Wochen zur Familie nach Trebatsch; eine kurze Zeit der Besinnung und Erholung im vertrauten Kreis, in der ländlichen Idylle.

Obwohl erst für die Zeit nach dem Berliner Aufenthalt umfassende autobiographische Belege Ludwig Leichhardts vorhanden sind, gilt es als fast sicher, daß große politische Ereignisse während der Jugendzeit kaum Wirkung auf ihn ausgeübt hatten. Die Resonanz der Pariser Julirevolution von 1830, durch Streiks, Aufstände und Demonstrationen auch in Berlin und anderen Städten Deutschlands sichtbar, die durch das Hambacher Fest 1832 verstärkten Bestrebungen zum Beseitigen der Kleinstaaterei – dies alles scheint an Leichhardt weitgehend vorübergegangen zu sein.

Im Frühherbst 1833 trifft er in der niedersächsischen Universitätsstadt Göttingen ein. Hier am Fuße des Hainbergs, an der Neuen Leine, fühlt er sich von Anfang an heimisch. Die Alma mater, die 1734 von König Georg II. gegründete und 1737 eingeweihte Georgia Augusta, wird von Studenten aus fast allen europäischen Ländern und aus Amerika besucht. Zu Leichhardts Zeit gibt es in Göttingen über 1500 Studierende.

Weitaus mehr als an anderen deutschen Universitäten herrscht hier ein liberaler, demokratischer Bildungstenor. Zu den bekanntesten Gelehrten zählen Karl Friedrich Hieronimus Freiherr von Münchhausen (1720–1797) – er war erster Kurator der Göttinger Universität gewesen –, der Mathematiker Karl Friedrich Gauß (1777–1855) – zu Leichhardts Studienzeit ordentlicher Professor für Astronomie – und die Brüder Jakob (1785–1863) und Wilhelm (1786–1859) Grimm. Prominente Absolventen der Göttinger Universität sind beispielsweise auch die Dichter Ludwig Tieck (1773–1853) und Heinrich Heine (1797–1856). Heine mußte aufgrund eines Duells Göttingen 1820 nach einem Semester Rechtswissenschaft verlassen. Während seiner Harzwanderung suchte er die Stadt 1824 noch einmal auf, um zum Dr. jur. zu promovieren. In seiner „Harzwanderung" karikiert er Göttingen meisterhaft.

Doch so mittelalterlich-antiquiert wie Heine empfindet Leichhardt Göttingen nicht. Ihm imponieren die zahlreichen wissenschaftlichen Einrichtungen, in denen die Studenten jegliche Literatur, Geräte und Instrumentarien für ihre Ausbildung vorfinden. Diese Gebäude fügen sich in das Stadtbild mit gepflegten Parkanlagen harmonisch ein.

Für den König von Hannover ist die Georgia Augusta zugleich einträgliche Finanzquelle. Bereits der österreichische Hofsekretär Johann Melchior von Birkenstock vermerkte im Anschluß an eine Studienreise nach Göttingen in seinem Bericht vom 13. Februar 1772, daß allein die ausländischen Studenten „in barem Gelde etwa 300 000 Rhth. (Reichstaler; D. F.) einbringen, so daß die 'Cultur der Wissenschaften ... zugleich eine Quelle von landesherrlichen Einkünften geworden ist.' Man könne Göttingen einem Freihafen wie Livorno vergleichen, in den jeder, wenn er übrigens keine verderbliche Seuche mitbringt, frey einlaufen, von Gelehrsamkeit und Kenntnissen so viel und wem er will einhandeln und mit sich davon führen kann."

Die Universitätsbibliothek verfügt über einen Bestand von rund 300 000 Bänden sowie 5 000 Handschriften. Leichhardt wird einer ihrer eifrigsten Leser. Auch das Museum der Universität besucht er mehrfach. Dort weckt neben der Münzkollektion vor allem die stattliche Naturaliensammlung sein Interesse.

Zunächst widmet er sich während des Wintersemesters 1833 wieder den klassischen Sprachen. Er schließt Freundschaft mit William und John Nicholson, den Söhnen einer begüterten englischen Familie. Besonders die Verbindung zu William soll in den folgenden Jahren wesentlich Ludwig Leichhardts Entwicklung zum Wissenschaftler und Forscher mitbestimmen.

Engen Kontakt findet er auch zu Heinrich Ewald (1803–1875), der seit 1831 als Professor für Philosophie wirkt und vier Jahre darauf eine Professur für Orientalistik erhält. 1837 zählt Ewald dann zu den „Göttinger Sieben", die sich mit ihrem furchtlosen Auftreten gegen den Verfassungsbruch des Hannoveranischen Königs wenden.

In Göttingen widmet sich Ludwig Leichhardt verstärkt den Naturwissenschaften. So hört er Vorlesungen des Geologen Girard und des Pflanzengeographen Griesebach. Am 8. Juli 1834 schreibt er an seinen Schwager Karl Friedrich Barth in Hamburg: „Ich führe hier ein rüstiges, tätiges Leben, gearbeitet wird den ganzen Tag. Die Arbeit selbst muß sich dann in Erholung verwandeln. Auch schweife ich wohl auf den Bergen umher, ... wenn die Sonne untergegangen ist ... Bekannte habe ich einige, doch besuche ich niemand, sondern ... gehe allein spazieren."

So führt Leichhardt denn ein völlig dem Studium gewidmetes und – wenn man so will – in gewissem Maße auch eigenbrötlerisches Leben. Gesellige Kommilitonenrunden bei Bierseidel und Römer, Duelle, Frauengeschichten, wie sie an den deutschen Universitäten damals an der Tagesordnung waren, scheinen ihm und seinem Freund fremd gewesen zu sein. Es gibt auch in späteren Briefen keinen Anhaltspunkt dafür, daß er sich jemals am Kneipen oder anderen studentischen Ausschweifungen beteiligte.

Spartanisch und diszipliniert ist der Tagesablauf von Ludwig Leichhardt und William Nicholson. Immer stärker beginnt sich in beiden der Vorsatz zu prägen, einst etwas Außergewöhnliches zum Wohle der Menschheit zu leisten.

Ein kurzer, wiederum nur wenige Wochen währender Besuch bei den Eltern und Geschwistern in Trebatsch schließt sich im Spätsommer 1834 an.

Inzwischen steht für ihn fest, daß er nicht die Gelehrtenlaufbahn einschlagen wird. Er will zwar noch ein, zwei Jahre weiterstudieren, aber alles auf das große, bislang nicht klar fixierte Ziel hin. Er sagt niemandem in Trebatsch ein Wort, behält es für sich. Lediglich Schwager Barth in Hamburg macht er im Abschiedsbrief aus Göttingen einige Andeutungen.

Wieder in Berlin. Der Herbst 1834 sieht Ludwig Leichhardt ein zweites Mal in Berlin. Am 5. November wird er erneut Student an der Philosophischen Fakultät.

Sicher haben seine begeisterten Schilderungen über jene Universität und ihr wissenschaftliches Renommee in William Nicholson den Wunsch hervorgerufen, seine Studien ebenfalls in der preußischen Hauptstadt fortzusetzen. Er folgt dem Freund ein Jahr später dorthin. Berlin nicht zu erleben – das käme gewissermaßen einem Bildungs-, ja Prestigeverlust gleich, zumal der wiederholte Wechsel von Universitäten während des Studiums zum guten Ton auf dem Bildungsweg eines jungen Bourgeois gehörte.

Ludwig Leichhardt und William Nicholson beziehen eine bescheidene Unterkunft in der Marienstraße 13. Offenbar hat William großzügig auch diese Pension bezahlt, wie er in der Folgezeit den Freund immer wieder finanziell unterstützt.

Leichhardts Vater war nach anfänglicher materieller Situiertheit mehr und mehr in wirtschaftliche Schwierigkeiten geraten, nicht zuletzt durch die Bürgschaft für skrupellose Verwandte, und konnte seine Söhne beim Fortsetzen der Studien kaum noch unterstützen. Mit Williams Hilfe versucht Leichhardt schließlich, den Vater mit einer größeren Geldsumme vor dem drohenden Konkurs zu retten.

Voller Begeisterung führt er Nicholson durch Berlin, erlebt mit ihm die Sehenswürdigkeiten. Sie besuchen Theateraufführungen und Konzerte, Museen der Stadt, arbeiten häufig in Bibliotheken; und gewiß hat Leichhardt William Nicholson auch den Botanischen Garten gezeigt.

Immer stärker macht sich im Berlin der 30er Jahre, wie in vielen anderen preußischen Städten, die beginnende Industrialisierung bemerkbar. Bereits 1832 war in Deutschland die Zahl der Handwerker sowie der Arbeiter in Bergbau und Industrie auf 450 000 angewachsen; und sie sollte sich bis ins Revolutionsjahr 1848 um das Doppelte erhöhen. In Berlin entstehen Eisengießereien, Tuchfabriken und Webereien. Die Arbeitszeit liegt oftmals zwischen 12 und 14 Stunden; Kinderarbeit ist an der Tagesordnung. Den hohen Lebenskosten (bei einer vierköpfigen Familie liegen die täglichen Haushaltsausgaben zwischen 6 und 8 Silbergroschen) stehen geringe Löhne in den Fabriken und Manufakturen gegenüber. Sie betragen für Eisengießer wöchentlich 20–30 Silbergroschen, für Kattundrucker 20, für Weber 5–7 Silbergroschen. Fabrikmädchen erhalten pro Woche zwischen 3 und 6, Kinder 2 bis 3 Silbergroschen. Zwar fehlen aus der zweiten Berliner Studienphase weitgehend autobiographische Belege dafür, welche Vorlesungen Leichhardt und Nicholson besuchten, doch darf es als sicher angesehen werden, daß beide medizinische Lehrveranstaltungen belegten und Leichhardt außerdem, wie bereits in Göttingen, Geologie. „Mit dem Medizinstudium", so schreibt Lenhardt in seiner Leichhardt-Studie, „wollte sich Leichhardt später das nötige Geld für seine Forschungsarbeiten durch die Ausübung des Arztberufes verdienen."

Am 28. Februar 1836 teilt er dem Vater in einem Brief mit: „Frei und ungebunden gebe ich mich meinen Lieblingswissenschaften hin, nicht durch Gedanken an die Zukunft geplagt ..." Aus diesen Worten spricht seine feste Absicht, ohne Zwang auf ein vorgefaßtes Berufsbild in Berlin den Studien nachzugehen und sich – abweichend vom elterlichen Wunsch – nicht antiken Sprachen und Philosophie, sondern naturwissenschaftlichen Disziplinen zu widmen. Dies bekräftigt ein weiterer Brief, den er am 14. März gleichen Jahres nach Hause sendet. „So lange es in den Naturwissenschaften noch Dinge gibt, die mir so ganz unbekannt sind, ist mein Studium nicht abgeschlossen – wenn mir nur Mittel und Wege offen stehen, es fortzusetzen ... Ich habe dieses Semester kein Kolleg angenommen und nur wenig hospitiert, aber zu Hause viel gearbeitet ... Ich setze mir mein eigenes Studium, meine eigenen Examina zusammen. Je größer der Bau, desto länger die Zeit; große Anlagen haben Jahrhunderte verlangt, und das Straßburger Münster ist nie vollendet worden."

So hat Leichhardt während seines zweiten Berlinaufenthaltes neben dem Besuch einiger weniger Lehrveranstaltungen naturwissenschaftliche Kenntnisse auch durch intensives Selbststudium erworben.

In dieser Zeit gestaltet sich, wie er dem Vater mitzuteilen weiß, das Verhältnis zu William Nicholson noch freundschaftlicher. Beide fassen den Entschluß, später gemeinsam eine große Bildungs- und Forschungsreise zu unternehmen. Auch jetzt klagt Ludwig über gesundheitliche Schwächen. Zu den Magenbeschwerden, die er teilweise auf das Teetrinken zurückführt, stellt sich von Zeit zu Zeit eine heftige Migräne ein. Trotzdem ist er wohl mit beispielhafter Disziplin, voller Energie der wissenschaftlichen Arbeit nachgegangen.

Willkommene Abwechslung in den Studienalltag bringt eine Harzreise. Er tritt sie mit Nicholson und anderen Berliner Studenten im September 1836 an, um insbesondere botanische und geologische Studien zu betreiben. Geleitet wird die Exkursion von den beiden Göttinger Geologen Prof. Girard und Dr. Quenstedt.

Einige Tage bleiben sie in Quedlinburg. Anschließend wandert die Gruppe über Thale, Blankenburg, Wernigerode und Ilsenburg zunächst nach Goslar. Dr. Quenstedt erweist sich „in der Lehre der Gebirge" nach Ludwig Leichhardts Worten geradezu als ein Meister. Über den weiteren Reiseverlauf berichtet er: „... und wir wanderten weiter nach Clausthal, Andreasberg, Elbingerode. Hier fanden wir unsere Koffer, und nachdem wir uns neu equipiert, wandten wir uns gegen den mittäglichen Harz nach Ellrich, Ilfeld, Nordhausen, Kelbra und gelangten ... nach Mansfeld ... Wir beabsichtigen nun Harzgerode zu besuchen, Ballenstedt zu sehen und über Blankenburg nach Norden zu gehen ... Zum 20. September hoffen wir sicher wieder in Berlin zu sein."

Bis zum Februar 1837 weilt Ludwig Leichhardt dieses Mal in Berlin. Dann beendet er den Aufenthalt jäh – fast kommt es einem Abbruch gleich – ohne Examen oder gar Promotion. Die Gründe sprechen jedoch für ihn. Sein Vater befand sich, wie oben erwähnt, in argen finanziellen Schwierigkeiten. William Nicholson entgeht natürlich durch das ständige Zusammensein mit dem Freund nicht, wie es um dessen materielle Belange bestellt ist. Nachdem die Zuwendungen aus Leichhardts Elternhaus zunächst immer seltener geworden waren, blieben sie schließlich völlig aus. Und hätte William nicht bereits in Göttingen großzügig den Unterhalt auch für seinen Freund übernommen, so wäre Ludwig Leichhardt schon dort nichts anderes übrig geblieben, als seine Studien aufzugeben. Auch in Berlin übernimmt der englische Gutsbesitzersohn bereitwillig alle finanziellen Verpflichtungen. Noch mehr: Jetzt leiht er Ludwig einige hundert Taler, damit der die Abschlußexamina ablegen kann. Leichhardt aber schickt das Geld, ohne auch nur einen Augenblick lang zu zögern, an den Vater nach Trebatsch, und will ihn so vor dem drohenden Bankrott retten.

Wenngleich Leichhardts Biographen diesen Umstand immer wieder als maßgebend dafür ins Feld führen, daß der, nunmehr völlig mittellos, zugunsten des Vaters auf einen Studienabschluß verzichtet, liegen die Dinge zu Beginn des Jahres 1837 ein wenig anders. Der begüterte Nicholson hätte wohl Mittel gehabt, Leichhardts Studium bis zu dessen Examina ungeachtet jener oben erwähnten Leihgabe weiter zu finanzieren, was er ja schließlich auf den privaten Studienreisen durch England, Frankreich und Italien auch ausgiebig tut. (Im Unterschied zu Leichhardt schließt William Nicholson das Studium in Berlin mit dem Doktorexamen in Naturwissenschaften ab.) Die eigentliche Ursache, daß sich beide dem Universitätsleben entziehen und fortan als Autodidakten durch Europa reisen, liegt im damals bereits endgültig gefaßten Entschluß für eine große Forschungsreise begründet. Dafür wollen sie sich möglichst schnell und zielgerichtet alle notwendigen Grundlagen erwerben, ohne weiterhin auf Jahre hinaus an Universitäten und langwierige Lehrveranstaltungen gebunden zu sein. (Bei der Verwirklichung der Absicht, in England eine ärztliche Praxis aufzunehmen, wären deutsche Zeugnisse ohnehin nicht gültig gewesen.) Im Februar 1837 reist Leichhardt zu einem kurzen Besuch nach Trebatsch. Besonders die Mutter zeigt sich stolz auf ihren Sohn, der voller Eifer naturwissenschaftliche Studien betreibt. Die fehlenden Examina scheinen sie nicht zu stören. Zwischen ihr und Ludwig herrscht ein herzliches, inniges Verhältnis – ein Einvernehmen ohne viele Worte. Anders der Vater. Er versucht dem Sohn nochmals mit betonter Hartnäckigkeit klar zu machen, wie wichtig der ordentliche Studienabschluß für ein Lehramt oder gar für die Gelehrtenlaufbahn wäre. Der Sohn lenkt ein, verspricht nochmals alles zu überdenken. Immerhin will er den in Sorgen um sein Holz- und Torfgeschäft befindlichen Vater nicht noch mehr vergrämen. Der Entschluß aber, das Studium nicht mehr zu Ende zu führen, steht bei ihm unausweichlich fest.

Wie selten zuvor nimmt er noch einmal die vertraute heimatliche Umwelt in sich auf und das Anwesen der Eltern, in dem er 23 Jahre zuvor zur Welt gekommen war. Doch dieses Haus wirkt längst nicht mehr so vertraut, so anheimelnd auf ihn. Es ist bereits Distanz und Fremdheit darin. Zu selten war er hier, daß es ihm hätte Heimstatt werden können.

Jeden Tag ist er draußen, genießt die noch winterliche Natur. Wie in der Kindheit durchstreift er stundenlang die Spreeniederungen, wandert am Ufer entlang, dann durch den nahegelegenen Kiefernwald zum Schwielochsee. Dort, auf einer Anhöhe, von der sich ein weiträumiges Panorama von Wasser und Wald bietet, taucht plötzlich der Gedanke auf: Wann wird er wiederkommen, dieses Bild voller Vertrautsein und Sehnsucht erneut in sich aufnehmen können? Wird es einst eine Heimkehr geben für ihn; oder hat ihm das Leben einen ganz anderen Wirkungsort bestimmt? So etwas wie eine innere Stimme scheint ihm zu sagen, daß es ein Abschied für immer aus dem heimatlichen Kreis werden würde.

Dennoch besteigt Ludwig Leichhardt wenige Tage darauf voller Gelassenheit die Postkutsche, die ihn nach Berlin zurückbringt. Sie rollt davon. Sein letzter Aufenthalt in Trebatsch ist zu Ende.

Nochmals wägt er dann seine weiteren Pläne ab, berät sich in den nächsten Wochen wieder und wieder mit William. Doch eigentlich ist ja alles klar. Und so schreibt er am 5. März an den Vater: „Ich muß von Euch gehen, weil es der Gang meines Lebens so mit sich bringt. Läuft doch der Strom immer nur da, wo er am leichtesten seine Bahn findet, in dem Tale, das die umgebenden Hügel ihm anweisen ... Kaum werde ich zeitig genug meine Antwort und die Reiseerlaubnis für England bekommen."

Eindeutig ist die Absage an ein Dorfschullehrer- oder Gelehrtendasein, welche er dem Vater in diesen wenigen Zeilen erteilt.

Noch einmal schreibt er dann aus Hamburg: „Bis jetzt hege ich ... die Überzeugung, daß dieser Weg, den ich eingeschlagen habe, der vorteilhafteste ist. Es beschleicht mich ein höchst sonderbares Gefühl, wenn ich denke, wie ich wohl als Schulmann, wozu ich doch gewiß vorbereitet wäre, jetzt leben möchte."

Das nächste Ziel liegt vor ihm: England. Die Heimat Williams, wo er sich weiter den Naturwissenschaften widmen will.

Nach Clifton. Bei regnerischem, stürmischem Wetter tritt Ludwig Leichhardt Anfang Mai 1837 an Bord eines Dampfschiffes die Überfahrt nach England an. In seiner Reisegesellschaft befinden sich 60 Auswanderer aus dem Gebiet um Fulda. Pfingsten verbringt er auf See. Nach einer Woche ist er in London, wo er zunächst Dr. Little, einen Bekannten, aufsucht. Dort erwartet ihn William. Der junge Engländer hatte sich kurz vor Leichhardt in die Heimat eingeschifft. Durch Nicholsons ausführliche Schilderungen ist der Freund eingehend über England unterrichtet.

William ist Engländer mit Leib und Seele. Er läßt es den in preußischer Enge aufgewachsenen Ludwig Leichhardt immer wieder spüren. Diesen bedrückt inzwischen die Frage, wie er dem Militärdienst entgehen könnte, während er politische Ereignisse in der Heimat teilweise mit Gleichmut verfolgt. Nicholson hingegen nimmt Tag für Tag lebhaften Anteil am sozialen Geschehen Englands, studiert intensiv die Zeitungen, debattiert mit Landsleuten, zumeist Studenten wie er.

Die Ende des 18. Jahrhunderts einsetzende industrielle Revolution hatte die ökonomische Entwicklung Englands forciert, und der Kapitalismus begann sich in einem Tempo zu entwickeln, das keine andere europäische Industrienation zu verzeichnen hatte. Immer stärker wurde die manuelle Tätigkeit durch Maschinenarbeit ersetzt.

Mitte der 30er Jahre dominieren in England vor allem der Steinkohlenabbau und die Eisenerzverhüttung. Die bedeutendsten Kohlevorkommen jener Zeit befinden sich in Durham und Northumberland sowie bei Whitehaven und Lancashire. Insgesamt gibt es mehr als 100 Steinkohlengruben. Der Bedarf an Kohle ist groß. Nicht nur den eigenen gilt es für Hochöfen, Dampfmühlen, für die sprunghaft zunehmende Dampfschiffahrt und den beginnenden Eisenbahnverkehr zu decken. England ist in jenen Jahren mit seiner Steinkohle bereits in großem Exportgeschäft und versorgt zahlreiche europäische Küstenstädte sowie auch einen Teil der Küstenregionen von Nord- und Südamerika und Nordafrika mit dem schwarzen Gold. 1850 werden dann bereits 3,3 Millionen Tonnen Steinkohle exportiert. Hinzu kommt die intensive Ausbeutung der Erzlagerstätten von Stafford, Wales, von Derby und York sowie die Verhüttung in Merthyr Tydvil und anderen Orten.

Jahrhundertealte Tradition hat die Weberei in England. In diesem Gewerbe ist in der ersten Hälfte des 19. Jahrhunderts die industriell-maschinelle Entwicklung am deutlichsten ablesbar. Gab es 1820 noch etwa 240 000 Handwerker, so sind es 1844 nur noch 10 000. Dagegen erhöht sich im gleichen Zeitraum sprunghaft die Zahl der mechanischen Webstühle von 10 000 auf 150 000. England gilt, als Leichhardt es zum ersten Mal besucht, als das höchstentwickelte Industrieland Europas. Es erweckt gegenüber dem immer noch rückständigen Preußen die unverhohlene Bewunderung des jungen Forschers und Wissenschaftlers. Daß sich die industrielle Entwicklung jedoch nur auf Kosten einer beispiellosen Ausbeutung des sich ebenso sprunghaft wie Industrie und Städte vergrößernden Proletariats vollzieht, kann und will der Torfinspektorsohn Ludwig Leichhardt kaum bemerken und noch weit weniger William Nicholson.

Der Stadt, die gleich Rom oder Paris bei allen Bildungsreisenden einen hohen Nimbus hat, gilt Leichhardts erste Reverenz: London! Schon wenige Tage nach seiner Ankunft und der freudigen Wiederbegegnung mit William Nicholson weiß er zu berichten: „Ich bin in London wacker herumgelaufen und habe vieles gesehen. Es gibt auf dem Festlande keine Stadt, die sich an Großartigkeit mit dieser vergleichen ließe. Ich hatte wunderschöne Tage in London. Die Häuser wie nach der Schnur, die Trottoirs in den engsten Gassen, die Läden prachtvoll! ... Eine solche Fülle schöner Gebäude und Paläste hätte ich kaum für möglich gehalten ..."

Ja, schon Berlin war beeindruckend für ihn gewesen. London jedoch übertrifft mit seiner Architektur und dem sauberen, gepflegten Stadtbild die preußische Hauptstadt. An der Seite von William durchstreift Ludwig Leichhardt die Innenstadt, bestaunt den St.-James-Palace, den einer Festung gleichenden riesigen

21

Tower, das Königliche Opernhaus. Im leichten Einspänner fährt er über die Themse nach Westminster, das einen eigenen großen Stadtteil der englischen Metropole bildet. Westminster-Abbey, das Wahrzeichen jenes Viertels, grüßt schon von weitem herüber. London, so findet Leichhardt, imponiert nicht zuletzt durch Weiträumigkeit.

Nur zwei Tage gönnt Nicholson dem Freund für eine erste Bekanntschaft mit der Stadt. Dann drängt er zur Weiterreise. Allzu gern hätte Ludwig Leichhardt noch in einige der Museen, auch in die Kunstgalerien hineingeschaut. Doch muß er sich mit Williams Versprechen trösten, bald wieder herzukommen. Dann würde man sich weitaus mehr Zeit nehmen, um in Muße vor allem botanische und geologische Sammlungen studieren zu können.

Die Fahrt auf das Landgut der Nicholsons bewältigen die Freunde in „einer sehr glänzenden Reisekutsche", die von vier Grauschimmeln gezogen wird. Die Pferde wechselt man auf den jeweiligen Poststationen aus; und es geht zügig voran. Leichhardt schwärmt: „ Nun ging die Reise durch das grüne England. Alles mit Wiesen bedeckt, auf welchen muntere Herden weideten. Hecken um das Eigentum jedes einzelnen, Berg und Tal in mannigfacher Abwechslung. Es scheint ein großer Park zu sein, durch welchen man hinfliegt ... Am anderen Morgen halb acht Uhr waren wir in Bristol, um 9 Uhr waren wir zu Hause."

Englische Gastfreundschaft. Der Empfang von Williams Vater für die beiden Ankömmlinge ist überaus herzlich, und ein Außenstehender könnte wohl nicht recht unterscheiden, wer der heimkehrende Sohn und wer dessen begleitender Freund ist.

Mr. Nicholson, ein liberaler, weitgereister Engländer, hat es nach längerem Aufenthalt in der westindischen Besitzung Barbados (seit 1682 Kolonie der englischen Krone) zu ansehnlichem Landbesitz im kleinen Ort Clifton nahe von Bristol gebracht. Allerdings geht es mit seiner Gesundheit bergab; und Ludwig Leichhardt erlebt bereits einen beidseitig paralysierten Mann, der sich ohne fremde Hilfe nicht mehr fortzubewegen vermag. Trotzdem erträgt er die sich rasch auf den ganzen Körper ausbreitende Lähmung tapfer, gibt sich freundlich. Dem jungen Gast vermittelt er ersten Einblick in die englischen Verhältnisse.

Häufig berühren die Konversationen, die Leichhardt mit den Nicholsons führt, auch Englands Kolonialpolitik. Mr. Nicholson hat Weltsicht; und mit eben jener Jovialität macht er dem jungen Deutschen begreiflich, zu welch ansehnlicher Größe das britische Kolonialreich inzwischen gelangt sei und was für profitable Möglichkeiten sich aus Besitzungen wie Westindien, Indien, Neuengland oder Australien ergäben.

Australien! Ludwig Leichhardt ist natürlich bekannt, daß James Cook (1728 bis 1779) die Ostküste des fünften Erdteils auf der ersten seiner Weltumsegelungen 1770 zum Besitz der englischen Krone erklärt hatte. Nicholson berichtet auch über die Deportation von Sträflingen und irischen Freiheitskämpfern nach Australien, die England auf bequeme Weise loswerden möchte, damit sie nicht mehr lästig werden können.

1788 war es Arthur Philipp, der die erste Flotte nach Port Jackson an der australischen Ostküste brachte, die Stadt Sydney gründete und ihr Gouverneur wurde. Bereits 1790 und 1791 schickte man die nächsten großen Transporte auf Reisen. 78 Jahre später stellte England die Deportation nach Australien ein.

Bis dahin aber sollten etwa 160 000 Mann zum fünften Kontinent gebracht werden. Nur einen Teil von ihnen, die „schweren Fälle", läßt man in ihren Ketten und steckt sie unter oft nur laxer Bewachung in Lager an der Küste, von wo es nicht wenigen gelingt, auszubrechen und im australischen Busch ein Leben auf eigene Faust zu fristen – als Banditen, als Marodeure; oder aber sie gehen an den Strapazen der Wildnis, der Einöde zugrunde. Die „weniger schweren Jungs" beauftragt der Gouverneur, Land urbar zu machen und es zu bebauen. So hat denn die englische Regierung eine billige Möglichkeit für die Kolonisierung Australiens gefunden.

Natürlich gibt es auch englische Freiwillige, die als Siedler dorthin gehen. Die Besiedlung großer Landstriche, die Vorstellung, als Farmer und angesehener Bürger in einer neuen Welt zu Besitz und Reichtum zu gelangen, ist verheißungsvoll. Allerdings sind die freien Siedler – oft Angehörige der niederen Schichten Englands – gegenüber den zwangsdeportierten Sträflingen in Australien zunächst in der Minderzahl. Doch dieses Verhältnis ändert sich schnell. Und als Ludwig Leichhardt 1842 australischen Boden betritt, gibt es mehr freie Siedler als Deportierte. Es existiert auch bereits eine Stadtbevölkerung, die die verschiedensten Gewerbe betreibt, beim Straßenbau und in der Schiffahrt tätig ist.

Die Kolonisierung, die Großbritannien seit Ende des 18. Jahrhunderts auf dem fünften Kontinent betreibt, bringt aber Probleme mit sich, vor allem für die australischen Ureinwohner, die Aborigines.

Als Ludwig Leichhardt im gastfreien Haus der Nicholsons erste Erfahrungen mit der englischen Lebensweise macht, weiß er noch nichts über jene bedrohliche Situation für die australischen Ureinwohner. Jahre später wird er jedoch immer wieder mit diesem Sachverhalt konfrontiert.

„... recht wacker gearbeitet". Der blasse, hagere Leichhardt genießt den Aufenthalt auf dem Landgut der Nicholsons aus vollem Herzen. Das Anwesen ist von einem schönen gepflegten Park umgeben und befindet sich nur zwei Meilen vom Meer entfernt in hügeligem Terrain. Das Wetter meint es überwiegend gut. Es ist ein freundlicher, milder Frühsommer. Nur an wenigen Tagen regnet und stürmt es. So hofft Ludwig insgeheim, in dieser Naturverbundenheit bei gesunder Lebensweise sein häufiges Kränkeln bald los zu sein.

Er gewöhnt sich daran, jeden Morgen um 5.00 Uhr aufzustehen und bis 8.30 Uhr in seinem Zimmer zu arbeiten. In der Bibliothek des Hauses finden sich neben zeitgenössischer und historischer Belletristik naturwissenschaftliche Werke zu Biologie, Geologie, Astronomie und Geographie in englischer, französischer und deutscher Sprache. Sogar eine Ausgabe der „Ansichten der Natur" Alexander von Humboldts, so daß für umfassendes Studienmaterial gesorgt ist. Leichhardt nutzt die Gunst der Stunde und erweitert mit der ihm eigenen Akribie Tag um Tag sein Wissen. Das große Ziel – es rückt näher.

Hinzu kommen gründliche Auswertungen der Exkursionen, welche er mit William in die Umgebung unternimmt. Die Menschen sind freundlich, hilfsbereit, wohin sie auch kommen. Fast möchte Leichhardt meinen, daß Natur und Mentalität in diesem Landstrich eine imposante Einheit bilden.

Mit Staunen registriert er, wie man selbst an kühlen Sommertagen die Öfen in den Häusern mit Steinkohle beheizt. Wenige Stück davon genügen, und der so beschickte Ofen strahlt wohlige Wärme aus, im Unterschied zur Torfbeheizung in seiner Heimat.

Bis in die ersten Augusttage 1837 hält er sich auf dem Anwesen der Nicholsons auf, und er hat nach eigenem Urteil „so viel es ging recht wacker gearbeitet".

Williams Erbschaft von einer Tante beschließen beide in eine größere wissenschaftliche Reise zu investieren. „... und deshalb beschlossen wir", teilt Leichhardt am 21. Oktober 1837 den Eltern mit, „zur südlichen Seeküste zu gehen, welche Frankreich gegenüber liegt, um dort die Seetiere zu studieren und zu sezieren ... Den 9. August verließen wir Clifton und wanderten zu Fuß durch die schönste Gegend Englands, durch Sommersetshire und Devoshire ... Unser Hauptzweck war, die verschiedenen Gebirgsformationen kennen zu lernen, ähnlich unserm Reiseplan im Harze ... Doch gingen wir die erste Zeit zu rasch , unsere Füße wurden auf den harten Straßen wund und deshalb wurde uns ein Teil der Wanderfreude verdorben ... So kamen wir denn den 12. August nach Lyme-Regis zur Seeküste."

Der kleine Fischerort befindet sich zwischen den beiden Hafenstädten Plymouth und Falmouth. Von dort geht es weiter nach Torbay und in das Fischerstädtchen Brixton am südwestlichen Zipfel von Cornwall sowie anschließend in die Grafschaft Devonshire. Wieder und wieder ist Leichhardt von den riesigen Weideflächen begeistert. Sie ziehen sich über Hügel und durch Täler wie grüne satte Teppiche hin: „Devonshire. Englands Dichter verherrlichen es als unvergleichlich, der feinschmeckende Londoner ist entzückt von Devonshires Butter und Käse und von der buttergleichen Devonshire-Sahne und Milch. Hügel an Hügel mit einem lieblichen Grün gleichmäßig überkleidet, Obstgärten und verschiedene Bäume reichlich und malerisch über die ganze Weite hingestreut, keine oder nur wenig zusammenhängende Ortschaften, sondern von ihren Feldern und Weiden umgebene Pächterhäuser."

Ludwig Leichhardt und William Nicholson suchen mehrere Wochen lang jeden Tag die Fischer an ihren Landebrücken auf, kaufen ihnen für wenige Penny Fische, Krebse und Muscheln ab und sezieren die Seetiere anschließend im Wanderquartier.

Ganze Hefte füllen sie mit Beobachtungen und Ergebnissen über die Morphologie jener Meerestierarten, die die Natur auch hier an der britischen Westküste zwischen Irischer See und Atlantik beschert. Für Leichhardt ist diese Betätigung wertvolle Vorstufe zu seinem nachfolgenden intensiven Studium der Flora und Fauna Australiens. „Laßt mich nur in ein südliches Meer, vielleicht nach Ostindien gehen", schwärmt er, „wie viele neue Dinge erwarten mich dort?"

Länger als einen Monat dauert ihr Aufenthalt an Englands Südwestküste. Dann geht es auf der Route Exeter-Taunton-Bridgwater nach Clifton zurück. Nochmals verbringt Ludwig angenehme Wochen auf Nicholsons Landsitz. Noch einmal genießt er die prachtvolle Natur, der der englische Frühherbst seine goldgelben Farben verliehen hat. Morgens, wenn alles ganz still in Haus und Hof ist und Leichhardt sich an den Schreibsekretär setzt, um zu arbeiten, trägt der Wind durchs offene Fenster wohltuende Kühle und die unverkennbare Würze des Herbstes herein mit einer Mischung aus reifen Früchten, Gräsern und Blättern. Da überkommt ihn unvermittelt die Sehnsucht nach seiner südmärkischen Heimat. Jedes Jahr ist es dort zur Herbstzeit ebenso gewesen.

So spontan aber, wie das Heimweh ihn ankommt, so spontan wischt er es immer wieder weg. Er weiß: Eine Rückreise in die Heimat würde bedeuten, sich für längere Zeit dem Zwang preußischen Militärdienstes auszusetzen. Leichhardt betrachtet dies nach wie vor als nutzlos. Seine große Forschungsreise müßte weit hinausgeschoben werden, wäre vielleicht gar für immer gefährdet. So gibt es, wenngleich es sehr schwer fällt, momentan keinen Weg nach Haus.

Seine Gesundheit hat sich bei den Exkursionen an der frischen Luft ein wenig stabilisiert. Wenn auch die freundliche, milde Witterung jetzt immer häufiger von Nebel, Regen und Sturm durchbrochen wird – Leichhardt scheint es nichts auszumachen. Der Organismus ist inzwischen an das britische Seeklima gewöhnt. So blickt er recht optimistisch in die Zukunft, denn die labile Gesundheit hatte ihn wiederholt zu dem Gedanken verleitet, daß er seinem großen Forschungsvorhaben vielleicht gar nicht gewachsen wäre. Nun jedoch ist solcher Pessimismus weit zurückgedrängt. Neue Pläne, neue Ideen haben von Ludwig Leichhardt und William Nicholson Besitz ergriffen. Und es gilt, sie ohne Verzug zu verwirklichen.

Im Britischen Museum. Am 18. Oktober nehmen die Freunde Abschied von Williams Vater und begeben sich auf direktem Wege nach London, wo sie diesmal mehrere Monate bleiben wollen. Über den Zweck dieses langen Aufenthaltes in der britischen Monopole gibt Ludwig Leichhardt folgendermaßen Auskunft: „Jetzt rauscht wieder das Londoner Getöse um mich; auch eine Art Meeresgetöse, aber ein Menschenmeer, in dessen Tiefen auch gar wunderliche Geschöpfe herumschwärmen. Wir haben hier ein nettes Zimmer von drei Fenstern, ein Schlafzimmer und ein kleines Gemach und bezahlen wöchentlich 15 Schilling. Wir schränken uns in unserm Haushalte ein, aber nichts desto weniger fürchte ich, daß wir wöchentlich nicht unter 14 Taler oder monatlich unter 60 Taler wegkommen werden ... Ich bin meinerseits willens, meine naturwissenschaftlichen Studien im Britischen Museum und in dem Museum des Kollegiums der Wundärzte zu verfolgen (diese beiden Museen überbieten an Fülle fast alle in Europa); andererseits wünsche ich die Praxis der Hospitäler kennenzulernen. Wir bleiben hier bis zum künftigen Mai und gehen den darauffolgenden Juli nach Paris und dann, wenn die Umstände günstig sind, an die Küste des Mittelländischen Meeres, um dort ähnliche Untersuchungen anzustellen. Soviel ist gewiß, daß ... Europa uns nicht genügen wird. Wir haben den Plan, entweder nach Nordafrika, nach Ostindien oder nach Australien zu gehen.'

Erstmals wird also Australien als Ziel der Forschungsreise genannt. Interessant ist außerdem die Tatsache, daß beide über ihr bislang gewohntes naturwissenschaftliches Betätigungsfeld hinaus Neigung für die Arbeit in Hospitälern zeigen. Offensichtlich hat William Nicholson durch seine medizinischen Studien den Freund dafür begeistern können.

Das berühmte Britische Museum (British Museum) präsentiert in einem weiträumigen Gebäude umfangreiche Kollektionen aus Naturwissenschaft und Kunst. Sie basieren im wesentlichen auf mehreren naturhistorischen Sammlungen sowie einer Bibliothek und Handschriften aus dem Nachlaß des schottischen Forschungsreisenden, Arztes und Mitgliedes der Royal Society Hans Sloane (1660–1753). Ende des 18. und zu Beginn des 19. Jahrhunderts kamen u. a. die Cottonsche Bibliothek sowie die Bibliothek Georg III. hinzu, altägyptische und assyrische Denkmäler sowie durch Aus- bzw. Umbauten eine neue Galerie und Ausstellungsräume. Wesentlichen Einfluß auf diese Umgestaltung hatte der italienische Exilrevolutionär Antonio Panizzi (1797–1879). Seit 1831 wirkte er als Bibliothekar am Britischen Museum. Panizzi gelingt dann bis Mitte des 19. Jahrhunderts eine Bestandserweiterung auf etwa 500 000 Bände und durch ein strenges Katalogsystem zugleich die entsprechende Systematisierung des Bestandes, so daß diese Bibliothek bald literarischer Mittelpunkt Londons ist.

Leichhardt widmet sich besonders den oberen Räumen. Hier sind in fünf Sälen die naturwissenschaftlichen Sammlungen untergebracht. Neben der nach dem Klassifizierungssystem des schwedischen Chemikers Jöns Jakob von Berzelius (1779–1848) 60 Glasschränke umfassenden, mineralogischen Kollektion bewundert Ludwig Leichhardt die zoologische Sammlung sowie die noch im Aufbau befindliche Fossiliensammlung. Aufmerksam betrachtet er diese Zusammenstellungen aus den verschiedenen Erdzeitaltern. Immer wieder interessieren ihn paläontologische Funde – Versteinerungen von Fossilien, von Pflanzen. Zahlreiche Notizen über ihre Morphologie und Fundorte sowie vergleichende Darlegungen füllen bald seine Hefte. Viele Stunden verbringt er außerdem im Lesesaal der Bibliothek des Britischen Museums, studiert Fauna und Flora am Textbeispiel und ergänzt so seine Beobachtungen, exzerpiert wesentliche Passagen. Nur fundierte Kenntnisse über den Artenreichtum in Pflanzen- und Tierwelt, eine sichere Bestimmung und

Systemzuordnung, das weiß er, werden ihn bei seinem künftigen Vorhaben erfolgreich sein lassen.

Parteinahme für die Göttinger Sieben. Kurz bevor das Jahr 1837 zu Ende geht, erfährt Leichhardt von den Vorgängen an seiner einstigen Alma mater in Göttingen.

Nach dem Tod König Wilhelm IV. von Hannover hatte im Herbst 1837 der Herzog von Cumberland als König Ernst August die Erbfolge angetreten. Er annullierte die vom Volk in langwierigem Kampf mit der Despotie errungene Verfassung von 1833 und löste die Ständeversammlung auf. Gegen diesen Verfassungsbruch protestierten unter anderen sieben Gelehrte der Göttinger Universität, die als die „Göttinger Sieben" in die Geschichte eingehen sollen: die beiden Germanisten Jakob und Wilhelm Grimm, der Physiker Wilhelm Weber (1804–1891), der Jurist und Germanist Wilhelm Eduard Albrecht (1800–1876), der Historiker Friedrich Christoph Dahlmann (1785–1860), der Literaturwissenschaftler Georg Gottfried Gervinus (1805–1871) sowie der Orientalist Heinrich Ewald. Sie unterschreiben am 18. November 1837 eine Resolution, nach welcher sie sich weiterhin an die außer Kraft gesetzte Verfassung gebunden fühlen. Es kommt zu Sympathiekundgebungen von Studenten und Göttinger Bürgern für die mutigen Professoren. Der eine Volkserhebung fürchtende König läßt die sieben Gelehrten Anfang Dezember von ihren Lehrämtern suspendieren und Dahlmann, Gervinus und Jakob Grimm unter Bewachung zur Landesgrenze bringen und ausweisen.

In Windeseile verbreitet sich die Nachricht von diesem Ereignis in ganz Deutschland. Bald erfährt man auch in England davon. Die Tat des Königs Ernst August ruft Empörung, die couragierte Haltung der sieben Professoren hingegen Sympathie und Unterstützung hervor. In vielen Städten, wie Berlin, Leipzig, Jena, Darmstadt oder Freiburg im Breisgau, entstehen Vereinigungen zur materiellen Unterstützung der ihres Lehramtes enthobenen Wissenschaftler.

Ludwig Leichhardt ergreift in seinem Brief vom 31. Dezember 1837 an die Eltern eindeutig Partei für das beherzte Auftreten jener Männer, von denen er die meisten aus Lehrveranstaltungen in Göttingen persönlich kannte. „Der König von Hannover Ernst August", so schreibt er am Ende des Briefes, „ist hier über alle Beschreibung gehaßt und die edle wackere Erklärung der 7 Professoren allgemein gepriesen. Ich kann nur in des englischen Volkes einstimmige Entrüstung mit einstimmen." Es ist das einzige Mal, daß Leichhardt derart betont Stellung zu einem politischen Vorfall in seinem Vaterland nimmt.

Nach wie vor weigert er sich auch, den preußischen Militärdienst abzuleisten. So heißt es denn für ihn weiter in der Fremde umherzuschweifen, und er hat Glück, William dabei an seiner Seite zu wissen.

Londoner Nebel und „Pferdebusse". Neben den Naturwissenschaften widmet er sich dem Studium von Sitten und Bräuchen, von lokalen Spezifika im englischen

Gastland. Zunächst ist da einmal der berüchtigte Londoner Nebel, der ihm wie anderen Fremden arg beim Orientieren zu schaffen macht. „Im November beginnen die berühmten Londoner Nebel (London fogs), welche sprichwörtlich so dicht sind, daß man sie 'mit dem Messer schneiden' kann. Man ist am Morgen oft nicht im Stande, die Häuser auf der anderen Seite der Straße zu erkennen. Licht wird den ganzen Tag gebrannt, wenigstens in den Läden der engeren Straßen ... In einem der letzten Nebel während des Abends mußten die großen vierspännigen Reisekutschen ... von Fackelträgern durch die Stadt geführt werden, und jeder Mann mußte eine Fackel oder Laterne tragen, er mochte weit zu gehen haben oder nicht." Leichhardt berichtet auch, wie während eines seiner zahlreichen Besuche im Lesesaal des Hunterschen Museums an einem Nebeltag bereits um 13.30 Uhr die Lampen angezündet werden mußten, denn es war unmöglich, sonst auch nur ein Wort zu lesen.

Imponierend für ihn ist, daß nicht nur wie daheim die Droschken und Kutschen, sondern selbst doppelstöckige Wagen, die „Pferdeomnibusse", von den Vierbeinern gezogen werden. Ebenso ergötzt er sich am Geschäftsleben. Tag für Tag herrscht auf den Märkten und in den engen Gassen der City unbeschreiblicher Lärm. Händler mit den verschiedensten Waren wie Obst, Gemüse und Fisch, die sie oft in riesigen Körben frei auf dem Kopf tragen, suchen sich feilschend mit lauter Stimme gegenseitig zu überbieten. Wenige Schritte von der City in merkantiler Wohlhabenheit. In sauberen, vornehmen Läden finden Ludwig Leichhardt und William Nicholson bei ihren Streifzügen fast alles, was man sich nur wünschen kann: feine, maßgeschneiderte Anzüge aus indischer Baumwolle, Kaschmirschals, orientalische Teppiche, sudanesisches Gold – zu schweren Ketten und anderem Schmuck verarbeitet, auf langen Wegen aus den Kolonien herausgeholt. Auch das Marktangebot atmet diese trügerisch exotische Kolonialatmosphäre. Weine, Tabake aus vielen Ländern, preiswerte Kunstgewerbeartikel neben Kokosnüssen, Zitrusfrüchten und Bananen.

Dennoch kann dieser scheinbare Glanz nicht darüber hinwegtäuschen, daß die Weltmacht Großbritannien bereits in der ersten Hälfte des 19. Jahrhunderts ein System voll innerer Widersprüche ist. Wenige Kilometer von der City entfernt stoßen Leichhardt und Nicholson auf die Elendsviertel mit niedrigen, vielfach halb verfallenen hüttenähnlichen Behausungen. Oft vegetieren hier zehn-, ja zwölfköpfige Familien dahin. Hier erleben sie den krassen Gegensatz zum städtebaulichen Glanz und aristrokatischen Wohlstand.

Nicht zufällig hatte der Engländer Robert Owen (1771–1858), der neben den beiden Franzosen Henri de Saint-Simon (1760–1825) und Charles Fourier (1772 bis 1837) zu den namhaftesten utopischen Sozialisten zählt, bereits im Jahre 1817 einen sozialen Reformplan mit unverkennbaren Zügen einer utopisch-kommunistischen Gesellschaftsformation vorgelegt. Die Rechtlosigkeit der englischen Proletarier, vor allem der Frauen, schonungslose Kinderarbeit, Unterbezahlung, fehlender Arbeits- und Rechtsschutz – dies sind in jener Ära Kriterien der katastrophalen

Lebensweise von Millionen. Ludwig Leichhardt und William Nicholson könne inzwischen auf sehr ergiebige Monate zurückblicken. Nicht nur die Studien im Britischen Museum, in Bibliotheken, dem Botanischen Garten oder der Besuch einiger Hospitäler haben dazu beigetragen, ihre zoologischen, botanischen sowie die geologischen und medizinischen Kenntnisse wesentlich zu erweitern. Auch die Exkursion in das Küstengebiet von Clifton war für sie eine entscheidende Bildungsphase. Ja, eigentlich sogar noch lohnender als die Londoner Zeit. Immer war es ihnen auf den Streifzügen möglich, ihr autodidaktisch in der Studierstube erworbenes Wissen gründlich in der Natur zu überprüfen, zu vergleichen und Belege in ihre botanischen und zoologischen Kollektionen aufzunehmen.

Neue Pläne. Inzwischen tragen sich beide mit der Absicht, auch einen Teil Südeuropas zu bereisen, Flora und Fauna sowie die Gebirgs- und Vulkanstruktur zu studieren. Schnell sind sie sich einig, daß man nach Südfrankreich und nach Italien – wertvolle Betätigungsfelder für junge Naturforscher – gehen müßte. Der Weg nach Südfrankreich aber führt über Paris. Sie nehmen es sofort in ihre Reiseroute auf, denn so bequem würde ihnen ein Besuch der französischen Hauptstadt nicht wieder geboten werden. Paris wollen sie gleich London wiederum als Zwischenstation zum Fundieren des theoretischen Rüstzeuges nutzen. In der englischen Metropole war es eine Art Nachbereitung, vor allem der Küstenregion gewesen. Paris hingegen würde wohl mehr Vorbereitungsphase auf die neuen praktischen Aufgaben werden. Außerdem gilt es natürlich, die Gelegenheit zu nutzen und die vielen berühmten Kunstdenkmäler kennenzulernen, Oper, Schauspiel und Konzert zu besuchen. Eine anstrengende Zeit, so weiß Ludwig Leichhardt, würde es werden, doch gewiß auch eine schöne und nutzbringende.

Er blickt ihr voll Freude, aber auch ein wenig in Sorge, entgegen, denn seine Gesundheit ist nach den vielen Wochen in Londoner Bibliotheken und Museen, durch angestrengtes Arbeiten bis tief in die Nacht hinein wieder einmal angegriffen. Ein übriges hat das für die englische Hauptstadt berüchtigte feuchte und neblige Klima beigetragen. Schwächeanfälle, Magenbeschwerden, Erkältungen stellen sich ein. Die Zeit von Clifton, da sich sein Körper so gut erholt hatte, liegt weit zurück.

Dennoch läßt er sich gegenüber William nicht allzu viel anmerken. Der Freund übernimmt nach wie vor alle Kosten für den gemeinsamen Studienaufenthalt. Leichhardt ist somit zwar weiter in die Rolle des Protegierten gedrängt, doch er nimmt es mit ein wenig Schuldgefühl und offener, herzlicher Dankbarkeit hin. Denn gäbe es William Nicholson nicht, der derart großzügig, ohne ein Wort darüber zu verlieren, ihre Unterkunft und Verpflegung an jedem neuen Aufenthaltsort finanziert, der Plan von der großen Reise hätte längst aufgegeben werden müssen. Von zu Hause jedoch kann Ludwig Leichhardt keine materielle Unterstützung mehr erwarten.

Paris also. Beide sind sie – obwohl in der Blüte ihrer Jahre – viel zu seriös veranlagt, um vom Moulin Rouge und verführerischen Grisetten zu schwärmen. Weitaus mehr angezogen fühlen sie sich vom Paris im Sinne eines Voltaire, Diderot oder Rousseau. So würden sie auch aus diesem Aufenthalt den gebührenden Nutzen für ihr Vorhaben ziehen und dann weiterreisen in der Gewißheit, dem ersehnten Ziel um ein beträchtliches nähergerückt zu sein.

Visaschwierigkeiten. Viele Deutsche waren im Verlauf der letzten Jahrzehnte nach Frankreich gekommen, unfreiwillig zumeist, als politische Emigranten. Während England in jener Zeit den höchsten Stand in der Entwicklung der Produktivkräfte erreicht hatte, manifestierte Frankreich einen erstaunlich politischen Fortschritt auf dem Kontinent; vor allem im Vergleich zu solchen Staaten wie Preußen oder Rußland.

Kurz vor der Abreise aus London stellen sich für Leichhardt noch Schwierigkeiten ein. Der preußische Gesandte weigert sich, ihm einen Paß für Frankreich auszustellen, „weil dies ein ... zu gefährlicher Ort ist, an welchem man unpreußische Ideen einsaugen könnte."

Das liberale Bürgerkönigtum Frankreichs, das nach der Julirevolution von 1830 an die Macht gelangte, sah sich unter dem Druck der Volksmassen gezwungen, einen gewissen demokratischen Tenor in seine Außenpolitik zu bringen. Seit einigen Jahren erhalten beispielsweise politische Emigranten aus Preußen in Frankreich offiziell Asyl und mitunter eine, wenngleich auch überaus kärgliche, finanzielle Unterstützung. Die Beziehungen zwischen beiden Staaten sind zu jener Zeit nicht die besten. Der preußische König weiß um die politische publizistische Aktivität solcher Emigranten wie Heinrich Heine oder Ludwig Börne (1786–1837). Und er fürchtet zu Recht, daß die revolutionären Beispiele vom Sturm auf die Bastille von 1789, von den Barrikadenkämpfen der Arbeiter im Juli 1830 oder den Lyoner Seidenweberaufständen 1831 und 1834 Schule machen könnten.

Besonders junge Intellektuelle versucht man in Preußen zu jener Zeit von Frankreich fernzuhalten. Bei Leichhardt kommt außerdem hinzu, daß man wohl seine Absicht ahnt, sich dem Militärdienst durch eine mutwillige Verlängerung des Auslandsaufenthaltes entziehen zu wollen. Es gab also keinen Paß von der preußischen Gesandtschaft in London. Frankreich scheint ihm zunächst versagt. Doch William läßt kurzerhand seine Beziehungen spielen. Jedenfalls gelangt Ludwig Leichhardt schließlich mit fremdem Paß – als ein in Bristol gebürtiger Engländer – zusammen mit Nicholson unbehelligt nach Frankreich. Nach einer recht bewegten Seereise durch den Ärmelkanal betreten die Freunde in Boulogne französischen Boden. In zügiger Fahrt geht es anschließend durch die Picardie. Am Morgen des 16. Juli 1838 erreichen sie die Seine-Metropole.

Zunächst leisten sie sich den Luxus eines Hotelaufenthaltes und begeben sich umgehend auf die Suche nach einer Privatunterkunft. Allerdings scheint es außerordentlich schwierig, eine geeignete zu finden. Die Stadt ist überfüllt von Fremden, und die meisten möchten gleich Leichhardt und Nicholson billig leben, da sie nicht über genügend Geld verfügen.

Endlich gelingt es ihnen, ein bescheidenes kleines Zimmer zu mieten. Einen Vorteil bietet die Unterkunft auf jeden Fall: Sie liegt direkt im Stadtzentrum, so daß für sie beide weite Fußmärsche zur Universität, zu Bibliotheken und Museen entfallen.

Leichhardt fühlt sich sofort angezogen vom bunten Treiben, den vielen mittelalterlichen Sehenswürdigkeiten und dem liberalen Geist, den Kunst und Wissenschaft hier atmen. Mit den Straßen jedoch will er sich nicht anfreunden. Immer wieder klagt er anfangs über die schmutzigen und holprigen Gassen, die so recht mittelalterlich anmuten, über die alten flachen Häuser. Sie passen ganz und gar nicht in das Bild der Innenstadt. Beim Anblick jener Enge drängt sich ihm in den ersten Wochen wiederholt der Vergleich auf: Wie anders war es in London mit seinen gepflegten Bürgerhäusern, dem sorgsam getünchten Mauerwerk und den breiten, reinlichen Fußwegen gewesen. Paris hingegen erstickt fast im Unrat. Die Straßen haben meist keine Trottoirs.

Bald jedoch hat auch er die wahren Werte der französischen Hauptstadt erkannt. Jene Werte, die sie so anziehend und berühmt gemacht haben; und er äußert sich folgendermaßen: „Der Louvre, die Tuilerien ..., der Garten der Tuilerien, der Place de la Concorde, die Kirche St. Magdalena, der Palast der Invaliden, die Kirche Unserer lieben Frauen (Notre Dame) ... erfüllen uns mit neuen großartigen Ideen und flößen uns vor dem Volke Respekt ein, welches sie hervorbrachte. Beschreibungen helfen hier nichts ...

In der Wissenschaft, in der Kunst, in der Tätigkeit des bürgerlichen Lebens finden wir ein lebendiges Fortschreiten, eine Frischheit und Munterkeit, die uns selbst belebt und mit sich zieht. Alle öffentlichen und königlichen Sammlungen sind offen, ohne Geld; man kann alles sehen, alles lernen. Die Bibliotheken kann man ungehindert benutzen, die Hospitäler, die Vorträge der Professoren kann man besuchen, ohne dafür zu bezahlen. In dieser Beziehung herrscht hier eine Liberalität, welche selbst die Berliner weit hinter sich läßt ... Man sollte erwarten, daß die Pariser die Gelegenheit auch benutzen und so die gebildetsten Menschen der Erde werden müßten ...“

Alles sehen, alles lernen – das ist es, was Ludwig Leichhardt und William Nicholson in Paris wollen.

Nur wenige Tage Verschnaufpause gönnen sie sich nach der Überfahrt von England. Wenige Tage, an denen sie erste typische Impressionen vom Leben an der Seine aufnehmen. Sie statten Notre Dame und dem Louvre einen ersten Besuch ab; auch die Bastille wird besichtigt. Von Zeit zu Zeit aber schlendern sie auch „einfach nur so" über die Boulevards, trinken in einem der Straßencafés einen Mocca oder Rotwein. Das Zeitungsstudium jedoch, welches zum Besuch eines Boulevardcafés fast dazugehört, will noch nicht ganz gelingen. Zwar spricht Leichhardt durch seine Gymnasialjahre in Cottbus recht passabel Französisch, besser sogar als William Nicholson, und er übernimmt in den meisten Fällen die Aufgabe des Dolmetschers. Den politischen und wissenschaftlichen Wortschatz jedoch erschließt auch er erst allmählich.

Im Jardin des plantes. Beide verspüren keine rechte Lust dazu, sich an der berühmten Académie de Paris, der Pariser Universität, immatrikulieren zu lassen. Viel zu sehr sind sie inzwischen auf den Geschmack des freie Studien betreibenden Naturwissenschaftlers gekommen.

Mehrfach statten sie aber der Universität ihren Besuch ab, um unverbindlich, wie jeder andere es auch kann, eine Vorlesung oder einen Vortrag zu hören.

Die Pariser Universität umfaßt zu Leichhardts Zeiten vier Fakultäten: eine theologische (Faculté des lettres), eine philosophische (Faculté des sciences), eine juristische (Sorbonne) und eine medizinische (Faculté des medicines). Interessant ist, daß die heutige Pariser Universität, die Sorbonne, damals noch als juristische Fakultät existiert.

Sie war um 1250 vom Kaplan Ludwig des Heiligen, Robert von Sorbonne, gegründet worden und trug ursprünglich den Charakter eines theologischen College für Weltgeistliche. Beim Besuch der Sorbonne erzählt man Leichhardt und Nicholson auch von der Erschwernis, die den Kandidaten hier auferlegt war, wenn sie die theologische Doktorwürde erringen wollten. Nach zehnjährigem Studium mußten die jungen Theologieanwärter morgens um 6.00 Uhr vor der Prüfungskommission der Sorbonne erscheinen und zwölf Stunden lang ohne Unterbrechung ihre Thesen verteidigen, wobei ihnen lediglich eine kleine Erfrischung am Katheder zustand.

Weiterhin existieren in Paris unabhängig von der Universität eine Reihe anderer Bildungseinrichtungen, die Ludwig Leichhardt und William Nicholson mehr oder weniger regelmäßig aufsuchen. Das sind beispielsweise das Institut de Français am Quai Conti, das Bureau des longitudes – eine Art Organisation, der alle Sternwarten unterstehen, ferner die Académie de médicine mit einer chirurgischen, einer medizinischen und pharmazeutischen Sektion. Hinzu kommt der Jardin des plantes, der Botanische Garten der Hauptstadt, am linken Seineufer, in dem sich neben einer umfangreichen Kollektion von Pflanzen aus allen Erdteilen ein mineralogisches Kabinett, ein großes Herbarium und eine ansehnliche Zahl lebender exotischer Tiere befinden. Erwähnt werden muß außerdem die Bibliothek mit einem Bestand von über einer Million Bänden. Sie enthält ferner eine Sammlung mit mehr als 80 000 Handschriften, Kupferstiche, Landkarten sowie eine Münzsammlung. Zwei weitere bedeutende Bibliotheken, denen Leichhardt ebenfalls von Zeit zu Zeit Arbeitsbesuche abstattet, sind die Bibliothek von St. Geneviève und die Mazarinsche Bibliothek.

Als überaus wertvoller Fundus erweist sich für ihn der Botanische Garten. Fast täglich sucht er ihn in der ersten Zeit auf. Begeistert vermerkt er: „In diesem sind alle naturwissenschaftlichen Sammlungen vereinigt. Die verschiedenen Gebäude und Gärten, welche ihn bilden, umfassen einen Raum von 90 Morgen. 13 Professoren sind als Verwalter angestellt in den verschiedenen Fächern. Sie halten Vorträge, welche von jedem ohne Bezahlung besucht werden können. Die größte Sammlung ausgestopfter Tiere und Tiere in Spiritus ist in dem naturhistorischen Museum ... Die Sammlung der Gesteine (im mineralogischen Kabinett) und der verschiedenen Pflanzen (im botanischen Kabinett) sind ebenfalls hier. Dieser Ort ist außer den Hospitälern mein vorzüglichster Tummelplatz."

Auch jetzt nutzen Leichhardt und Nicholson die Gelegenheit und unternehmen Wanderungen in die Pariser Umgebung, betreiben wiederum botanische, aber auch mineralogische sowie paläontologische Studien. Beliebte Objekte für sie sind Flußläufe und Steinbrüche. Dort tragen sie weitere Belege für ihre Sammlungen zusammen. Für einige Wochen allerdings muß Ludwig Leichhardt im Sommer 1838 seine Studien allein fortsetzen und ohne William die Umgebung durchstreifen. Dieser wurde plötzlich nach Hause gerufen. Mr. Nicholson, sein Vater, war im Alter von 69 Jahren gestorben.

Nach dem Tod seines Vaters verfügt William Nicholson über weitere beträchtliche finanzielle Mittel, so daß die Freunde ungestört und ohne materielle Sorgen ihre Vorbereitungen für die große Reise fortsetzen können.

Pariser Leben. Leichhardt ist bei all seiner naturwissenschaftlichen Akribie, die er sich selbst auferlegt, weltoffen genug, die typischen Eigenheiten der französischen Metropole und ihrer Bewohner zu betrachten.

Wie immer, wenn er in ein anderes Land kommt, so muß sich der ausländische Gast auch in Frankreich in einigem umstellen, nicht zuletzt in den Eßgewohnheiten. Ihre Hauptmahlzeit nehmen die Franzosen noch später als die Engländer ein – gegen 16.00 Uhr, dann also, wenn man in Deutschland Kaffee trinkt. An den Wein, der zu jeder Mahlzeit anstelle von Saft, Tee oder Bier getrunken wird, hat er sich bald gewöhnt und vor allem an die schmackhaften Gerichte. Sie munden ihm besser als in London: „Die Gerichte sind besser zubereitet und nicht roh wie in England. Man tut hier zu viel, in England zu wenig."

Beachtenswert, daß sich der 24jährige – bislang hatte er sich weder in Trebatsch noch in Berlin, Göttingen oder in London um die holde Weiblichkeit bemüht – mit den Französinnen beschäftigt und sie mit den Engländerinnen vergleicht: „London ist besonders reich an hübschen Mädchen, die sich noch besonders durch ihre Zurückhaltung und Sittlichkeit auszeichnen. Die Französinnen sind fast alle klein, selten voll, sondern mager; sie scheinen wärmer, entzündbarer als die Engländerinnen, welche eher entzünden, als entzündet werden. Sie haben keine so guten Taillen, aber einen kleineren, netteren Fuß ..."

Verblüffend ist für den jungen Preußen, der die Frau fast nur in der Rolle der Dienstmagd, der Haushaltsführenden kennt, daß die Französin auch im öffentlichen

Leben ihren Mann steht. In den Läden, den Cafés und Garküchen – überall begegnet er ihnen als charmanten Verkäuferinnen und ebenso als resoluten Inhaberinnen solcher Einrichtungen.

Inzwischen steht sein Entschluß, nicht mehr in die Heimat zurückzukehren, so gut wie fest. Obwohl sein preußischer Paß bis 1840 gilt, und er sich bis dahin im Ausland aufhalten darf, ohne mit dem Gesetz in Konflikt zu geraten, erklärt er den zur Einsicht mahnenden Eltern wiederholt sein endgültiges Valet. Am 12. September 1838 schreibt er: „Ich habe fleißig Ausflüge in die Umgebung von Paris gemacht. Hügel umkränzen diese ausgedehnte Stadt fast von allen Seiten, und diese Hügel und Berge sind mit Wein bedeckt ... doch wird meine Hand wohl keinen Trebatscher Wein mehr keltern." Und zwei Monate später: „Da ich nun aber in Paris wenigstens 11/2 Jahre bleiben will, da ich hierauf nach der Küste des Mittelländischen Meeres zu gehen beabsichtige, da ich, wer weiß, wieviele Museen in Wien, Frankfurt a/M., Leyden zu besuchen gedenke, so ist es ersichtlich, daß ich 1840 nicht zurückkehren kann. Überdies ist es nun ebenso sicher, daß ich nach meinem Marsche durch Europa nach Westindien gehe, um dort vielleicht 4 Jahre zu bleiben, d. h. nicht allein auf Barbados, wo William viele Verwandte hat, sondern auch auf Jamaica, Kuba, und, wenn alles sich glücklich fügt, gehen wir dann auch nach Mexiko. Das läßt sich alles nicht bis 1840 abmachen."

Wieder ist Ludwig Leichhardt seinem Forschungsvorhaben ein Stück näher gerückt.

Keine Rückkehr in die Heimat. Immer noch hegt er den Wunsch, mit der preußischen Regierung über den abzuleistenden Militärdienst ins Einvernehmen zu kommen; offenbar von den Eltern und anderen Verwandten dazu angehalten. So ersucht er im Herbst 1838 das Berliner Innenministerium, sowohl seinen Paß als auch die Frist zum Ableisten des Militärdienstes zu verlängern. „Diesen Brief habe ich auf der Gesandtschaft abgegeben und hoffe eine günstige Antwort zu erhalten", teilt er mit einem Fünkchen geheimer Hoffnung den Eltern mit. „Erhalte ich meinen Paß, so hoffe ich Euch vor meiner Reise nach Westindien zu besuchen; erhalte ich keinen, so würde mir dies etwas schwer werden, da man mich in Preußen vielleicht als Deserteur festnehmen möcht."

Bereits Anfang Januar des nächsten Jahres bekommt Ludwig Leichhardt die Antwort. Doch ist sie entgegen seinen Erwartungen abschlägig. Am 1. Oktober 1840 – so das Ministerium – soll er zurückkehren und endlich sein Jahr ableisten. Nun scheint für ihn kein Rückweg in die Heimat offen. Zwar ist er deprimiert, aber beseelt von seiner wissenschaftlichen Idee denkt er nicht daran, sich zu fügen, sondern stürzt sich desto hartnäckiger in die Arbeit.

Inzwischen haben sich Leichhardt und Nicholson gut in Paris eingelebt. Tag für Tag begibt sich Ludwig Leichhardt in die Bibliothek des Jardin des plantes. Drei Monate ohne Unterbrechung absolviert er dort seine Studien. Wohlwollend bemerken die Bibliothekare die Arbeitsdisziplin ihres einzigen Dauerbesuchers. Auch in der Sprache hat er deutliche Fortschritte zu verzeichnen und keine Schwierigkeiten mehr, der hohen Sprechgeschwindigkeit des Französischen zu folgen.

Die Franzosen selbst scheinen ihm in ihrer Mentalität nicht allzu sympathisch: „Ich werde mein Lebtag kein Franzose werden!" Höflicher und zuvorkommender findet er die Engländer. Eine eigenwillige Meinung, denn viele andere Frankreichreisende sind zu gegenteiliger Erkenntnis gelangt. Bei diesem Urteil mag aber Leichhardts Zurückgezogenheit und in gewisser Weise die konservative Einstellung ausschlaggebend gewesen sein.

In Mußestunden, um sich von der wissenschaftlichen Arbeit ein wenig abzulenken, spielt er Klavier, das sich William und er in der kleinen Mansardenwohnung aufstellen ließen. Auch das gesellschaftliche Treiben im Gastland verfolgen die beiden recht aufmerksam. Sie erleben die Feierlichkeiten, welche jährlich in der französischen Hauptstadt zum Gedenken an die Julirevolution, mit einem prächtigen Feuerwerk und riesigem Volksauflauf in den Straßen der Innenstadt, begangen werden. Die holländisch-belgischen Streitigkeiten um Luxemburg und seine Angliederung an einen der beiden Staaten machen sie ebenso wie die Franzosen besorgt. Insgeheim befürchtet man, der französische König würde sich diese Zwistigkeiten zunutze machen und militärisch eingreifen. „Nur keinen Krieg", äußert Ludwig Leichhardt. „Der König von Frankreich ist dem Frieden wohl geneigt; aber es sinkt das Vertrauen der Nation zu ihm mehr und mehr ..."

In jener Phase versuchen die Eltern nochmals, ihren Sohn zur Rückkehr in die Heimat zu bewegen. Da sie wissen, wie eigenwillig er über das Ableisten seines Militärjahres denkt, schlagen sie ihm vor, Alexander von Humboldt aufzusuchen, der sich zu jener Zeit in Paris aufhält und als einflußreiche Persönlichkeit vielleicht ein Wort der Vermittlung beim preußischen Gesandten oder gar bei der preußischen Regierung einlegen könnte. Außerdem will sich der Vater um Fürsprache an den Fürsten Hermann von Pückler-Muskau wenden.

Ludwig aber lehnt beide Vorschläge ab. Er ist zu stolz Protektionen anzunehmen, und sei es von noch so hochgestellten Persönlichkeiten. Das bringt Verpflichtungen, eventuelle Abhängigkeit.

So teilt er den Eltern lakonisch mit, daß er nicht zu Humboldt gegangen ist. „Was sollte ich ihm sagen? Ich will mich zu einer großen Reise nach Westindien und Amerika vorbereiten! Gut! Doch wie konnte ich ihm darüber Gewißheit geben? Sollte ich bei ihm in Verdacht fallen, eine gewaltige Lüge zu machen, um vom Militärdienst frei zu kommen?"

Abstecher in die Pariser Umgebung. Im Herbst 1839 beziehen die beiden Freunde ein neues Quartier. Es liegt in der Rue de Fossés St Victoire und hat zwei Arbeitsräume, so daß Leichhardt und Nicholson auch hier ihren Studien nachgehen können, ohne sich gegenseitig zu stören oder sich lästig zu fallen. Kurz zuvor war John

Nicholson, Williams Bruder, vier Wochen bei ihnen zu Gast. Sie waren mit ihm umhergezogen, präsentierten ihm die Sehenswürdigkeiten von Paris und seiner Umgebung.

Zwar offeriert die französische Metropole keinesfalls mehr historische Bauwerke als andere große Städte – Florenz oder Venedig beispielsweise sind weitaus reicher damit ausgestattet –, doch was dem Fremden, so auch den Nicholsons und Leichhardt, Paris als Architektur- und Kunstdomäne derart imposant erscheinen läßt, ist die unübertroffene Harmonie von Prunkbauten, Kirchen, Straßen, Plätzen und Parkanlagen. Zugleich ist es das Empfinden vollkommener schöpferischer Präzision. Das macht diese Stadt auch für Leichhardt sehr schnell anziehend und läßt ihn einige der erwähnten Unstimmigkeiten bald vergessen.

Für einen Tag fährt man mit John Nicholson nach Versailles hinaus, der ehemaligen Residenz Ludwig XIV. Per Eisenbahn, die auch in Frankreich allmählich zum beliebten Verkehrsmittel wird: „Die Eisenbahnen sind ... jetzt eine alltägliche Sache, da zwischen Berlin und Potsdam gleichfalls eine im Gange ist. Die Geschwindigkeit auf den hiesigen ist nicht sehr bedeutend. Von Paris aus beginnen zwei; eine geht nach St. Germaine (ungefähr 3 Meilen) in 30 Minuten und die andere nach Versailles (2 Meilen) ...“

Verstärkt bemüht sich Ludwig Leichhardt in den letzten Wochen, weniger Zeit am Schreibpult in der Mietwohnung, im Jardin des plantes oder in Bibliotheken und Museen zu verbringen. Dafür unternimmt er erneut lange Fußmärsche in die Umgebung. Allerdings hat sich sein Gesundheitszustand weiter verschlechtert. Er klagt über mangelnde Sehschärfe. So muß er eine seiner Lieblingsbeschäftigungen, das Zeichnen, aufgeben. Er hatte es mit Eifer und Talent betrieben. Außerdem treten das Magenleiden und Migränen häufiger auf. Ende Januar 1840 befällt ihn ein heftiges Rheuma. Er ist jedoch so unvernünftig und will sich selbst kurieren. Beim ersten Schmerzanfall bittet er William um Hilfe. Der muß ihm an der Hüfte eine Wunde von der Größe der halben Handfläche brennen. Die Folge: Sie eitert, und erst Wochen später kann Leichhardt wieder seinen Studien nachgehen.

Endlich, am ersten Osterfeiertag 1840, berichtet er: „Meine Exkursionen um Paris fangen wieder an und gehen Seele und Leib vortrefflich zu Gedeihe. Ich war stets im Museum und auf der Universität beschäftigt, Vorträge zu hören oder Materialien durchzuarbeiten ... Es ist erstaunlich ... wie viele Kenntnisse dazu gehören, die uns umgebende Natur in ihren Erscheinungen auch nur zusammenhängend fassen zu können.“

Seine Abstecher in die Umgebung führen unter anderem nochmals nach Versailles, zu den Torfstichen von Menesy, wo er sich „plötzlich ... von dem heimatlichen Boden der Mark umgeben“ fühlt, und ebenso nach Fontainebleau. In der 7,5 Meilen südöstlich von Paris befindlichen Seine-Marne-Stadt besucht er die Porzellanmanufaktur und die öffentliche Bibliothek. Weitaus mehr aber interessiert ihn das königliche Lustschloß. Es liegt unweit vom Ort und ist von einem dichten

Waldgürtel umsäumt. Leichhardt findet es typisch französisch, rokokohaft, mehr als Versailles – wenngleich er auf einem Rundgang durch das Anwesen erfährt, daß es bereits seit dem 12. Jahrhundert existiert. Schon die französischen Könige Ludwig VII. sowie Philipp August hatten Fontainebleau zeitweise zu ihrer Residenz gewählt. Später residierten und vergnügten sich dort Ludwig XIV. (1683–1715) und Ludwig XV. (1710–1774). Im Laufe der Zeit erfuhr das Lustschloß ständige Erweiterung und Umbauten – unterworfen den Launen seiner jeweiligen Herrscher und Besitzer. Mehrfach, so erfährt Leichhardt, wurden an diesem Ort politische Verträge unterzeichnet und bedeutende Hofereignisse nach Gebühr gefeiert.

Bei derartigen Reisen in die Umgebung von Paris verspürt Leichhardt kaum etwas von seinen Unpäßlichkeiten. Nachdem sich seine Gesundheit wieder ein wenig gebessert hat, sucht er an Williams Seite erneut Museen und Bibliotheken sowie vor allem den Jardin des plantes auf: „Wir besuchten mehrere Vorlesungen im Pflanzengarten, in der Universität ... Diese Vorlesungen sind natürlich öffentlich, d. h., jeder Mensch, Mann oder Frau mag eintreten, um zuzuhören. Da die Räume wohlgeheizt sind, so fehlt es nicht an Leuten, die da kommen, sich zu wärmen und zu Hause Holz zu ersparen. Alle Wunder der Natur werden ihnen klar und verständlich auseinandergesetzt, und so haben sie außer Ökonomie noch eine schöne belehrende Unterhaltung. Ihr würdet Euch deshalb nicht wenig wundern, alte 80jährige Männer, ärmlich gekleidete Leute, einen wunderlichen Mischmasch aller Klassen, beisammen zu sehen. William hat die merkwürdigsten Gestalten alle gezeichnet und fast ein Buch mit ihnen gefüllt ...“

Leichhardt und Nicholson sind bei weitem nicht die einzigen Ausländer, die in Pariser Bildungseinrichtungen wissenschaftliche Vorträge hören. Besonders der Jardin des plantes zieht Besucher aus verschiedenen Ländern an, so aus Spanien, Italien und Nordamerika, denn „es ist auch kein Zweifel, daß es kein zweites Institut dieser Art in ähnlicher Vereinigung und Ausdehnung in Europa gibt und daß keines würdiger ist, von allen Nationen besucht zu werden als dieser Pflanzengarten.“

Hier hat Ludwig Leichhardt die fundiertesten naturwissenschaftlichen Studien in Paris betreiben können und weitere Anregungen für die künftige Forscherlaufbahn erhalten. Auch von der Ausstattung dieser Institution ist er begeistert: „In dem Kabinett der Mineralogie und Geologie findet sich 1. die Mineralogische Sammlung nach Brogniard. Jedes Mineral mit allen seinen Kombinationen ist in schönstem Lichte und in angenehmster Höhe Dir vor Augen gelegt, und hundert Modelle zeigen seine Kristallisation. 2. Die technologische Sammlung, d. h. diejenigen Metalle und Felsarten, die für die Technologie von Wichtigkeit sind, finden sich gleichfalls in besonderen Zwischenfächern. 3. Die geologischen Sammlungen ... Die große Sammlung der Petrifaktion (der Vorgänge von Versteinerungen; D. F.), reich besonders in den höheren Tierklassen ...“

Im Jardin des plantes, das hat Leichhardt schon bald nach seiner Ankunft in Paris herausgefunden, kann er eine alte Wissenslücke fast vollständig schließen –

seine Kenntnisse in Geologie. Den geologischen Bereich sieht er neben der Botanik und Zoologie als besonders wertvoll an für ein erfolgreiches Wirken als Forscher und Entdecker. Wenn es ihm auf der Grundlage solider geologischer Kenntnisse gelingt, das Augenmerk bei künftigen Expeditionen ebenfalls auf Gebirgsstrukturen, Gesteinsformationen oder gar vermutete Lagerstätten von Bodenschätzen zu richten und die gewonnenen Beobachtungen gründlich auszuwerten, würden derartige Forschungsreisen auch ökonomischen Nutzen erlangen.

Er belegt einen mineralogischen Grundkurs bei Constant Prevost, und im Jardin des plantes besucht er den Kurs über Felsarten, den Professor Cordier leitet. So verfügt er binnen weniger Monate über recht gutes Wissen in Geologie.

Fast wöchentlich erleben Leichhardt und Nicholson auch Theateraufführungen. Sie wissen, daß die Glanzvorstellungen nicht immer in den berühmten großen Häusern über die Bühne gehen, sondern daß in gleichem Maße kleine Boulevardtheater einen Besuch wert sind. Auch dort gibt es eine ganze Reihe guter Schauspieler, die ihre Rollen meisterhaft beherrschen. Aufführungen von Molière, Corneille und Shakespeare wohnen sie in solchen Boulevardhäusern bei. Eine Vorstellung dauert in der Regel 4–5 Stunden, denn man spielt gleich zwei Dramen nacheinander. Paris ist als Metropole ebenso Theaterstadt.

Nach Südfrankreich. Auch im Frühjahr und dem Frühsommer 1840 geht Ludwig Leichhardt vor allem sonntags auf seine naturwissenschaftlichen Reisen: „Vom frühen Morgen bis in die späte Nacht habe ich in Gottes freier Natur herumgeschweift, um sie nach allen Seiten hin kennen zu lernen. Eine Schießtasche über der Schulter, eine botanische Büchse zur Seite, Fläschchen mit Spiritus, Schachteln, Netze in allen Taschen: so wanderte ich fast wie die Biene von Blume zu Blume, um wie sie Erkenntnis des wunderbaren Lebens um mich zu sammeln. Eine halbe Flasche Rotwein und ein tüchtiges Butterbrot wurden auf dem Rasentische mit gesundem Appetit verzehrt ... Während mir die Leute sagen, daß ich mich bis auf einen stärkeren Backenbart im Äußern nicht verändert habe, fühle ich mich im Innern vielfach anders. Es fehlt mir die Wärme der Familie, in welcher sich freundliche, heitere Gedanken und Lebensansichten entwickeln; und wenn ich schon früher geneigt war, das Leben mehr ernst anzuschauen, so hat sich dies in unserem abgeschlossenen, fortwährend ernst beschäftigten Junggesellenleben noch vielfach vermehrt."

Längst wähnen sich Leichhardt und Nicholson nicht am Ende ihrer naturwissenschaftlichen Studienreisen. Als nächste Stationen haben sie Südfrankreich und Italien vorgesehen, wo sie biologische, aber ebenso geologische Untersuchungen betreiben wollen – diesmal zur Struktur erloschener Vulkane.

So lernen beide eifrig Italienisch. Und sie warten auf John Nicholson, der sie noch einmal in Paris besuchen möchte. John hat inzwischen in Göttingen mit einer Abhandlung über die Nachfolger des islamischen Religionsstifters Mohammed (um 570–632) promoviert. In dieser Zeit hegt Leichhardt den Wunsch, außer Italienisch noch Holländisch und Spanisch zu lernen, „da diese beiden Sprachen auf vielen Inseln gesprochen werden, welche zwischen Asien und Neuholland liegen und den Holländern und Spaniern gehören."

Erstmals taucht jetzt bei Ludwig Leichhardt der Name Neuholland auf, mit dem zu jener Zeit der australische Erdteil, besonders die von den Holländern im 17. Jahrhundert an einigen Stellen entdeckte Westküste, bezeichnet wird.

Mitte August trifft John Nicholson zu seinem zweiten Besuch in der französischen Hauptstadt ein, um anschließend nach England weiterzureisen. Alle drei sind guter Dinge und sprühen einmal mehr vor Unternehmungsgeist. Ludwig Leichhardt hofft insgeheim darauf, am Meer und im Gebirge südlicher Breiten endlich wieder gesundheitlich auf die Höhe zu kommen. Wieviel Menschen hatten dort bereits Heilung gefunden. So würde ihm eine solche Reise sicherlich gut tun und vielleicht von doppeltem Nutzen sein.

Der Abschied von Paris fällt nicht leicht. Man hatte sich die beiden Jahre, die man hier verbrachte, trotz einiger Abstriche wie zu Hause gefühlt.

Am 15. August 1840 schickt er den letzten Brief aus Paris an die Eltern und nennt als erstes Reiseziel Clermont in der Auvergne von Mittelfrankreich, „um dort die ausgebrannten Vulkane zu studieren. Es soll eine vortrefflich schöne Gegend sein, voll vom edelsten Weine mit Burgundernatur ... Von Clermont gehen wir nach Aurillac, welches etwas südlicher liegt; und von dort nach Marseille. Mit dem Dampfboot fahren wir sodann nach Genua...

Wie oft sehnte ich mich nicht in die Ferne! In Göttingen wollte ich Buchdruckergeselle werden, um nur einmal reisen zu können. Und nun hat sich alles so wunderlich gefügt, sind mir Flügel gewachsen, und ich fliege leicht und frei wie ein Vogel von Stadt zu Stadt, von Land zu Land, von Erdteil zu Erdteil. Und dabei wird mir's doch von Tag zu Tag klarer: Ich gewinne allmählich eine freiere und freiere Übersicht über diesen unendlich hohen und weiten Plan, nach welchem der große Weltbaumeister baute ...“

Mit derlei Gedanken bricht Ludwig Leichhardt mit William Nicholson nach Mittelfrankreich auf. In Clermont bleiben sie nur wenige Tage. Botanisierend geht es durch das Rhônetal, wobei manch schönes Pflanzen-, aber auch einige Insektenexemplare Aufnahme in Leichhardts Sammlung finden.

Über die Bergketten der Auvergne und der Cevennen sowie die Tiefebene Languedoc erreichen sie schließlich Marseille. Die Stadt hat eine malerische Lage. Im Norden und Osten von den Ausläufern der Provence umrahmt, erstreckt sie sich halbkreisförmig in der Bucht von Lion.

Zu jener Zeit gilt Marseille nach London, Liverpool und Hamburg als bedeutendste Hafenstadt. Für Frankreich ist sie Seeumschlagplatz Nummer eins. Leichhardt und Nicholson fahren ins Hafenviertel Dieu-Donné mit seinen riesigen Kais, seit 1815 Freihafen von Marseille. Mehr als 6000 Schiffe legen jährlich hier an. Zu beiden Seiten des Hafengeländes befinden sich militärische Anlagen – das Fort Louis und das Fort St. Jean. Die Freunde blicken hinüber zum kleinen Felseneiland If, auf dem sich das berühmte Staatsgefängnis, das Chateau d'If, erhebt. Dort hat Alexandre Dumas d. Ä. (1802–1870) seinen „Graf von Monte Christo" angesiedelt.

Aus der Altstadt (vieux quartier) mit ihren steilen und winkligen Straßen fahren sie über den langen Corso und anschließend über die Rue de Rome in die Neustadt (le beau quartier) hinüber, die eindrucksvolle architektonische Sehenswürdigkeiten hat: das Stadthaus und die Börse, die Präfektur, die Kathedrale Eglise de la Majour, welche die älteste Kirche Galliens ist.

An den Folgetagen besuchen Ludwig Leichhardt und William Nicholson das Antiquitäten- sowie das Gemäldemuseum und natürlich den botanischen Garten der Stadt. Sie sind auch zu Gast im bekannten Athenäum, in dem, gleich der Pariser Universität und dem Jardin de plantes, zahlreiche öffentliche Vorträge stattfinden.

In Marseille dominieren neben Seidenverarbeitungs- und Seifenfabriken Lebensmittel- und Flechtwarenindustrie sowie fischverarbeitende Betriebe – vor allem in der Altstadt und am Hafen.

Immer wieder stoßen die Reisenden auf bittere Armut. Bettler, Tagelöhner, magere Kinder, die mit irgendwelchem Tand feilschen, auf den Kais herumlungernde Gelegenheitsarbeiter. Sie warten auf einlaufende Schiffe, um sich beim Entladen ein paar Sous zu verdienen. Die Löhne liegen bei einer täglichen Arbeitszeit von 12–15 Stunden auch in Frankreich sehr niedrig. Die Lebenshaltungskosten hingegen sind für Arbeiter, für Handwerker meist unvorstellbar hoch.

Nicht wenige der hier lebenden Menschen bestreiten ihren Lebensunterhalt durch Fischfang. Am verbreitetsten sind die Sardellen- sowie die Thunfischerei. Andere heuern auf den zahlreichen Schiffen an, mit denen ein regelmäßiger Personenverkehr zu fast allen großen Mittelmeerhäfen unterhalten wird: nach Livorno, Neapel, Genua, Nizza, aber auch nach Algier, Oran, Cadiz oder Malta. So hoffen Ludwig Leichhardt und William Nicholson, auf bequeme Weise nach Italien übersetzen zu können.

Seekrank. Leichhardt ist voller Erwartungen auf weitere geologische Untersuchungen. In Paris hatte er mehrere Werke über die Tektonik von Mittel- und Südfrankreich gelesen. Dazu zählten beispielsweise die „Beschreibung des Vulkans von Pariou" von Henri Lecoq (1828–1867), der zu jener Zeit als Geologieprofessor in Clermont-Ferrand wirkt; ferner Jean-Baptiste Bouillets „Cours d'oeil sur la structure géologique et mineralogique de groupe des Mont Dore" (Einführung in die Struktur und Mineralogie der Gruppe Mont Dore"). Außerdem dürften zu Leichhardts vorbereitender Studienlektüre Werke von F. Hoffmann, einem vortrefflichen Spezialisten über die Tektonik der Liparischen Inseln, sowie von Lyell gehört haben.

„Wir verließen am 30. Oktober das schöne Marseille. Rings von nackten Kalkfelsen umgeben, schaut die schön gebaute Stadt nur freundlich über das Meer hinaus ...“ Mit diesen Worten gibt Leichhardt den Abschied von der imposanten südfranzösischen Stadt wieder.

An Bord des Dampfschiffes „Leopoldo Secondo" beginnt die ein wenig stürmische Überfahrt nach dem 300 Kilometer entfernten Genua. Zunächst verläuft die Route entlang der Küste. Es geht vorbei an Toulon und den Iles de Hyères, dann längs der Côte d'Azur und der Riviera di Ponente hinauf in den Golf von Genua.

Leichhardt macht der starke Seegang zu schaffen. Kaum eine Stunde ist vorüber, seit das Schiff Marseille verlassen hat, da muß er sich in seine Koje begeben und kann sie während der nächsten 30 Stunden nicht mehr verlassen, so stark hat ihn die Seekrankheit befallen. Dampf und Ölgeruch verstärken sein Unwohlsein.

Als sie dann im Hafen von Genua das Schiff verlassen, fühlt er sich für die Strapazen der Schiffsreise entschädigt: Ein malerisches Fleckchen Erde, das sich ihm und William bietet. Genua (in der italienischen Landessprache Genova genannt), die Hauptstadt des gleichnamigen sardinischen Herzogtums, umschließt, ähnlich wie Marseille, in Form einer Halbmondsichel das weite Hafenterrain. Im Hintergrund zu sehen sind die Ausläufer des Ligurischen Apennins mit zahlreichen, nach Süden abfallenden terrassenförmigen Weinbergen.

Zwei Tage nur halten sich die Freunde hier auf. Im Eiltempo nimmt Leichhardt die Sehenswürdigkeiten wahr – mehr von Nicholson dazu bewogen als aus eigenem Antrieb, denn der Engländer zeigt unbändigen Unternehmungsgeist. Palazzo ducale, den früheren Dogenpalast und jetzigen Sitz des Senats, den durch die rote Marmortäfelung berühmten Palazzo Brignole Sale, die Kathedrale San Lorenzo, aber auch das Hotel de Pammatone und das Taubstummeninstitut – alles will William gesehen haben. Überhaupt scheint diese Reisephase fast nur touristischen Zwecken zu dienen; der wissenschaftliche Aspekt tritt vorübergehend in den Hintergrund.

Weiter geht es per Schiff durch die Riviera di Levante. Nach einer ruhigen Fahrt kommen sie – ohne daß Leichhardt erneut seekrank wird – am 3. November 1840 in Livorno an. „Es ist eine regelmäßig gebaute, sehr handeltreibende Stadt", schreibt er, „und für Italien das, was Hamburg für Norddeutschland, was London für England ist. Es findet sich hier eine Zitadelle, in welcher die Gefangenen aufbewahrt werden, die schwerer Verbrechen wegen Ketten tragen. Zu zweien zusammengeschmiedet, ziehen sie Karren durch die Stadt, fegen die Straßen, reinigen die Abflüsse. Sie sind in rotem oder gelbem wollenen Stoff bekleidet, und ihr Verbrechen ist ihnen auf den Rücken geschrieben. So las ich z.B. ‚Diebstahl mit bewaffneter Hand' – ‚Vorsätzlicher Menschenmord' ...“

Schon am nächsten Tag setzen sie ihre Mittelmeerreise fort. Sie führt jetzt parallel zur italienischen Küste, vorbei an der Insel Elba durch den Nordteil des Tyrrhenischen Meeres. Nächste Station ist Civitavecchia – zu Leichhardts Zeit

Hafen des Kirchenstaates. Im Gespräch mit mitreisenden Italienern erfahren die Freunde, daß der Ort vor allem dadurch Bedeutung erlangte, daß viele der Rom-reisenden, unter ihnen Pilger aus Westeuropa, hier an Land gehen und anschließend per Postkutsche die Fahrt in die rund 100 Kilometer entfernt liegende italienische Hauptstadt fortsetzen. So legen sämtliche Dampfschiffe auf der Route Neapel–Marseille seit einigen Jahren in Civitavecchia an. Dieser Umstand verhalf dem Städtchen zu einem geringfügigen Handel, von dem immerhin die Mehrzahl der fast 8000 Einwohner lebt, zumal der Ort seit Papst Benedikt XIV. (1675–1758) auch die Vorzüge eines Freihafens genießt.

Leichhardt und Nicholson bestaunen die ganz und gar nicht zum Kirchenstaat passende Festung, auf der sich sogar ein Gefängnis für Galeerensklaven befindet. Und man erzählt ihnen vom Räuberhauptmann Gasparoni und seiner Bande, die einst im Kirchenstaat ihr Unwesen trieb und der mit aller militärischen Übermacht und Taktik nicht beizukommen war.

Auf den Vesuv. Endlich, am 5. November 1840, sind sie am eigentlichen Ziel ihrer Reise angelangt, in Neapel: „Ein weiter Meerbusen breitet sich vor der Stadt aus. Diese liegt am Abhange eines halbkreisförmigen Gebirges, welches an beiden Seiten des Golfes lange Arme ins Meer hinausstreckt ... Der Stadt gegenüber erhebt sich der Vesuvius, aus dessen Krater unaufhörlich eine Rauchsäule em-porsteigt, welche als schwere Wolke über dem Berge verharrt ... Man soll Neapel im April oder Mai sehen, um die Dichter verstehen zu können, die sich überdies noch in Übertreibung gefallen. Wenn der Südwind weht, so ist die Luft lau und angenehm ...

In den Straßen sind alle Handwerker vor der Tür. Es ist im höchsten Grade unterhaltend, 12 Schuster oder Schneidergesellen in der Straße sitzen zu sehen. Man kann mit Leichtigkeit alle Gewerke während eines Spazierganges studieren."

Da Ludwig Leichhardt und William Nicholson einige Wochen in Neapel bleiben wollen, müssen sie auch hier unmittelbar nach der Ankunft auf Quartiersuche ge-hen. Zunächst sind sie recht skeptisch, eine einigermaßen annehmbare Bleibe zu finden. Bald jedoch merken sie, daß die Wohnungs- und Zimmersuche in Neapel organisiert ist. Findige Leute haben ein richtiges Gewerbe daraus gemacht. In den überfüllten Straßen und Gassen der Innenstadt hocken Männer mit Schiefertafeln, auf denen freie Unterkünfte angeboten werden. Wer Interesse an einem der so inserierten Angebote hat, bekommt vom Vermittler einen Boten gestellt und begibt sich zur Quartierbesichtigung. Auf diese Art finden Leichhardt und Nicholson gegen geringe Gebühr ein bescheidenes Zimmer, wo – wie Ludwig Leichhardt mit-teilt – „William immerwährend an Rheumatismus in den Schultern, ich in den Füßen leide."

In der Innenstadt von Neapel stehen viele vier- bis sechsgeschossige Häuser. Leichhardt und sein Gefährte wohnen „hoch hinauf" – in der vierten Etage. Nicht umsonst sagt man jener Stadt nach, sie sei die volkreichste von ganz Italien. Auf den Straßen und Plätzen, in den kleinen Läden und auf den Märkten herrscht selbst noch in den späten Abendstunden ein unbeschreiblicher Trubel. Ob alt oder jung – alles ist auf den Beinen. Man wird gedrängt, geschoben, läßt sich in diesem Riesenstrom von Menschen einfach mitreißen. Auch Leichhardt und Nicholson geht es oft so.

Begeistert ist Ludwig Leichhardt von der ungezwungenen Lebensweise. Überall gibt es kleine Kaffeestuben mit nur 2, 3 Tischen. Händler, Mönche, Beamte, Dirnen trinken hier im Vorübergehen ihren Mokka. An fast jeder Straßenecke befindet sich eine Garküche, in der ein Makkaronikoch das beliebte Nationalgericht feilbietet. Im Nu hat sich eine hungrige Menge eingefunden und bekommt ihre Portion zugeteilt. Als wahre Attraktion empfindet es Leichhardt, daß man jeden Morgen eine Kuhherde durch Neapels Straßen treibt. Wünscht ein Kunde Milch, macht der Zug vor der jeweiligen Haustür halt; eines der Tiere wird gemolken, und man hat die Milch buchstäblich „aus erster Hand" – wie es frischer nicht geht.

Weniger angenehm in Erinnerung bleibt ihm die Aufdringlichkeit, mit der die Neapolitaner den Reisenden begegnen, um ein Almosen zu erheischen, ihre Dienste anzubieten oder ihnen einfach aus purer Neugier eine Menge von lästigen und überflüssigen Fragen zu stellen.

Beeindruckt sind die Freunde von den beiden Promenaden St. Lucia und Chiasa in unmittelbarer Nähe des Meeres. Dort leben die Begüterten der Stadt. Mehrfach promenieren Leichhardt und Nicholson an den Abenden auf der breiten, mit drei Baumreihen bepflanzten Chiasa und bestaunen die vielen Statuen – zumeist aus der Welt der Mythologie. Wie fast alle Straßen Neapels ist auch die Chiasa mit Lavagestein gepflastert. Es ist billiges ein Baumaterial – der Vesuv liefert es gratis.

Besonderer Anziehungspunkt ist das Bourbonische Museum. In ihm befinden sich u. a. Wandgemälde und Mosaikarbeiten aus Herculaneum und Pompeji, außerdem eine Reihe antiker Statuen, so die Venus Kallipygos und die Farnesesche Flora. Die im Museum befindliche königliche Bibliothek mit ihren 150 000 Bänden und zahlreichen seltenen Handschriften findet starkes Interesse bei Leichhardt und Nicholson. Auch in Neapel statten sie der Universität ihren Besuch ab. Sie war 1224 von Kaiser Friedrich II. (1194–1250) gegründet worden. Ebenso besichtigen sie die zur Universität gehörende Sternwarte. Sie liegt auf dem Hügel Capo di Monte und ist aus geschliffener Lava errichtet. So atmet die Stadt Kunst, Wissenschaft und regen Handel – eine Mischung, aus der die Freunde das Beste aufnehmen möchten.

Was wäre eine neapolitanische Reise wert, wenn nicht auch eine Besteigung des Vesuvs und der Besuch des legendären Pompeji dazugehörten. Natürlich stehen auch bei Ludwig Leichhardt und seinem Gefährten beide Sehenswürdigkeiten auf dem Programm.

Der einzige aktive Vulkan auf dem europäischen Festland befindet sich etwa 3 Kilometer von Neapel entfernt. Als einsamer Berg ragt er, kurioserweise von den Apenninen getrennt, im Golf von Neapel in den Himmel. Er hat eine Höhe von 1277 Metern und reicht mit dem südlichen Abhang bis an das Tyrrhenische Meer.

An einem sonnigen Herbsttag brechen Leichhardt und Nicholson zum Vesuv auf. Sie haben sich durch intensive geologische Lektüre gründlich auf diesen Besuch vorbereitet und erhoffen sich einige wertvolle vulkanologische Aufschlüsse.

Bis in die kleine Stadt Portici, die sich unmittelbar am Fuße des Vulkans befindet, wird die Strecke mit der Eisenbahn zurückgelegt. Zu beiden Seiten der Strecke gibt es sorgsam bebautes Land, dazwischen zahlreiche kleine Siedlungen. Die Bewohner wissen um die Gefahr, hier zu leben; und sie hoffen zugleich, daß sie der nächste Vesuvausbruch verschonen möge. Der vulkanische Boden ist äußerst fruchtbar und garantiert jedes Jahr ertragreiche Ernten.

Immer wieder, so wissen auch Ludwig Leichhardt und William Nicholson, haben plötzliche starke Vulkanausbrüche verheerende Folgen gehabt. Bei dem Ausbruch von 1730 hatte sich der Vulkangipfel durch den ungeheuren Lavaaustritt beträchtlich erhöht und seine heutige Zuckerhutform erhalten. Bei einer weiteren Eruption im Jahre 1794 wurde die Ortschaft Torre del Greco fast völlig zerstört, und am 24. Oktober 1822 herrschte durch den Ascheregen des Vesuvs in Neapel Finsternis. Bei den jüngsten heftigen Eruptionen in den Jahren 1835 und 1839 hatte der Vulkankrater deutlich an Umfang und Tiefe eingebüßt.

Sorgsam notieren Leichhardt und Nicholson alle Beobachtungen und einige Hinweise von Anwohnern in ihre Tagebücher. Sie sollen ihnen bei späteren Auswertungen von Nutzen sein. Am Fuße des Vesuvs stoßen die beiden Reisenden auf eine Reihe stattlicher Weingärten. „.... ich habe die auf dem Vesuv wachsende Lachrymae Christi getrunken und sehr wohlschmeckend gefunden", lobt Leichhardt die Kunst der dortigen Weinbauern.

Zu Fuß geht es durch Resina. Zwischen Lavafeldern und Weinbergen beginnen sie, den Berg ein Stück hinaufzusteigen und stoßen bald auf eine ehemalige Eremitenklause. „Hier hat früher der heilige Januarius gelebt, ... Schutzheiliger von Neapel ... Jetzt ist eine Herberge für die Reisenden hier, welche man wacker zu prellen weiß. Hinter der Eremitenwohnung erhebt sich der eigentliche Kegel des Vesuvs, welcher aus Schlackestücken und Laven aufgebaut ist. Dieser Teil des Weges ist äußerst beschwerlich; er ist steil, und die losen Stücke geben dem auftretenden Fuße wenig Halt ... wir erreichten die Plattform, in welche der Krater einsinkt und sahen nun die hervorsteigende Dampfwolke vor uns ... Vom Vesuv genießt man eine ganz herrliche Absicht auf Neapel und das Meer. Das Hinabsteigen war viel leichter; wir rannten in der Tat in vollem Laufe an einer Stelle nieder, wo ein loser, vulkanischer Sand dem Fußtritt leicht nachgab ..."

Pompeji. Ein zweiter Abstecher, den Ludwig Leichhardt und William Nicholson von Neapel aus unternehmen, führt zu den Ruinen von Pompeji, der einstigen griechisch-römischen Stadt, die im Jahre 79 bei einem Ausbruch des Vesuvs verschüttet worden war. Im 18. Jahrhundert hatte man mit Ausgrabungen begonnen und bis zu Leichhardts Zeit ist etwa ein Fünftel der antiken Ortschaft aus Schutt und Asche befreit, zum Teil restauriert, „und man sieht nun zu seinem Erstaunen eine alte römische Stadt in aller Frische aus der Asche hervortreten ...“

Ein Italiener führt sie durch straßenartige Gänge – einst Gassen von Pompeji – vorbei an ausgegrabenen Häuser- und Tempelruinen. Was Leichhardt und Nicholson besonders gefällt, ist die kunstvolle Architektonik von Statuen, ornamentverzierten Säulen und mythologischem Tempeldekor. Die gesamte Ruinenstadt ist reich daran. Um wievieles reicher aber, so denken sie, muß sie in ihrem künstlerischen Gepränge erst zur Blütezeit, vor dem plötzlichen Untergang, gewesen sein. Ein Forum, ein Amphitheater, mehrere Tempel und Thermen sowie zwei Plätze besichtigen sie im ausgegrabenen Teil.

Auch Herculaneum, in unmittelbarer Nähe Pompejis gelegen, statten Leichhardt und Nicholson eine Besuch ab. Hier gibt ihnen ein Fremdenführer eine ausführliche historische Einführung. Osker – Angehörige eines italienischen Volkes – hatten die Stadt einst gegründet. Danach war sie vornehmlich von Griechen bewohnt, die aus Unteritalien einwanderten.

Im Jahre 63 hatte ein Erdbeben Herculaneum bereits stark zerstört, bevor es 16 Jahre später durch einen breiten Lavastrom des ausgebrochenen Vesuvs das gleiche Schicksal wie Pompeji erlitt. In der Folgezeit errichteten die Römer auf dem verschütteten Teil von Herculaneum Stadtgebiete von Resina und Portici – und erst bei zufälligen Grabungen stieß man auf erste Ruinenreste und erhielt Aufschluß auch über das Geschick jenes Ortes.

Bedienstete des Prinzen Emanuel von Elbeuf waren 1720 bei Brunnengrabungen auf dem adligen Anwesen auf drei weibliche Statuen gestoßen. Der eine Sensation witternde Prinz geriet derart in Eifer, daß er die Arbeiten intensivieren und sogar über seinen Grundbesitz hinaus ausdehnen ließ, worauf die erzürnten Anwohner durch die Regierung ein Verbot weiterer Grabungen erwirkten. 1738 aber ließ Karl III. von Spanien (unter dem Namen Karl VIII. als König beider sizilianischer Reiche bekanntgeworden) an gleicher Stelle erneut graben, diesmal vor allem tiefer.

Die Hoffnung, wiederum fündig zu werden, bestätigte sich: Ein noch fast völlig erhaltenes Theater sowie ein Jupitertempel kamen zum Vorschein. Dies war der eigentliche Anfang der Ruinen- und Grabungsstätte Herculaneum, die in ihrem kulturhistorischen Wert Pompeji jedoch weit nachsteht.

Kurz nach dem Jahreswechsel 1840/41 trifft Leichhardt in Neapel ein harter Schlag. Er erhält Nachricht vom Tod seines Vaters. Wirtschaftliche Schwierigkeiten, familiäre Unstimmigkeiten, die man dem in der Fremde weilenden Ludwig sowohl seitens der Eltern als auch der Geschwister verschwieg, hatten die Gesundheit von Hyronimus Leichhardt zerrüttet. Am 17. Oktober 1840 war er an den Nachwirkungen eines Nervenfiebers gestorben.

In einem Brief an Schwager Schmalfuß – am 22. Januar 1841 in Neapel geschrieben – widmet Leichhardt dem verstorbenen Vater Zeilen tiefer Liebe und Achtung: „Nun ist die Reihe an mich gekommen ... und ich sehe mich plötzlich des teuren Vaters, vielgeliebten Freundes beraubt. Ich kann nicht ausdrücken, wie schwer es mir wird, den kräftigen, lebensfrohen Mann ruhig in der engen Grube zu wissen und zu denken, daß jene Formen in entsetzlich stummen Staub verfallen, unter denen mir väterliches Wohlwollen und freundliche Teilnahme entgegentraten. Und doch ist es der Gang der Natur ... Ein großer neuer Schmerz liegt im Tode des Menschen ..." Aber „es ist mir beruhigend zu denken, daß der geliebte Vater mir als helfender Schutzgeist zur Seite steht und jetzt den Sohn als freier Geist begleite, an dessen Schicksal er stets einen so innigen Anteil nahm ..."

In Neapel besteigen die beiden Reisenden Anfang Februar 1841 die Postkutsche, um nach Rom – in die ewige Stadt – zu gelangen. So sehr Italien auch einem Ludwig Leichhardt gefällt und er zugibt, viel gesehen und gelernt zu haben, verdrießt es ihn doch ein wenig, in der kalten Jahreszeit die Reise angetreten zu haben. Ergiebig für den Naturforscher sind Frühling und Herbst auf der Apenninenhalbinsel, „denn der Winter bringt fast ununterbrochen Regen, der hohe Sommer unerträgliche Hitze". Leichhardt klagt darüber, daß sich die Natur zu jenem Zeitpunkt üblicherweise in nur spärlicher Vegetation präsentiert, so daß William und er bei botanischen Studien kaum auf ihre Kosten kommen.

Über Rom selbst vermerkt er: „Ein herrliches Reisewetter begünstigte mich ... Die langersehnte ewige, heilige Stadt mit ihren außerordentlichen Schätzen alter und neuer Kunst ist im weiten Kreise von öden Flächen umgeben. Hier muß sich also der Geist notwendig mir nach innen in die Tempel, in die Museen wenden. Mit Neapel verglichen, befriedigt die innere Ruhe und Würde der Straßen, der Paläste und des Volkes, welches durch sie hinwandelt, außerordentlich."

Acht Wochen währt ihr Aufenthalt in Rom. Eine Woche vor Ostern verlassen sie die Stadt.

Zu Fuß durch die Toskana und über die Alpen. Nächste Station soll Florenz sein. Zum ersten Mal während ihrer bisherigen Reise scheinen Leichhardt und William Nicholson uneins. Denn während der junge Engländer es vorzieht, mit dem Wagen zu fahren, will Ludwig Leichhardt ein weiteres Mal seinen Körper trainieren und macht sich per pedes auf den rund 250 Kilometer langen Weg.

In der Umgebung von Rom durchwanderte er zum Teil spärliche Weideregionen, Wald- und Hügelgelände. Hier dagegen finden sich riesige Weizen-, Kartoffel- und Maisfelder, auf denen man bei der Frühjahrsbestellung ist. Freundliche, hilfsbereite Menschen weisen Leichhardt gern den Weg zur nächsten Herberge oder nehmen ihn für eine Nacht bei sich auf, teilen Brot und Wein.

In Florenz, der Hauptstadt des Großherzogtums Toskana, treffen die beiden Freunde wieder zusammen. Während der nächsten 14 Tage besichtigen sie die

Innenstadt, die ebenfalls zahlreiche Sehenswürdigkeiten aufweist, darunter 170 Kirchen und Kapellen (!). Sie besuchen den Palazzo Pitti mit der Gemäldegalerie, wo sie beispielsweise Bilder von Tizian sowie Canovas Venus bewundern, und den Palazzo Vecchio.

Aber auch hier vernachlässigen sie die naturwissenschaftliche Seite ihrer Bildungsreise nicht. Fast jeder zweite Tag gehört Exkursionen in die nähere Umgebung. Diese Abstecher werden meist zu Fuß bewältigt. Wiederum studieren die Freunde Gesteinsformationen, tragen Belege aus Flora und Fauna zusammen und vervollständigen ihre bereits ansehnlichen Sammlungen.

Wertvolle Anregungen für das Auswerten von Beobachtungen sowie zum Einordnen der gesammelten Belege erhalten sie im naturhistorischen Museum, dem auch ein großer botanischer Garten angeschlossen ist. Die Attraktion stellt eine Sammlung aus Wachs nachgebildeter Pflanzen und Tiere dar, so daß sie treffende Studien zu regionalen Besonderheiten der Natur vornehmen können.

Reiche naturwissenschaftliche Lektüre bieten ihnen die Mediceische Bibliothek sowie die Magliabecchiana. Beide zusammen weisen einen Bestand von über 200 000 Bänden auf. So ist, wie Leichhardt meint, „selbst für den Geist ... in Bibliotheken und Museen die beste Nahrung". Die Bewohner von Florenz rühmt er als „tätig, verständig, höflich ... wo sich trefflicher Trank und Speisen wohlfeil einkaufen, wo schöne Promenaden und ein herrlicher italienischer Himmel den Lebensprozeß auf das angenehmste betätigen."

Weiter, immer weiter geht es: Bologna, Ferrara, Venedig. Sie sprühen vor touristischem Enthusiasmus, wollen alles, was sich ihnen nun einmal bietet, mit eigenen Augen gesehen haben. Aus der Reise in den Süden wird allmählich eine in nördliche Breiten.

Venedig fasziniert die beiden besonders. Lange klingen die Impressionen in ihnen nach, obwohl der Aufenthalt nur fünf Tage währt. So schreibt Ludwig Leichhardt: „Venedig war einst die Königin des Meeres, und jährlich warf sie einen Trauring in dasselbe, um seine innige Vereinigung stets von Neuem anzudeuten. Es war einst die blühendste Stadt auf Gottes Erdboden, fast wie England jetzt. Auf einer Menge kleiner Inseln, auf Pfahlwerk erbaut, wird es rings von Wasser umgeben: Kanäle bilden seine Straßen, kleine enge Gäßchen laufen für die Fußgänger durch zwischen hohen Häusern hin, auf spreewaldähnlichen Brückenstegen die Kanäle kreuzend. Kein Wagen hat je in Venedig gerasselt. Tausende von Veneziern haben nie ein Pferd gesehen. Die größte Stille herrscht durch diese Stadt."

Als Leichhardt und Nicholson Venedig besuchen, hat man gerade mit dem Bau einer langen Eisenbahnbrücke begonnen. Sie soll die Stadt mit dem Festland verbinden, so daß ein durchgehender Eisenbahnverkehr nach Rom und Neapel sowie nach Mailand möglich wird.

Die Blütezeit des legendären venezianischen Handels aus dem Mittelalter war im 17. und 18. Jahrhundert – durch wiederholte Machtkämpfe zwischen dem lombardischen und venezianischen Königshaus bewirkt – zu Ende gegangen. Seit die Stadt 1830 aber einen Freihafen erhalten hat, nimmt ihre wirtschaftliche Bedeutung von Jahr zu Jahr erneut zu.

Padua, Verona und Mailand sind die nächsten größeren Stationen auf der Weiterreise.

„Es ist unglaublich, wie reich dieses Italien an Kunstwerken ist", schwärmt Leichhardt. „Jede Stadt fast hat einige schöne Werke, die größeren Städte Malerschulen und Museen".

Es geht durch altes Lombardenland. Aus jener Ära künden noch heute zahlreiche massive Bauwerke wie romanische Kirchen und Klöster. Selbst in den kleinsten Dörfern stößt man auf sie. Jetzt, da Leichhardt und Nicholson sich von der Postkutsche durch Oberitalien rollen lassen, gehört jene Region zum Lombardisch-Venezianischen Königreich. Es wurde nach dem Pariser Frieden vom 30. Mai 1814 und den Beschlüssen des Wiener Kongresses 1815 zum sogenannten Kronland der österreichischen Monarchie.

Sie fahren vorbei an langgestreckten Felder mit Weizen, Kartoffeln und Mais. Auch Reis wird hier angebaut. Dazwischen gibt es wie in der Toskana riesige Weideflächen, auf denen Rinder und Schafe grasen. An den Hängen der südlichen Alpenausläufer gibt es Weinberge, aber auch weitflächige Obstgärten. Neben herkömmlichen heimischen Sorten finden sich u. a. Zitrusfrüchte, Feigen, Spargel und viele, viele Blumen.

In Padua – dem alten Patavium – in einer weiten Ebene am Bacchiglione gelegen, durch welche die Eisenbahnstrecke von Venedig nach Verona verläuft, lenkt insbesondere die Universität ihre Aufmerksamkeit auf sich. Sie soll bereits 1222 von Friedrich II. gegründet worden sein und zählt zu den ältesten in Europa. Im Mittelalter galt sie als berühmte Bildungsstätte.

Wie viele andere Universitäten, welche die Freunde während ihrer Reisen aufsuchen, verfügt auch die von Padua über einen botanischen Garten. Er erregt ihr besonderes Interesse, denn er ist der älteste von allen. Sie finden hier nicht nur zahlreiche einheimische Pflanzen, Sträucher und Bäume, sondern ebenso eine exotische Vielfalt subtropischer und tropischer Arten.

Verona, der einstigen Residenz des Ostgotenkönigs Theoderich (um 454–526), an der Etsch gelegen, widmet man einen zweitägigen Aufenthalt. Sie absolvieren das übliche Bildungsprogramm, so u. a. einen Besuch im Franziskanerkloster, wo sie das Grabmal der „Liebenden von Verona" – Romeo und Julia – aufsuchen.

In Mailand, der Metropole Oberitaliens, zeigt sich Ludwig Leichhardt vor allem vom Dom beeindruckt. „Der Dom von Mailand", bemerkt er, „ist ein herrliches Werk, nach St. Peter das schönste Bauwerk in Italien." Zugleich gilt der Mailänder Dom nach der Peterskirche auch als größter sakraler Bau auf der Apenninenhalbinsel. Ganz aus weißem Marmor erbaut, mit 106 Spitztürmen und 4 500 Statuen, erregt er auch die Bewunderung von Leichhardt und Nicholson. Sein Baubeginn liegt im Jahre 1386. Zunächst im spätgotischen, durch nachfolgende Baumeister im antiken Stil fortgeführt, gelangte er unter Napoleon Bonaparte fast zur Vollendung.

Anschließend fahren die Freunde hinauf nach Como, einer kleinen malerischen Stadt am Comer See, begrenzt von den Ausläufern der Alpen. Ein Schiffer fährt sie mit seinem kleinen Segelboot vom südwestlichen Ufer bis zur Nordspitze unmittelbar an die Schweizer Grenze.

Über Chiavenna erreichen sie das Hochgebirgsmassiv der Alpen und überqueren es im 2113 m hohen Splügen.

„So fanden wir uns in der Schweiz, in einer anderen Natur", schildert Ludwig Leichhardt den weiteren Reiseverlauf. „Der Splügen war mit Schnee bedeckt, und wir mußten mit Schlitten hinüber fahren, nachdem wir zu Como das lieblichste wärmste Sommerwetter gehabt. In Chur endigte unsere Wagenreise, und wir gingen zu Fuß weiter, nachdem ich William mit ziemlicher Mühe dazu überredet hatte. Wir stiegen zum zweiten Mal gegen die Berge hinan zu den Quellen des Rhein ...

Hohe Kuppen, Hörner, Grate ragen in die Wolken, eingehüllt von Schnee und Eis. Dichte schwarze Waldungen bedecken, von Waldwiesen unterbrochen, die Mitte und den Fuß der Berge; in tief ausgeschnittenen Tälern brausen wasserreiche Bäche. Unter den Eismassen treten kräftige Quellen hervor, die sich über Felswände zu Hunderten von Füßen in die Tiefe stürzen. Die herrlichsten Seen füllen weite Täler: Ortschaften hängen an den Abhängen der Gebirge oder liegen zerstreut in weitern oder engen, fruchtbaren oder unfruchtbaren Tälern ..." Von Chur, der Hauptstadt des Kantons Graubünden, wandern die beiden über die Glarner Alpen nach Altdorf und zum Vierwaldstätter See. Anschließend geht es nach Richterschwil, das sich am Ufer des Zürichsees befindet. Mit einem Dampfboot fahren sie nach Zürich hinüber.

Nächste Station ist Schaffhausen, bekannt durch den Rheinfall in seiner unmittelbaren Nähe. Hier hat William von den langen Fußmärschen endgültig genug. Er besteigt die Postkutsche und fährt nach Genf.

Noch einmal Paris. Ludwig Leichhardt hingegen ist des Reisens, des Wanderns nicht müde. Wie bereits auf den Fußmärschen durch das Rhônetal in Südfrankreich, so empfindet er es auch jetzt in der Schweiz als wohltuend für seinen Körper, für die psychische Konstitution, in der Natur täglich weite Strecken zurückzulegen. Die alpine Bergwelt, die klare rauhe Höhenluft bekommen ihm gut. Im Gegenteil zur langwierigen Studierzimmeratmosphäre von London und Paris fühlt er sich jetzt wieder einmal frisch und stark und verspürt kaum gesundheitliche Beschwerden. Auch diese Wanderungen betrachtet er als intensive Bewährungs- und Trainingsphase für seine Forschungsreise.

So zieht er über Aarau, Solothurn und den Bieler See zum Gestler im Juragebirge. Vom Gipfel dieses Berges bietet sich ihm bei klarer Sicht ein eindrucksvoller Rundblick. Unterwegs wird natürlich wie gewohnt Insekten- und Pflanzenmaterial gesammelt; und abends beim Schein der Kerze präpariert Ludwig Leichhardt oftmals im Herbergszimmer seine Tagesausbeute. Damit das Wandergepäck nicht allzu schwer wird, schickt er in Abständen gesammelte Belege nach Trebatsch und auch an William nach Paris.

Auf der weiteren Reise besucht er Bern, Freiburg, Lausanne und steigt dann hinunter zum Genfer See, der für ihn „der schönste See im schönen Schweizerland" ist. Während er ein Stück um den See herumwandert – nach Villeneuve und Bex, fallen ihm die Namen jener großen Männer ein, die an diesem harmonischen Ort Entspannung und Inspiration zu neuer Arbeit suchten: Jean-Jacques Rousseau (1712–1778) und Voltaire (1694–1778), die beiden großen französischen Philosophen und Enzyklopädisten, deren Namen er wieder und wieder nicht nur in französischen Bibliotheken, sondern auch in Berlin, Göttingen und London begegnet war, und denen er selbst mancherlei Anregung in der Naturbetrachtung verdankt. Auch der englische Dichter Lord Byron (1788–1824) ist auf seiner Südeuropareise, die ihn bis nach Griechenland führte, am Genfer See entlanggezogen. Im Ergebnis einiger Teile seines Reisetagebuches „Childe Harold's Pilgrimage" spiegeln sich unverkennbar Impressionen jener Phase wider.

Unbedingt kennenlernen will Leichhardt auch Genf, die bedeutendste und größte Stadt in der französischen Schweiz und Hauptstadt des gleichnamigen Schweizer Kantons. Sie liegt unmittelbar an der Einmündung der Rhône in den Genfer See und ist durch Handel und Gewerbe zu Wohlstand gelangt. Sie zählt zu den reichsten Städten Europas. Weithin bekannt wurde Genf durch sein Uhrmacherhandwerk. Einst gab es in der Stadt 700 Uhrmachermeister. Sie beschäftigten fast 6000 Gesellen. Als Ludwig Leichhardt dort eintrifft, hat sich jene Gilde bereits um die Hälfte verringert. Doch kann er in der Innenstadt ausgiebig die Auslagen vieler Uhrmachermeister bewundern. Eine jede ihrer Schöpfungen, so scheint es, ist ein eigenes filigranes Kunstwerk. Ebenso sind Genfer Seidenwaren, Porzellan, Goldborte und Musselin gefragt, haben ständige Abnehmer in vielen Ländern.

Auch Genf wird für Leichhardt die erhoffte naturwissenschaftliche Fundgrube. Im Museum der Naturgeschichte, das der Universität angeschlossen ist und aus einer Mineraliensammlung, einem Herbarium sowie einem physikalischen Kabinett besteht, findet er neben umfangreicher Literatur auch eine Vielzahl botanischer und geologischer Belege. So kann er die auf seinen Wanderungen durch den Schweizer Jura und das Schweizer Mittelland gesammelten Funde vergleichen, ein weiteres Mal Beobachtungen an literarischen Quellen überprüfen und die Kenntnisse erweitern.

Von Genf will er sich über Elsaß-Lothringen wieder nach Paris begeben. „Es ist etwas in meiner Natur, das mich immer und immer vorwärtstreibt", charakterisiert er sein unruhiges Wanderleben, „aber es ist nicht eigennütziger Ehrgeiz, wie William meint; ich denke nicht an Ruhm, obwohl ich an weite Wirkungskreise denke."

Über Aix-les-Bains und Chambéry zieht er – immer noch zu Fuß – ins französische Grenoble, zwischen den Dauphiné-Alpen und den Französischen Kalkalpen gelegen. Für einen geologisch Interessierten wie ihn ein umfangreiches Betätigungsfeld. Leichhardt besucht in der Gegend von Grenoble mehrere Gipsbrüche und Kohlegruben.

Doch Elan und Spannkraft, mit denen er sich auf jeden neuen Tag gefreut, jeden Fußmarsch in der Schweiz gemacht hatte, die ihm weitere Erkenntnisse über die mannigfaltige Natur und neues Wissen gebracht hatten, sind plötzlich von einer lähmenden Schwäche überlagert. Offenbar hatte er sich bei den ständig wechselnden Mahlzeiten in einer der Herbergen infiziert und eine Magen-Darm-Erkrankung bekommen. Ihm bleibt nichts anderes übrig, als den Tornister abzuschnallen, sich in die Postkutsche zu setzen und auf diese Weise weiterzureisen. Der schlechte Gesundheitszustand bewirkt, daß er als sonst sehr aufmerksamer Naturbetrachter vorübergehend kaum einen Blick für die Schönheit und Vielfalt seiner Umwelt hat. Über Grenoble vermerkt er lediglich, daß diese Stadt von einem herrlichen Panorama hoher Berge umrahmt ist. Und überall, oft bis zu den Bergspitzen hinauf, Weinberge über Weinberge. Den Wein findet er vortrefflich und dem Burgunder sehr ähnlich, „obgleich Grenoble nicht ganz in Burgund, sondern in der alten Dauphinée liegt ...“

Von Grenoble fährt er in nordwestliche Richtung und erreicht die Seidenweberstadt Lyon. Sie liegt an direkt an der Mündung der Saône in die Rhône und ist die Hauptstadt des Rhône-Departements. In einem langgestreckten Flußtal wechseln Landhäuser und Gärten mit üppigen Weinpflanzungen. Durch die beiden Flüsse wird Lyon in die sogenannte Rhône- und in die Saônestadt unterteilt. Erst ein Jahr zuvor war durch die Überschwemmung der Saône großer Schaden entstanden. Im In- und Ausland hatte man für die Betroffenen Geldspenden eingebracht.

Mit der Eisenbahn fährt Leichhardt im Mai/ Juni 1841 von Lyon nach dem 75 Kilometer südwestlich gelegenen St. Étienne, um einige Kohleminen zu besichtigen. Der größte Teil der Bewohner dieser Stadt arbeitet im Steinkohlenbergbau. Sie „sind alle schwarz, St. Étienne selbst ist von Kohlendampf angeräuchert ...“

Noch einige Kilometer reist er dann weiter in südliche Richtung, bevor er sich – wie seit Wochen beabsichtigt – wieder nach Paris begibt. In der Umgebung von Le Puy, so hatte man ihm bereits in Lyon berichtet, soll sich ein größeres Gebiet mit vulkanischem Gestein befinden. Aufmerksam durchstreift er das Terrain, untersucht die Gesteinsstruktur, sammelt Proben, fertigt Karten an, obwohl er durch die Infektion immer noch körperlich geschwächt ist.

Dann aber nimmt er die Postkutsche und reist ohne Unterbrechung nach Paris, wo er seit drei Wochen von William erwartet wird.

Trennung von William Nicholson. Während Ludwig Leichhardt nach wie vor nur von dem Wunsch beseelt ist, das größte Ziel seines Lebens, eine Forschungs- und

Entdeckungsreise um jeden Preis in Angriff zu nehmen und nach besten Kräften zu verwirklichen, hat sich William Nicholson allmählich anderen Aufgaben zugewandt, und er hegt Pläne, die nicht mehr mit denen des Freundes übereinstimmen.

Jetzt, im Juli 1841, wird in Paris offenbar, was Leichhardt seit Monaten bereits insgeheim befürchtet; von jenem Augenblick an, da William so brüsk nach Paris zurückgereist war und sich nicht mehr an den weiteren Naturstudien beteiligen wollte.

Inzwischen hatte er für einige Wochen in England bei dem plötzlich erkrankten Bruder geweilt. Leichhardt nimmt an, daß die Familie William ernsthaft zu überreden suchte, eine Berufskarriere in England anzustreben. Nun teilt er Ludwig Leichhardt unversehens mit, daß er ihn nicht auf die Forschungsreise begleiten werde. Der Freund muß allein den Weg ins große Ungewisse antreten, das für lange Zeit ihr gemeinsames hohes Ziel gewesen ist. Es ist ein schwerer Schlag für den jungen deutschen Forscher, doch er gibt nicht auf. Zwar denkt er wehmütig daran, um wieviel erfolgreicher das Vorhaben wohl sein könnte, wenn sie beide es in Eintracht und Besessenheit in Angriff nehmen würden, andererseits nimmt er Williams Absage ohne Vorwürfe hin. Er ist taktvoll und dankbar genug für die in all den Jahren durch den Freund erbrachte finanzielle Unterstützung und läßt es nicht zum Zerwürfnis kommen.

Vor der Abreise versucht er nochmals, sein Militärverhältnis in der Heimat zu regeln, denn er möchte nicht als Fahnenflüchtiger in Mißkredit fallen und womöglich den Angehörigen Unbequemlichkeiten bereiten.

Gleich nach seiner Rückkehr in die französische Hauptstadt hat er erfahren, daß Alexander von Humboldt ein weiteres Mal in diplomatischer Mission Preußens dort weilt. Jetzt ersucht er ihn kurzerhand um eine Audienz, die ihm ebenso schnell gewährt wird. Entgegen Leichhardts Hoffnung, in Humboldt vielleicht endlich einen Vermittler in seiner Angelegenheit zu finden, kommt man bei der kurzen Begegnung erst gar nicht auf dieses Thema. Humboldt mißversteht den Besuch gründlich und meint in seiner Selbstgefälligkeit nicht anders, als das Leichhardt nur den Nimbus mitnehmen wolle, ihm, dem berühmten Weltreisenden und Gelehrten, in Paris persönlich begegnet zu sein. So tauscht man voller formaler Höflichkeit lediglich einige Floskeln. Leichhardt spürt sofort, daß sein Ersuchen jetzt völlig deplaziert ist. Wenige Minuten später wird er von Humboldt mit der jovialen Bemerkung verabschiedet, er habe sich außerordentlich gefreut, in Paris die Bekanntschaft eines Landsmannes – eines Preußen(!), wie er ausdrücklich vermerkt – gemacht zu haben.

So schreibt Ludwig denn an Schwager Schmalfuß in Cottbus: „Wir beabsichtigen, bis zu Ende August in Paris zu bleiben und dann nach England zurückzukehren. William will sich als Arzt in Edinburgh niederlassen und eine akademische Laufbahn versuchen; ich werde mich vielleicht schon zu Anfang Oktober nach Sydney oder nach Port Phillipp einschiffen."

Weshalb Leichhardt schließlich den fünften Kontinent als Ziel seiner Expedition wählt, ist bis auf den heutigen Tag unbekannt. Weder in seinen Briefen noch in den Tagebüchern gibt es genaue Hinweise dafür.

Auf jeden Fall dürften ihn die vielen Möglichkeiten, die sich ihm als Naturforscher bieten würden, bewogen haben, zum fünften Kontinent zu reisen. Durch die deutsche Australienliteratur jener Zeit sind ihm sicher zahlreiche Anregungen vermittelt worden.

Auch in der deutschen geographischen Literatur fand sich bis zur Mitte des 19. Jahrhunderts für das australische Festland der Name „Neuholland". Laufend brachten die geographischen Journale Meldungen über den Stand der Erschließung des Kontinents. 1791, drei Jahre nach der Landung Arthur Phillips in der Botany Bay, erschien bereits dessen Bericht in deutscher Übersetzung in Hamburg, worin er die Inbesitznahme jenes Landstrichs für die englische Krone erlebnisnah wiedergibt.

Kurz bevor Ludwig Leichhardt die Überfahrt zur australischen Ostküste antrat, war John Nicholson dorthin gereist, um sich in der Landwirtschaft zu versuchen. Wahrscheinlich hat dieser Umstand Leichhardt in seinem Reiseentschluß bestärkt; vielleicht sah er in Williams Bruder sogar einen Ersatz für den Freund, um mit ihm seine Expeditionspläne zu verwirklichen.

Jedoch scheint er ernsthafte Zweifel zu hegen, ob eine Forschungsreise in Australien aufgrund seiner noch immer labilen Gesundheit erfolgreich verlaufen werde und er den Strapazen gewachsen ist. Klar ist ihm wohl von vornherein, daß er eine längere Eingewöhnungsphase an der klimatisch gemäßigten Ostküste auf sich nehmen muß, bevor er eine Reise ins Landesinnere antreten kann.

Er zögert, ob er in Sydney seinen Australienaufenthalt beginnt oder in Port Philipp, wo sich John Nicholson als Viehhändler niedergelassen haben soll. Immerhin wäre es für ihn ein günstiger Umstand, eine Art Sprungbrett in fremdem Land. Daß er dann Sydney als erste Station auf dem fünften Kontinent wählt, dürfte eine gewisse Vorahnung gewesen sein, denn John Nicholson ist inzwischen schon wieder abgereist und hätte ihm nicht helfen können.

„Daß ich ohne William gehe", rechtfertigt er sich der Mutter gegenüber, „hat sein Gutes und seinen Nachteil. Es ist vorteilhafter für mich, selbständig seinen eigenen Ansichten und Neigungen folgen zu können, als sich deren eines anderen zu fügen, welcher fast nach allen Richtungen hin so sehr von mir abweicht. William ist ein Kind reicher Eltern, an bequemes Leben, an Bedienung gewöhnt, mit merkwürdigen (verfeinerten) Begriffen von dem, was sich ziemt.

Ich bin in sehr beschränkten Verhältnissen groß geworden, habe stets Ruhm darin gesucht, Beschwerden zu ertragen und habe weder dem Äußern meines Körpers, noch den Meinungen der Menschen über mein Tun und Treiben große Aufmerksamkeit geschenkt ..."

Von London in den australischen Busch

Letzte Reisevorbereitungen. Die wenigen Wochen, die Leichhardt bis zur Abreise nach Australien verbleiben, betreibt er wiederum intensive Studien im Naturwissenschaftlichen Museum; jetzt jedoch liegt im Gegensatz zu seinen vorherigen Arbeiten die konkrete Aufgabe vor ihm. Und er widmet sich ihr voll neuer Kraft und zielgerichtet.

Tag für Tag studiert er im Jardin des plantes die Tier- und Pflanzenwelt, die Geologie und Mineralogie Australiens. Aber er kann auch seine umfangreichen Belege von der Exkursion durch Südfrankreich, Italien und die Schweiz auswerten, denn im Jardin des plantes befinden sich viele Exemplare aus Flora, Fauna und Geologie jener durchwanderten Regionen.

Je fundierter sich Leichhardt mit der Natur des australischen Kontinents vertraut macht, desto mehr bestätigt sich ihm die mehrfach in der Literatur gefundene Hypothese, daß sich die Pflanzen- und Tierwelt dieses Erdteils deutlich von den übrigen Zonen unseres Planeten unterscheidet. Er würde auf einen interessanten Artenreichtum stoßen, der in Europa bisher fast völlig unbekannt ist und darauf wartet, erforscht, studiert und ausgewertet zu werden. Eine überaus lohnende Aufgabe. Sie ist vielleicht nur dann in aller Ergiebigkeit zu erfüllen, wenn man von der spärlich besiedelten australischen Ostküste möglichst weit ins Landesinnere vorstößt – in Gebiete, wo zuvor noch kein Mensch gewesen ist, wo man wahrscheinlich

Abb. 2: Melbourne

nicht einmal Aborigines begegnen würde. Auf diese Weise ließe sich nicht nur die Natur Australiens erforschen, sondern man würde die durchreisten Gebiete zugleich sorgfältig kartieren und der Geographie einen großen Dienst erweisen.

Wieder und wieder studiert er die Landkarten des fünften Kontinents. Spärlich, was die bisherige Forschung von Cook über Bass und Flinders bis zu Mitchell, Sturt und Eyre erbracht hat. Er ahnt, welche Strapazen sie auf sich nehmen mußten, selbstlos und mutig, um Unbekanntes, Unerforschtes im Dienste der Menschheit zu ergründen. Immer wieder – Tag für Tag, Woche für Woche, oft über viele Monate, gar Jahre hinaus – gaben sie alles, damit sie auf ihren Expeditionen bestehen konnten, trotz Hitze, Durst und Hunger und mancherlei Gefahr. Auch er, so ist er überzeugt, wird alles daransetzen, das seit langem gesteckte Ziel zu erreichen. Möglich würde es wohl nur dann, wenn er Kameraden fände, Gleichgesinnte, die sich an seiner Seite in die australische Wildnis wagten.

Einmal noch gerät Australien als Ziel ins Hintertreffen, als Leichhardt erfährt, daß eine englische wissenschaftliche Expedition mit drei Dampfschiffen zur afrikanischen Westküste starten wird. „Diese Expedition bestand aus 2–3 eisernen Dampfschiffen, welche den Zweck haben, den Niger aufwärts zu fahren, eine Art Agrikulturkolonie zu errichten und die Neger den Landbau zu lehren, um so an der Quelle den Sklavenhandel zu ersticken, der trotz größter Wachsamkeit englischer Kreuzer immer noch fortdauert, indem sich in Westindien und Brasilien immer noch Käufer finden. Es ist ein menschenfreundliches Unternehmen, das indessen schwerlich gelingen wird, da das Klima für die Europäer zu ungünstig ist ... Ich wandte mich von Rom aus an einen Freund in London, um für mich bei der Kommission anzufragen. Doch es war zu spät und vielleicht zu meinem Vorteil, indem man allgemein diese Expedition für außerordentlich lebensgefährlich hält. Ich hatte meine Idee nach Neuholland zu gehen, nicht aufgegeben; doch schien es mir ... wünschenswert, in der Begleitung einer Menge gebildeter Männer mich einzuschulen und so gründliche Erfahrungen zu machen."

An Leichhardts Stelle fährt dann der deutsche Afrikaforscher Eduard Vogel (1829–1856) mit. Er findet Jahre darauf bei Forschungen im Sudan den Tod.

Kurz vor dem Aufbruch aus Paris erleben Ludwig Leichhardt und William Nicholson am 29. Juli 1841 ein weiteres Mal das große Nationalfest der Franzosen, das diese alljährlich mit riesigem Aufwand und unter Anteilnahme der gesamten Bevölkerung anläßlich der Julirevolution begehen. Leichhardt berichtet darüber: „Es wird von der Regierung viel Geld auf dieses Fest verwendet, und die Illumination und das Feuerwerk, welche dieses Jahr außerordentlich prächtig waren, muß ihr viel kosten ... Man hatte von der Place de la Concorde bis zum Triumphbogen (wenigstens eine halbe Stunde Weges) ein ununterbrochenes Holzgerüst gebaut und dieses dicht mit Lampen von verschiedenen Farben bedeckt ... Wenn man nun am Obelisk von Luxor in der Mitte der Place de la Concorde stand, sah man die ganze lange Lichtallee nieder ..."

Für den 28. August haben sie beide ihre Abreise festgelegt – früher als geplant, doch William drängt plötzlich darauf, nach Hause zu kommen.

Während Ludwig Leichhardt mit dem Packen seiner zahlreichen Büchsen und Kartons beschäftigt ist, in denen sich die allenthalben gesammelten Insekten, Pflanzen und Mineralien befinden, hat ihn bereits das Reisefieber gepackt. Zunächst wird er William nach England begleiten. Von dort ist es dann relativ leicht, mit einem der häufig in See gehenden Auswandererschiffe den fünften Kontinent zu erreichen.

Mehrere Pariser Biologen und Geologen haben Leichhardt, als sie von seinem australischen Reisevorhaben erfuhren, darum gebeten, ihnen Belege aus Flora und Fauna des fernen Kontinents zukommen zu lassen. „Ich wünsche indessen nicht", kommentiert der jenes Ersuchen, „mich den französischen Gelehrten anzuschließen; ich liebe die englische Nation mehr und würde von dort her mit großem Vergnügen Aufträge annehmen." Trotzdem schickt Leichhardt später eine größere Anzahl naturwissenschaftlicher Funde sowie Reisenotizen aus Australien nach Paris.

In Bristol teilt ihm die Hafenbehörde der Admiralität mit, daß Ende Oktober zwei Schiffe – die „Thetis" sowie die „Sir Edward Paget" – zur australischen Ostküste auslaufen. Leichhardt entscheidet sich für die Überfahrt auf dem zweiten.

Die Überfahrt. Ende September 1841 ist gekommen; und für die beiden Freunde heißt es endgültig Abschied voneinander nehmen. Während sich William nach einigen Wochen Aufenthalt auf dem Familienbesitz bei Bristol als praktischer Arzt in Edinburgh etabliert, geht Ludwig Leichhardt am 1. Oktober an Bord des 600 Tonnen großen Schiffes „Sir Edward Paget".

Der Abschied von William Nicholson fällt schwer, doch gleichzeitig klingt in Ludwig Leichhardt das Enttäuschtsein nach, die Überfahrt allein antreten zu müssen. Beide ahnen nicht, daß es ein Abschied für immer ist, daß es kein Wiedersehen geben wird. William hat seinem Freund als „Startkapital" für Australien 200 englische Pfund (etwa 1400 Reichstaler) mitgegeben, fürs erste eine kräftige Hilfe. Die Überfahrt allein kostet Leichhardt 45 Pfund (etwa 315 Reichstaler).

Wochen später, man schreibt den 26. Oktober, ist die „Sir Edward Paget" im irländischen Cork vor Anker gegangen. Es ist ein letzter Aufenthalt in nördlichen Breiten. Dann fährt man der Neuen Welt entgegen.

Durch den Atlantik führt die Reiseroute zur brasilianischen, anschließend zur afrikanischen Küste und um das Kap der Guten Hoffnung in den Indischen Ozean. Außer Leichhardt befinden sich noch 20 Passagiere auf dem Schiff, die wie er die Überfahrt bezahlt haben. Zusammen mit ihnen reisen 250 englische Auswanderer, für die die englische Regierung die Fahrtkosten nach Australien trägt.

Leichhardt bewohnt eine eigene Kajüte. Die Mahlzeiten werden in Gesellschaft anderer Passagiere – unter ihnen Geistliche, ein Arzt, ein Musiklehrer – eingenommen. Trotz der Enge des Schiffsraumes herrscht ein gutes Verhältnis zwischen den Passagieren, aber ebenso zur Besatzung, die alles tut, um den ihr über Monaten hin anvertrauten Menschen das Leben so angenehm wie möglich zu machen.

Nach dem Überqueren des Äquators beginnt auf dem Meer die Wunderwelt der Tropen. Man beobachtet Albatrosse auf hoher See, fliegende Fische, das Schiff umspielende Delphine, aber auch ihre argen Gegenspieler – die auf Beute lauernden und jeglichen Abfall sofort verschlingenden Haie.

Leichhardt hat sich völlig auf die große Reise eingestellt und reminisziert: „Ich habe eine Lebensperiode voll Mühe und Arbeit hier abgeschlossen, um am anderen Ende der Welt eine andere, vielleicht ebenso mühselige, doch ... unter veränderten Umständen zu beginnen. Ich habe mich mit der Ferne so vertraut gemacht, daß die Mühseligkeit und Gefahren der Reise ganz unbeachtet bleiben ..." Kaum Heimweh, keine Resignation. Nur an die Mutter, die das Schicksal des Sohnes in der Fremde besorgt verfolgt, denkt er mit viel innerer Unruhe.

Schwager Schmalfuß trägt er in seinem Abschiedsbrief vom 27. September 1841 aus London auf: „Grüße Mütterchen zum Abschiede ... von Europa viele, viele Male und sage ihr, wie ich sie in meinem Herzen hege und pflege und wie mich ihr Name, der mir auf dem teuern Ringe immer vor Augen liegt, an sie und ihr Leben ... erinnert."

Einige Passagiere auf der „Sir Edward Paget" haben sich mit der vielfältigsten Australienliteratur für die lange Fahrt zum fernen unbekannten Erdteil versehen; und sie wollen sich während der 110tägigen Reise mit jenem Kontinent weitgehend vertraut machen. Auch Leichhardt führt eine stattliche Zahl von Büchern in seinem Gepäck und nutzt die Wochen und Monate auf See, sein künftiges Forschungsterrain erst einmal von der theoretischen Seite kennenzulernen.

Australien ist im Verhältnis zu Afrika, Nord- und Südamerika sowie zu Asien recht spät entdeckt worden. Aufgrund seiner weitgehenden geographischen Isolation hat sich hier eine Flora und Fauna ausgebildet, die viele eigene Spezifika aufweist (endemische Arten). Es herrscht außerdem eine große Artenvielfalt. Und das, obgleich der Erdteil in vielen Regionen eine sehr spärliche Vegetation hat. Ergiebige Niederschläge, Binnengewässer und fruchtbare Ebenen, wo sich eine reiche Tier- und Pflanzenwelt ausbilden kann, bleiben auf küstennahe Zonen, besonders im Südost- und Ostteil, beschränkt.

Nach dem derzeitigen ethnographischen Forschungsstand setzte die Besiedlung des Kontinents in der letzten Glazialperiode des Pleistozäns (vor etwa 40 000 Jahren) ein, als Neuguinea, Australien und Tasmanien zu einem Festlandmassiv zusammengefügt waren. Über Neuguinea dürfte das Vordringen der Ureinwohner aus dem indonesisch-malaiischen Raum in mehreren Wellen erfolgt sein.

Ankunft in Neusüdwales. Im Februar 1842 trifft Ludwig Leichhardt in Sydney ein. Er ist mit einigen Empfehlungen und den finanziellen Mitteln seines Freundes

William versehen. Doch er weiß, daß er damit allein und auf lange Zeit in diesem fernen Erdteil nicht bestehen kann.

Australien ist, als er dort eintrifft, zu drei Fünfteln unerforscht. Es existieren fünf englische Kolonien. In einem Brief an Schwager Schmalfuß schreibt Leichhardt darüber: „Die älteste 1788 gegründete ist Neusüdwallis mit der Hauptstadt Sydney an der Ostküste Neuhollands; die zweite (der Zeit nach) ist auf der Insel Vandiemensland (dem heutigen Tasmanien; D. F.) ... Diese beiden dienten zur Aufnahme der ausgesandten Verbrecher. Eine dritte ist die Kolonie des Schwanenflusses an der Westküste Neuhollands; doch diese will nicht recht vorwärts. Eine vierte ist Südaustralien an der Südküste Neuhollands am Spencer- und St.-Vincent-Golf mit der Hauptstadt Adelaide, 1833 gegründet, eine fünfte ist Port Philipp oder Australia felix (das glückliche Australien) an Neuhollands Südseite, Vandiemensland gegenüber ... Die Kolonie ... hat jetzt schon 3 Städte, deren eine ‚Melbourne‘ bereits 9000 Einwohner zählt, obwohl sie erst 1837 gegründet ist." Hinzu kommen einige neue Ansiedlungen auf dem Arnhemland und am Bonaparte-Golf.

In Europa hatte Leichhardt bei geographischen Studien, beim Lesen der Meldungen über Australien in den Journalen schnell herausgefunden, daß es bislang keine Landverbindung zwischen den englischen Ansiedlungen im Süden, Südosten und Osten mit denen im Norden und Westen des riesigen Kontinents gibt. Die englischen Verwaltungsbehörden unternehmen daher in letzter Zeit verstärkte Anstrengungen, durch das Entsenden verschiedener Forschungsexpeditionen solch effektive Landverbindungen zu erkunden.

Die zwischen den einzelnen Kolonien in Australien verkehrenden Schiffe, die Passagiere und Fracht befördern, sind während ihrer Fahrten recht hohen Gefahren ausgesetzt. Eine Gefahrenquelle bildet das Große Barriere-Riff mit zahlreichen Klippen und Untiefen. Nicht wenige Schiffe der Admiralität sind hier gesunken, weil sie auf gut Glück die oft nur schmalen Durchfahrten zwischen den Korallenbänken bezwingen wollten. Diese Korallenriffe reichen meist bis knapp unter die Wasseroberfläche und ragen lediglich zu einem geringen Teil darüber hinaus, so daß sie exotische Inselgebilde darstellen.

Zwar ist seit 1841 die ostaustralische Küste größtenteils exakt kartiert, doch gibt es keine auch nur annähernd zuverlässigen Seekarten der Küstengewässer.

Ein zweites, nicht weniger gefährliches Hindernis, so weiß Leichhardt, bildet die über 100 Kilometer breite Torres-Straße. Sie trennt Neuguinea von der York-Halbinsel als nördlichstem Ausläufer Australiens und weist ebenfalls zahlreiche Korallenriffe, zum Teil felsige Klippen auf. Die in dieser Klimazone häufigen Zyklone sind bei den Seeleuten besonders gefürchtet.

Immer wieder entnimmt Ludwig Leichhardt schon kurz nach seiner Ankunft auf australischem Boden den Gesprächen von Farmern wie Stadtbewohnern gleichermaßen, welche Vorteile beispielsweise eine sichere Landverbindung zwischen Ostaustralien und dem Arnhemland mit sich brächte.

Außerdem reichen die Feld- und Weideflächen in der Umgebung der Ansiedlungen inzwischen kaum noch aus, um jeder Farmersfamilie Profit zu garantieren. Immer mehr Kolonisten, nicht nur aus England, sondern ebenso aus Frankreich, Holland oder Deutschland strömen in das gepriesene „Land der ungeahnten Möglichkeiten". Es gilt, neue fruchtbare Regionen im noch unberührten Landesinneren zu erschließen.

Demjenigen, der sichere Kunde über eine langersehnte Landverbindung und über neue Siedlungsgebiete in die Kolonien bringen würde, wären nicht nur dankbare materielle Zuwendungen sicher. Er würde gewiß auch für immer in die Annalen der Wissenschaften eingehen. Auf das erstere könnte Ludwig Leichhardt verzichten, wenngleich derartige Quellen für weitere Unternehmungen geradezu traumhaft wären. Ihm geht es vor allem um wissenschaftliche Verdienste.

So hat er den Entschluß gefaßt, sich sobald wie möglich einer Forschungsexpedition ins Landesinnere anzuschließen. Darin sieht er endlich seine langersehnte Chance, sich zu bewähren. Etwas enttäuscht ist er allerdings, als man ihm mitteilt, daß eine solche Expedition frühestens in einem Jahr starten werde.

Also heißt es warten und sich zunächst gründlich in der neuen Welt umzuschauen. Sydney ist Hauptort der englischen Kolonie Neusüdwales. Es hat, als Leichhardt eintrifft, bereits über 50 000 Einwohner. Hier befindet sich der Sitz des Generalgouverneurs für alle australischen Kolonien. Die Stadt ist bereits in jenen Jahren Dreh- und Angelpunkt des Handels zwischen dem fünften Kontinent sowie dem englischen Mutterland, aber auch mit Indien, China, Südafrika und Mauritius. Ausgeführt werden vorwiegend Wolle, Häute, Butter und Käse, Talg und Pferde; daneben Produkte des Fisch- sowie des Walfanges wie Waltran und Fischbein.

Schnell hatten englische Seeleute das lohnende Walfanggeschäft gewittert, das sich ihnen in südlichen Breiten – quasi vor Australiens Haustür – bot, nachdem Wal und Walroß in der Barentssee durch die grausamen Vernichtungsfeldzüge fast aller europäischer Seefahrtsnationen rigoros dezimiert worden waren.

Nach Australien eingeführt werden insbesondere Nahrungs- und Genußmittel wie Zucker, Kaffee, Salz, Mehl, Tabak und Whisky aus England, daneben Seide, Porzellan und Parfüm aus Indochina. Letztgenannte Produkte sind für die sich mehr und mehr herausbildende Oberschicht, die Squatter, begehrenswerter Teil ihrer Repräsentation.

Während der Überfahrt hatte Leichhardt einen jungen englischen Musiklehrer kennengelernt, der zu seinem Schwager nach Sydney reiste und unmittelbar nach der Ankunft ein geräumiges Haus beziehen soll. Als er erfährt, daß Ludwig Leichhardt noch keine Bleibe hat, bietet er ihm an, fürs erste bei ihm zu wohnen. So mietet Leichhardt ein Zimmer im Hause des Engländers und ist der Wohnungssuche zunächst enthoben.

Die Stadtgänge führen ihn zu markanten Punkten von Sydney: zum Regierungsgebäude, dem Schauspielhaus, den beiden Forts; und er bewundert die symmetrische Anlage der Stadt. Zu seiner besonderen Freude gibt es auch hier einen botanischen Garten. Der Versuch, eine Anstellung zu finden, schlägt fehl. Den jungen Deutschen, wenngleich er mancherlei naturwissenschaftliche Kenntnisse aufzuweisen hat, kennt niemand in Sydney – noch nicht.

Die außergewöhnlich ideale Naturlage, die den anlegenden Schiffen sicheren Schutz bietet, hat dazu beigetragen, daß in Sydney im Lauf der Jahrzehnte der größte Hafen Australiens entstand. Sydney liegt in der Port-Jackson-Bai. Diese wiederum weist zwei kleinere Einbuchtungen auf: die Darlings-Cove und die Sydney-Cove.

Cook war der Erste. Jene schützende Lage hatte den englischen Weltumsegler James Cook (1728–1779) bereits 1770 bewogen, in unmittelbarer Nähe, in der Botany Bay, an Land zu gehen und jenen Teil Ostaustraliens für die englische Krone in Besitz zu nehmen.

Der Astronom Edmund Halley (1656–1742) hatte für den 3. Juli 1769 den Durchgang des Planeten Venus vor der Sonne prognostiziert. Unter Cooks Leitung wurde das einstige Kohlenschiff „Endeavour" mit einem Stab bekannter Wissenschaftler an Bord zur Südseeinsel Tahiti entsandt, die man als geeignetsten Ort ansah, um auf einer dort zu errichtenden Sternwarte entsprechende astronomische

Abb. 3: Die „Endeavour" im Endeavourfluß zum Ausbessern umgelegt (nach Cook)

Abb. 4: Landschaft in der Umgebung von Botany-Bai (nach dem Atlas der „Thetis")

Beobachtungen vorzunehmen. Zu den Gelehrten, die mit der „Endeavour" Ende August 1768 den englischen Hafen Plymouth verließen und um Kap Hoorn in die Südsee reisten, zählten auch der Botaniker Joseph Banks (1743–1820) sowie einige Astronomen, Zoologen und Geographen. Leichhardt ist die von Banks auf vielen Reisen zusammengetragene naturwissenschaftliche Sammlung gut bekannt. Im Britischen Museum, dem Banks seine Kollektion vererbte, hatte er sie eingehend studieren können.

James Cook beschränkte sich nicht darauf, die Forscher nach Tahiti und zurück zu bringen. Er nutzte vielmehr die Zeit während ihres dortigen Forschungsaufenthaltes zu einer umfangreichen Entdeckungsfahrt mit dem von ihm befehligten Schiff. Am 13. Juli 1769 legte er von Tahiti in westliche Richtung ab, um zunächst die geographische Lage einer Reihe benachbarter Inseln zu bestimmen. Jene Inselgruppe erhielt den Namen Gesellschaftsinseln – zu Ehren der Englischen Geographischen Gesellschaft so benannt. Anschließend wandte er sich südwärts, wo er die sagenumwobene Terra australis incognita suchen wollte.

Seit dem Altertum hatten Geographen hartnäckig die Hypothese von einem sogenannten Südland, der Terra australis incognita, vertreten. Es sollte als große

Landmasse einen beträchtlichen Teil der südlichen Halbkugel bedecken und gleichsam das Äquivalent zur arktischen Landmasse Eurasiens und Grönlands bilden. Nachdem der in spanischen Diensten stehende Portugiese Fernão de Magellan (um 1480–1521) zwischen 1519 und 1521 auf einer Weltumsegelung im Pazifik keine Spuren des Südlandes gefunden hatte, sandte die spanische Regierung weitere Expeditionen zu seiner Entdeckung aus. Dazu zählten die Fahrten von Alvaro Mandana de Neyra (1541–1595) und Pedro Fernandez de Quirós (1565–1615). Wenngleich es ihnen nicht vergönnt war, die südliche Landmasse zu finden, gelangen ihnen doch bei der Suche bedeutende geographische Entdeckungen, so 1567 der Salomonen durch de Neyra und 1605 der Neuen Hebriden durch Quirós.

Statt der Terra australis incognita erreichte Cook die Ostküste Neuseelands (an der Nordinsel). Sie galt seit der Entdeckung des Archipels durch den holländischen Seefahrer Abel Tasman (1603–1659) als Begrenzung jenes sogenannten Südlandes. Cook konnte die falsche Hypothese endgültig widerlegen, als er im Verlauf von sechs Monaten Neuseeland umsegelte und feststellte, daß es eine Doppelinsel ist. Die von ihm durchfahrenen Meerenge, welche beide Inseln voneinander trennt, erhielt den Namen Cook-Straße. Die besondere wissenschaftliche Leistung Cooks während dieser Fahrt bestand in einer genauen Küstenkartierung.

Im April 1770 landete er dann an der damals noch unentdeckten australischen Ostküste. Die Bucht, in der man Anker warf, wurde Botany-Bay genannt, da sie den Wissenschaftlern etwa 400 bis dahin nicht bekannte Pflanzenarten bot.

Anschließend folgte Cook dem Küstenverlauf nach Norden und durchfuhr als zweiter Europäer die Torres-Straße (nach dem Spanier Luis Vaez de Torres; Geburts- und Sterbedatum unbekannt). Daß der Name Cook auch für Ludwig Leichhardt und viele seiner Zeitgenossen einen guten Klang besaß, ist seiner großen Pionierleistung zu verdanken, wodurch er Schiffahrt und Handel in südlichen Breiten sichere Wege bereiten half und wesentliche Impulse für weitere Forschungsarbeiten in jener Hemisphäre auslöste.

Zur australischen Westküste. Gemeinsam mit seinem Landsmann de Quirós hatte der spanische Seefahrer Luis Vaez de Torres 1605 vom peruanischen Pazifikhafen Callao aus eine Entdeckungsfahrt nach Westen angetreten, um seinen Landsleuten Kunde über die Dimensionen ihres Weltreiches bringen zu können. Über die Tuamotu-Inseln und die Korallensee erreichten sie schließlich die Torres-Straße. Quirós reiste in das von spanischen Konquistadores eroberte Peru zurück. Torres aber durchfuhr 1606 erstmals die nach ihm benannte Meerenge und stellte fest, daß die Landmassen Neuguineas und Australiens nicht miteinander verbunden sind. Cook erbrachte dann die Bestätigung dafür, denn Torres' Entdeckung war von den Spaniern fast 150 Jahre lang geheim gehalten worden.

Wahrscheinlich hatte Torres auf seiner Fahrt, die ihn über die Molukken bis nach Manila auf den Philippinen führte, die australische Küste im Gebiet der York-

Abb. 5: Cooks Denkmal vor der York-Säule im Hydepark in Sydney (6)

Halbinsel gesichtet und war dort mit einem Teil der Besatzung an Land gegangen. Verbrieft ist seit 1762 lediglich die Tatsache vom Passieren der Meerenge. In jenem Jahr fiel den Engländern bei der Eroberung von Manila in einem Geheimarchiv eine Landkarte mit der eingezeichneten Passage zwischen Neuguinea und der York-Halbinsel in die Hände.

1602 hatten die Holländer, wie zwei Jahre zuvor bereits die Engländer, durch Cornelius Houtman eine Ostindien-Kompanie gegründet. Diese Vereinigung kleinerer holländischer Gesellschaften wollte aus dem Handel in ost- und südostasiatischen Regionen einträgliche Profite erzielen. Da sich die Holländer im Unterschied zu England und Frankreich vorwiegend auf den lukrativen Gewürzhandel konzentrierten, erlangten sie binnen weniger Jahre die Dominanz im Ostindiengeschäft.

Im Verlauf ihrer Fahrten zu den südostasiatischen Handelsplätzen legten die Holländer auf Java, Timor und den Kleinen Sundainseln Faktoreien an. Eine der größten entstand 1618 in Batavia, der heutigen indonesischen Hauptstadt Jakarta.

Von diesen südostasiatischen Handelsniederlassungen aus stießen auch die Holländer weiter nach Osten und Südosten vor – in der Hoffnung, irgendwann das vermeintliche Südland zu finden, das ihnen vielleicht neue Märkte bieten würde. Dabei gelangten sie bis zur australischen Westküste. 1616 war es Dirk Hartog, der – wie acht Jahre später Pieter Vlaming – in der Shark-Bay landete, oder 1629 Frans Pelsaert.

Pelsaert hatte mit der „Batavia" auf den der australischen Küste vorgelagerten Houtman-Riffen Schiffbruch erlitten. Nachdem er in monatelanger Robinsonade mit der Mannschaft ein Boot zusammengezimmert hatte, trat er mit einem Teil der Gefährten die abenteuerliche Rückfahrt nach Batavia an, um Hilfe zu holen. Während seiner Abwesenheit kam es zur Meuterei. Als Pelsaert wieder an Australiens Westküste anlangte, versuchten sich die Meuterer des Entsatzschiffes zu bemächtigen, was aber fehlschlug. Zwei Rädelsführer wurden – gewissermaßen als erste Sträflinge – auf australischem Boden zurückgelassen.

Pelsaert und seine Kameraden brachten auch erste Kunde über die verblüffende Tierwelt des fünften Kontinents mit nach Europa. Die Känguruhs allerdings wußten sie nicht so recht in die Fauna einzuordnen, und Pelsaert schrieb: „Auf den Inseln fanden wir in großen Mengen eine ganz besondere Art von Katzen vor; sie haben etwa die Größe von Hasen, ihr Kopf ähnelt einer Tibetkatze, die Vorderpfoten sind sehr kurz, etwa fingerlang, und das Tier hat an ihnen fünf kleine Krallen, wie man sie bei Affen kennt. Ihre Hinterbeine sind demgegenüber sehr lang, und das Tier bewegt sich nur mit ihnen fort, so daß es nicht besonders schnell läuft. Sein Schwanz ist sehr lang, ähnlich wie bei indischen Affen, und wenn das Tier frißt, sitzt es auf den Hinterbeinen und hält die Nahrung wie ein Eichhörnchen oder Affe in den Vorderpfoten."

In jener Zeit haben auch holländische Fahrten zur australischen Süd- und Südwestküste begonnen. 1622 durchfuhr das Segelschiff „Leeuwin" die südwestliche Region; und 1627 umsegelte Pieter Nuyts einen Teil der Südküste. Die so entdeckten Küstengebiete Australiens erhielten die Sammelbezeichnung ‚Neuholland'. Dieser geographische Name fand sich zunächst auch auf europäischen Land- und Seekarten, bis 1814 auf Vorschlag des englischen Forschers Matthew Flinders (1774–1814) die Benennung ‚Australien' für den gesamten Kontinent eingeführt wurde – zur Erinnerung an die jahrhundertelange Suche nach der Terra australis incognita.

Während der Statthalterschaft Anton van Diemens (gest. 1645) erlangten vor allem die beiden Südseefahrten von Abel Tasman Bedeutung für die weitere geographische Erschließung Australiens. Van Diemen, Generalgouverneur in Batavia, war darauf bedacht, die Einflußsphäre Hollands so weit wie möglich nach Westen und Süden auszudehnen. Tasman, in seinem Auftrag zum Auffinden des Südlandes ausgesandt, erreichte im November 1642 die später nach ihm benannte größte Insel Australiens – Tasmanien. Er gab ihr den Namen seines Auftraggebers; und bis Mitte des 19. Jahrhunderts hieß sie Vandiemensland.

Als Tasman die Suche nach der Terra australis incognita ostwärts fortsetzte, gelangte er neun Tage darauf nach Neuseeland. An der Südinsel ging die Besatzung an Land. Dann segelte man in nördliche Richtung. Leider war es Tasman nicht vergönnt, die Meerenge zwischen der Nord- und Südinsel, die Cook-Straße, zu erreichen.

Ein weiterer Höhepunkt in der Entdeckung Australiens vor Cook war auch die Fahrt des englischen Piratenkapitäns William Dampier (1652–1715). Dieser hatte in der englischen Handels- und Kriegsmarine gedient und anschließend sein Glück in Westindien versucht. Er wurde Soldat und Plantagenaufseher auf Jamaica, und er verdingte sich als Holzfäller in den Fiebersümpfen der Halbinsel Yucatán. 1683 nahm er an einer englischen Piratenfahrt teil, in deren Verlauf er über Kap Horn zur süd- und mittelamerikanischen Küste kam und sich an Überfällen auf spanische Befestigungsanlagen in Häfen Perus und Panamas beteiligte. 1684 tauchte er in Manila auf; und vier Jahre später war er bei einem weiteren Piratenunternehmen dabei, das zur Christmas-Insel sowie den Nikobaren nahe am Nordwestgestade Australiens vorbeiführte.

Nachdem sich William Dampier von seinen Piratengesellen getrennt hatte und nach England zurückgekehrt war, faßte er die Reiseimpressionen in dem Werk „Reisen um die Welt" zusammen. Die Popularität dieses Buches machte die Admiralität auf Dampier aufmerksam. Sie übertrug ihm kurzerhand das Kommando über den Segelschoner „Roebuck", auf dem er mit einer bunt zusammengewürfelten Mannschaft im Pazifik nach dem Südland suchen sollte.

Anfang Januar 1699 verließ er England. Über Brasilien und das Kap der Guten Hoffnung erreichte die „Roebuck" im Sommer des darauffolgenden Jahres den australischen Kontinent im Bereich der Shark-Bay und segelte weiter zum Nordwestkap. Von dort ging es zur Nickol-Bay, wobei eine kleine Inselgruppe entdeckt wurde, die heute als Dampier-Archipel bekannt ist. Nach einer Fahrt entlang der Eighty-Küste kam Dampier zu einer Bucht mit idealen Landbedingungen, so daß er sich entschloß, einige längere Streifzüge zu unternehmen. Diese Bucht nannte er nach seinem Schiff ‚Roebuck-Bay‘. Ein weiterer Landstrich, den Dampier und seine Begleiter im August 1700 erreichten, erhielt den Namen ‚Dampier-Land‘.

Anfang September nahm er wieder Westkurs auf und kam über die nördliche Küste Neuguineas durch die von ihm entdeckte Dampier-Straße zu den Molukken. Während der Rückfahrt nach England lief die „Roebuck" vor St. Helena auf Grund. Dampier und seine Besatzung konnten sich retten und wohlbehalten in die Heimat zurückkehren.

Sein von der Admiralität mit Spannung erwarteter Bericht über Neuholland fiel derart monoton aus, daß die britischen Behörden keinerlei Anreiz zur Besiedlung erhielten. Dampier und seine Besatzung hatten nur unwirtliche Küsten mit kahlen Bergflächen und Trockensavannen gesehen. So geriet Neuholland für Jahrzehnte wieder aus dem Blickfeld der englischen Öffentlichkeit.

Probleme für Kapitän Philipp. Nach den Informationen, die James Cook und die ihn begleitenden Naturforscher dann über die Natur Ostaustraliens, über seine Flora und Fauna lieferten, lagen die Dinge wesentlich anders.

Die unter Kapitän Philipps Leitung 1788 nach Australien geführte Sträflingsgruppe sah einem ungewissen Schicksal entgegen. Die freien Auswanderer hatten die Fahrt zum neuen Kontinent gewagt, um sich dort als erste Siedler zu versuchen. Sie wußten, was es zu gewinnen galt. Zu verlieren gab es für sie, die Land- und Fabrikarbeiter, die Tagelöhner, so gut wie nichts.

„Philipps Auftrag von der Admiralität lautete, im Bereich der Botany Bay eine Kolonie zu gründen. Er hatte von den englischen Behörden die Anweisung, dafür zu sorgen, daß sich die Kolonie binnen acht Monaten selbst erhalten könnte. Daher brachte er Saatgut und Vieh mit. Unter den Sträflingen befand sich jedoch kein Bauer, und nur zwölf waren Zimmerleute. Regen, Ratten und Kornwürmer vernichteten einen großen Teil des Saatgetreides, und von den wenigen Schafen, die die Fahrt überlebten, wurden sechs wenige Tage nach der Ankunft vom Blitz erschlagen. Skorbut und Ruhr vergrößerten die Schwierigkeiten. Von den mitgeführten Arbeitsgeräten sagte Philipp selbst, sie seien ‚so schlecht wie die, die man zum Tauschhandel in Guinea nahm.‘ An Kleidung bestand chronischer Mangel ... Die Marinesoldaten weigerten sich, die Sträflinge zu beaufsichtigen; dafür hatten sie sich nicht freiwillig gemeldet. So mußte Philipp Sträflinge als Aufseher einsetzen. Kaum die Hälfte der Gefangenen war überhaupt arbeitsfähig. Die ausgegebenen Essenrationen waren bei der Ankunft mengenmäßig ausreichend ..., aber 1790 starrte den Bewohnern der Niederlassung der Hunger ins Gesicht.

Die fünfzig Bauern, die er angefordert hatte, um die Kolonie unabhängig zu machen, bekam er nicht, wohl aber weitere tausend Sträflinge. Über zwei Jahre lang hatte die Niederlassung keine Nachricht aus England und auch keinerlei Vorräte erhalten, und die Stimmung war auf dem Nullpunkt angelangt ... Man schickte weiter Sträflinge nach Australien, doch kehrten diejenigen, die sie dahin begleitet hatten, nach England zurück, auch Kapitän Philipp. Sträflinge jedoch, deren Strafzeit abgelaufen war, hatten in England nur weitere Verfolgungen durch die Behörden zu erwarten, deshalb blieben die meisten in der Kolonie. Nach vierzehn Jahren – das war das übliche Strafmaß – hatten sie Australien nicht lieben gelernt, aber sofern sie nicht zugrunde gegangen waren, hatten sie sich im Laufe der Zeit unmerklich eingewöhnt."

Allerdings gab die englische Regierung auch den nach Australien ausgewiesenen Gesetzesbrechern von vornherein eine Chance, dort heimisch zu werden und zusammen mit den Auswanderern den fünften Kontinent zu besiedeln. Nach abgebüßter Strafzeit erhielten sie Landparzellen, auf denen sie sich ansiedeln konnten. So hoffte man, daß die meisten Sträflinge nicht mehr nach England zurückkehren würden.Besonders schnell begannen die Schafzüchter, die Squatter, sich auf riesigen Nutzflächen zu etablieren. Schon als Leichhardt australischen Boden betritt, ist durch die Expansion der Squatter quasi das erreichbare geeignete Weideland vergeben. Immer lauter wird daher auch ihr Ruf nach neuen fruchtbaren Weide- und Siedlungsflächen im unerschlossenen Landesinneren.

Der in den 20er Jahren des 19. Jahrhunderts einsetzende Goldrausch begann die ökonomische Macht der Squatter einzuschränken.

1823 hatte der schottische Einwanderer McBrian am Fish-River in Neusüdwales erste Spuren von Goldstaub gefunden. Und 1848, als Ludwig Leichhardt für immer in der australischen Wildnis verschollen blieb, findet man in der Umgebung von Berimma einen Klumpen Gold.

Wie in Alaska oder Kanada, so zog man nun auch in Australien mit mehr, zumeist aber weniger Erfolg auf Goldsuche. Viele Tragödien spielten sich abseits der Zivilisation ab.

Immerhin ließ das Goldfieber die Einwandererzahlen sprunghaft emporschnellen. 1851 hatten Victoria 77 345 sowie Neusüdwales 195 344 Einwohner. Bereits zehn Jahre später war die dortige Bevölkerung um das 7fache angewachsen.

Insgeheim erwartet daher zumindest ein Teil der Einwanderer von Leichhardt und seinen Expeditionen auch Hinweise auf goldträchtiges Gestein in bestimmten Landesregionen. Daß er den Geologenhammer auf jedem noch so kleinen Exkurs in die Wildnis nutzt, um Gesteinsschichten abzuklopfen und sich Proben herauszuhämmern, weiß man. Daß er in Australien jedoch meist nur Kohle gefunden haben will, nimmt man ihm fast übel.

„In einem milden Klima, in einer reichen Natur." Was macht man ohne ausreichende finanzielle Mittel und ohne Beruf in einer fremden Welt? Leichhardt weiß genau: Das Schlimmste ist der Start auf diesem Kontinent. Sicher, an Williams

Seite wäre es um einiges leichter gewesen. Nun jedoch, da der Freund die Reise nicht mit angetreten hat, heißt es, sich allein bewähren. Leichhardt hat den eisernen Willen dazu. Um jeden Preis möchte er sein Forschungsvorhaben verwirklichen.

Was ihn in Sydney sofort optimistisch stimmt: Das Klima ist mild und angenehm. Er hat für die Ankunft in jenen Breiten einen günstigen Zeitpunkt gewählt. Der australische Sommer ist vorüber, und die Tagestemperaturen bewegen sich zwischen 15 und 25° C. Das ist geradezu ideal für einen Neuankömmling, der sich an der australischen Ostküste akklimatisieren muß und obendrein nicht die beste Konstitution mitbringt. Begünstigt werden diese klimatischen Bedingungen natürlich zu einem großen Teil durch die Küstenlage der Stadt. Die Passatwinde schaffen angenehme Kühle und ausreichend Luftfeuchtigkeit. Der geschützten Lage von Port Jackson ist es zu verdanken, daß der Passat nicht mit voller Stärke einfallen kann.

Wie in Clifton fühlt sich Leichhardt voller Spannkraft und unternehmungsfreudig, obwohl er, wie fast jeder Neuankömmling, mehrere Wochen an leichter Diarrhöe laboriert. Auch die Nahrung, mit der er in Europa mancherlei Probleme hatte, macht ihm hier zunächst keine Schwierigkeiten. Besonders lobt er das vielseitige Marktangebot an frischem Obst – von Äpfeln, Birnen und Pfirsichen sowie Weintrauben bis zu Ananas, Zitrusfrüchten oder Kokosnüssen.

Voller Freude, ein wenig überschwenglich schreibt er der Mutter in die Heimat: „Seitdem ich mein eigenes Vaterland, seitdem ich Euch verlassen, habe ich mich nie so heimatlich gefühlt wie hier ... So lebe ich denn ... außerordentlich zufrieden, ganz mit meinen Studien beschäftigt, in diesen mir neuen Verhältnissen. Dann hat es unstreitig einen großen Reiz für mich, dieses sich entwickelnde Volk zu beobachten, welches sich vielleicht in weniger als einem Jahrhundert, gleich den Vereinigten Staaten Nordamerikas, von England losreißen wird, um einen unabhängigen Staat oder Staatenbund zu bilden. In einem milden Klima, in einer reichen Natur, in für den Handel sehr günstigen Verhältnissen muß ein tatkräftiges Volk gleich dem englischen schnell Außerordentliches leisten ...“

Er weiß nicht, wie recht er mit seiner Voraussage hat, denn 1901 schließen sich dann die einzelnen Kolonien zum Australischen Bund zusammen.

So bewundert Ludwig Leichhardt Fleiß und Geschäftigkeit der Nachfahren jener Menschen, die einst mit Arthur Philipps Flotte und weiteren Schiffen zur Botany Bay kamen und hier begannen, die Wildnis urbar zu machen und Eigenheiten europäischer Zivilisation einzuführen. In Sydney jedenfalls ist es ihnen vortrefflich gelungen.

Hier nutzt er die Gunst der Stunde mehr denn je. In völliger Gewißheit, daß sein theoretisches Wissen sehr bald sein Äquivalent in der eigenen praktischen Bewährung finden wird, studiert er zielstrebig in Bibliotheken, dem Sydneyer Botanischen Garten und dem Museum der Stadt die Natur und die ethnischen Besonderheiten des fünften Kontinents.

Daneben gönnt sich Leichhardt immer wieder einige Mußestunden. Ohne Übertreibung fühlt sich der Fremde in dieser Stadt in typische englische City-Atmosphäre versetzt. Was hier geschaffen wurde, ist imposant. „Die Ufer ... waren vor 54 Jahren ... von wilden Menschen bewohnt, die nie vorher einen weißen Mann gesehen hatten. Jetzt erhebt sich hier eine große Stadt von 42 000 Einwohnern, nach allen Seiten von den Lusthäusern ... umgeben. Sie ist zum Teil in einem Tale, zum Teil an zwei Bergen hinaufgebaut, regelmäßig, ... mit großen Häusern und breiten Straßen. Der Sandsteinfels, welcher die ganze Gegend zusammensetzt, kommt in den Straßen oft zutage, und oft sind letztere selbst durch ihn hindurchgehauen ...

William wurde besonders durch den Gedanken zurückgeschreckt, hier eine Wildnis, Kannibalen und rohe Ansiedler zu finden. Hätte er die blühende Stadt gesehen, versehen mit allem, was sich europäischer Luxus wünschen kann, ja selbst für den wissenschaftlichen Mann nicht ohne Mittel, er würde wahrscheinlich mit mir gekommen sein und mein Schicksal geteilt haben."

Der Hafen erinnert tatsächlich an London. Schiffe vieler Nationen legen auch hier am vermeintlichen Ende der Welt an; und unter dem Kreuz des Südens kann man sämtliche Küstenregionen Australiens erreichen. Zu vielen Ansiedlungen, so in Hunters River, Moretonbay, Vandiemensland oder Port Philipp, besteht bereits ein regelmäßiger Liniendienst. Aber auch einige Fernstraßenverbindungen sind, wie sich Leichhardt überzeugen kann, geschaffen worden. Sie führen beispielsweise zu den Ausläufern der Blauen Berge oder an den Hawksburyfluß.

Immer noch warten. In Sydney lernt er eine Reihe von Persönlichkeiten kennen, auch einflußreiche Männer. Zu ihnen zählt Sir Thomas Mitchell (1792–1855). Der einstige Landmesser hat seit Anfang der 30er Jahre ein gutes Stück Pionierarbeit in der australischen Wildnis geleistet. 1831 führte ihn eine Reise zum Oberlauf des Darling, wo er in mühevoller Kleinarbeit die Quellflüsse orten konnte. Vier Jahre später wurde unter Mitchells Leitung das Fort Bourke am Oberlauf des Darling gegründet, und 1836 kartierte er große Teile des heutigen australischen Bundesstaates Victoria südlich vom Murray, dem einzigen schiffbaren Fluß des Kontinents. Den von ihm erforschten fruchtbaren Landstrich „Australia Felix" nahmen bald darauf viele Siedler in Besitz.

Als Leichhardt seine ersten Wochen in Sydney verbringt, ist Mitchell bereits zum Surveyor General der Landvermessungskommission von Neusüdwales avanciert. Er, so meint Leichhardt, wäre für ihn der richtige Expeditionsführer, unter dessen erfahrener Leitung man gewiß viele Fertigkeiten in der Wildnis erwerben würde. Doch auch von Mitchell erhält er zu seiner Enttäuschung die gleiche Auskunft wie zuvor bereits von den Behörden. In etwa einem Jahr wäre an eine neue Expedition zu denken. So muß er warten. Aber gerade das will gelernt sein – oder ergibt sich vielleicht noch eine andere Möglichkeit? Inzwischen hat Leichhardt ein neues Quartier bezogen und kostenlose Unterkunft im Haus des englischen Offiziers Lynd gefunden: „Nachdem ich einige Zeit in einem getrennten Logis gewohnt hatte, machte ich die Bekanntschaft eines englischen Offiziers, welcher mich einlud, bei ihm zu wohnen, um die so bedeutenden Ausgaben zu ersparen ... Ich lebe nun schon mehr als drei Monate mit ihm zusammen, und ich habe Ursache, ihn nur noch höher zu schätzen."

In dieser Zeit trägt sich Leichhardt bereits mit dem Gedanken, seine bisherigen Reiseimpressionen zu veröffentlichen – vielleicht in Briefform, so wie er es durch Karl Georg von Raumer aus dessen England- und Italienbriefen kennt. Jedenfalls deutet er im Brief an die Mutter vom 6. September 1842 einiges dazu an und äußert auch den Gedanken, daß Schwager Schmalfuß vielleicht in Berlin einen geeigneten Buchhändler für das Projekt ausfindig machen könnte.

Um sich den Lebensunterhalt in Sydney zu verdienen, will er zunächst Privatunterricht für Sprößlinge reicher Engländer geben. Doch diesen Gedanken hat er sehr schnell wieder verworfen: „ ... das ungebundene Freiheitsgefühl ist so stark in mir, und der Ärger mit trägen Zöglingen ist meiner Vorstellung so gegenwärtig und zuwider, daß ich diese Idee aufgegeben habe. Es befindet sich hier eine Schule der Künste, und ich werde während des Winters wahrscheinlich einige Vorlesungen über Botanik und Zoologie halten. Ich kann indessen wenig über meine gegenwärtige Stellung sagen. Jeder Tag kann wesentliche Veränderungen hervorrufen."

So hofft er insgeheim weiter, kurzfristig irgendeine Möglichkeit für seine Forschungsreise zu finden. Andererseits weiß er aber, daß er sich damit nur einer Illusion hingibt.

Von den Siedlern findet sich kaum jemand bereit, über Wochen und Monate hinweg in die unwegsame, unentdeckte Wildnis zu ziehen und sie in mutiger Pionierarbeit zu erkunden. Zu groß ist das Risiko, das man eingeht. Immer wieder treffen Nachrichten über das tragische Schicksal von Einzelgängern ein, die den Weg in den Busch, in die Steppe und Wüste gewagt hatten und verschollen sind – auch entflohene Sträflinge. Von manchen hatte man später nur noch die Skelette gefunden. Sie waren Opfer von Durst und Hunger, Irrläufer inmitten der unendlichen Weite des australischen Kontinents. So bleibt man lieber in den Ansiedlungen und auf den Farmen.

Ludwig Leichhardt erfaßt diese Situation sehr schnell. Andererseits scheint in ihm der Plan gereift zu sein, es erst einmal auf eigene Faust zu versuchen. Daher wohl auch die im Brief an die Mutter geäußerte Überlegung, vorläufig keinen Privatunterricht zu erteilen, um frei und ungebunden für andere Aufgaben zu sein, so sehr das Geld natürlich lockt, das er aus derlei Einkünften in die Ausrüstung für eine eigene Expedition stecken könnte.

Nachdem er sich in Sydney und seiner näheren Umgebung gründlich umgesehen und sich ein wenig eingelebt hat, folgt er einer Einladung des Farmers Walker Scott. „In wenigen Tagen beabsichtige ich Sydney für einige Zeit zu verlassen und nach Newcastle (am Hunter) zu gehen, welches ungefähr 20 Meilen nach Norden liegt.

Ein wohlhabender Besitzer hat mich nämlich eingeladen, ihn zu besuchen, und da die Gegend sehr interessant ist, hoffe ich meine Zeit dort sehr nützlich anzuwenden. Es ist in der Tat eine Gunst, welche man den einsamen Bewohnern des Landes erzeigt, welche selten nur fremde Gesichter oder überhaupt Menschen bei sich sehen."

Newcastle hatten die ersten Siedler nach der Hauptstadt der englischen Grafschaft Northumberland so benannt. Jahrzehnte nach Leichhardt wird dieser Ort als eines der größten australischen Steinkohlezentren Bedeutung erlangen. Zwar hatten Sträflinge bereits 1792 die ersten Kohlefunde gemacht; aber lange Zeit maß ihnen niemand ernsthafte Bedeutung bei, bis Dampfschiffahrt und Industrialisierung umfangreiche Rohstoff- und Energiequellen erforderten. Selbst als Leichhardt im September 1842 mit einem kleinen, zwischen den Küstenorten verkehrenden Dampfboot in Newcastle eintrifft, liegt das Städtchen noch im Dornröschenschlaf.

Walker Scotts Farm befindet sich in einer ausgedehnten Weideregion. Sie erstreckt sich etwa 100 Kilometer in westliche Richtung bis an die Ausläufer der Blauen Berge. Dies ist in jenen Jahren auch fast die Grenze australischer Zivilisation an der Ostküste.

Zu Beginn des 19. Jahrhunderts war die Küstenkartierung des Kontinents weitgehend abgeschlossen. Die größten Verdienste hatten sich dabei die beiden englischen Australienforscher Matthew Flinders sowie George Bass (1771–1803) erworben.

Beide waren Ende des 18. Jahrhunderts in die Botany Bay gekommen und begannen im Auftrag der englischen Kolonialbehörden mit der Küstenforschung. Flinders kartierte 1795 und 1796 Teile der Südostküste zwischen Sydney und dem späteren Melbourne. Zwei Jahre später stieß er mit Bass bis Tasmanien vor, das sie beide umfuhren und dessen Inselstruktur sie ermittelten. Heute tragen u. a. die Bass-Straße, der Ort Flinders auf der zu Tasmanien gehörenden Whitemark-Insel (Furneaux-Gruppe) und die Insel Flinders vor der Eyre-Halbinsel die Namen der beiden Australienforscher.

Während George Bass 1803 bei dem Versuch, von Australien aus Südamerika zu erreichen, verschollen ist, unternahm Flinders weite Entdeckungsreisen in der Ost- und Südküstenregion des Kontinents. 1801/ 1802 begab er sich mit seinem Landsmann, dem Botaniker Robert Brown, auf eine Schiffsreise; und die beiden Forscher befuhren die gesamte australische Südküste von Kap Leeuwin, dem äußersten Südwestzipfel des Archipels, über die große australische Bucht bis zur Bass-Straße, wobei sie das Gebiet kartierten. Zur bedeutendsten Entdeckung dieser Fahrt wurde der Spencer-Golf, die Meerenge zwischen der Eyre- und der York-Halbinsel.

Noch 1802 wandte sich Flinders wiederum der Ostküste zu und bereiste sie zwischen Port Stephens und Kap Palmerstone, wobei er auch das Große Barriere-Riff zum Teil erkundete und nach einer sicheren Durchfahrt zwischen der York-

Abb. 6: Apsley's Wasserfall in den Blauen Bergen (nach dem Atlas der „Thetis")

Halbinsel und Neuguinea in der Torres-Straße suchte. Auf gefährlichen Bootsfahrten, bei ständigen Tiefenlotungen fand Flinders schließlich heraus, daß sich die beste Passage der Torres-Straße nördlich der Prince-of-Wales-Insel befindet. Ebenso bedeutsam ist das Kartieren von Küstenteilen des Carpentaria-Golfs durch Matthew Flinders. Die Leichhardt-Expedition erreicht den Carpentaria-Golf 1845.

Über die Blauen Berge. Von den ersten englischen Ansiedlungen an der Ostküste aus versuchte man seit Beginn des 19. Jahrhunderts, auf der Suche nach fruchtbaren Ackerbau- und Weidezonen, über die Blauen Berge ins Landesinnere vorzudringen.

Zunächst schien die bis 1.362 Meter hohe und knapp 300 Kilometer lange Bergkette, die die Küstenniederungen als natürlicher Schild gegen das Landesinnere abschirmt, ein unüberwindbares Hindernis zu sein.

1813 jedoch gelang den englischen Forschern Lawson, Wentworth und Blaxland erstmals der Übergang über die Blauen Berge bis in die Täler des Murray und Darling. Und sie brachten ihren Landsleuten an der Küste Nachricht über ausgedehnte fruchtbare Flußtäler, die sich für Ackerbau und Viehzucht geradezu anboten. Dies war der Auftakt für eine Reihe weiterer Vorstöße in jene Region, bei denen viele Siedler dorthin gelangten und mit der Schaf- und Rinderzucht im Darling-Murray-Stromgebiet begannen. John Oxley nahm 1817 die eigentliche Erforschung dieses Gebietes in Angriff – zusammen mit W. Parr, einem Mineralogen, und dem Botaniker Allan Cunningham. Über den Lachlan, südwestlich der Blauen Berge, wandte er sich anschließend nordwärts und reiste den Macquarie hinauf. Südlich des 33. Breitengrades geriet die Oxley-Expedition in ein Dürregebiet. Die Proviant-vorräte drohten zur Neige zu gehen; akuter Trinkwassermangel stellte sich ein.

Daraufhin wählte John Oxley vom Mittellauf des Macquarie den Weg nach Westen und wollte so schnell wie möglich wieder zu den Niederlassungen an der Küste gelangen. Nach einem 400-Kilometer-Marsch durch Trockensteppen, Buschsavannen, die vereinzelt von Creeks durchzogen waren, sowie über einige Felsmassive des Ostaustralischen Berglands, erreichte Oxley mit seinen Gefährten Port Macquarie am Pazifik. Das war die Rettung. Die verbleibenden 500 Kilometer bis Sydney zog man durch besiedelte Weidegebiete an der Küste entlang.

Oxleys Expedition hatte außer einigen Nebenflüssen des Darling auch Gebirgs-züge wie das Liverpool-Gebirge und die Caraghnan-Mountains entdeckt und neben kartographischen Aufnahmen sowie geologischen Aufschlüssen der durchreisten Territorien recht widersprüchliche Angaben zu den Forschungsergebnissen von Blaxland, Lawson und Wentworth über die Siedlungseignung geliefert. Dennoch löste Oxleys Reisebericht unter zahlreichen englischen Einwanderern an der Ostkü-ste den Drang aus, vorwiegend die für Ackerbau wie Viehzucht verheißungsvollen Regionen am oberen Lachlan zu besiedeln.

Wesentlich dazu beigetragen haben dann weitere Expeditionen, so die von Oxley zum Brisbane-Fluß. Sie führte 1823 von der Botany Bay an der Küste entlang nach Norden und erbrachte ebenfalls Aufschlüsse für neue Siedlungsgebiete. Im Ergeb-nis jener Expedition wurde 1824 Brisbane an der Moretonbay gegründet.

Der englische Botaniker Allan Cunningham (1791–1839) unternahm einige Reisen, auf denen er ebenfalls von Sydney in westliche Richtung vorstieß, in die Macquarie- und Darlingebene sowie 1827 bis zum Condamine. Eine weitere eng-lische Expedition unter William Hilton Howell (1786–1875) und Hamilton Hume (1797–1873) war auf ihrem südwestlichen Marsch zunächst zum Murray gelangt und zog anschließend weiter zur Port-Philipp-Bay. An jener Stelle, wo Howell und Hume mit ihren Gefährten die Bay der Bass-Straße erreicht hatten, wurde eine neue Ansiedlung gegründet. Sie erhielt den Namen des britischen Staatsmannes und Ministers William Lamb Melbourne (1779–1848) und sollte sich bald zur bedeu-tendsten Niederlassung an der australischen Südküste sowie zur späteren Haupt-stadt des Bundesstaates Victoria entwickeln.

Zum Darling und Murray. Einen weiteren geographischen Markstein setzten Sir Charles Sturt (1795–1869) sowie Sir Thomas Mitchell (zwischen 1828 und 1831) auf ihren hydrographischen Expeditionen ins Murraybecken.

Abb. 7: Am Murray

Sturt gebührt das Verdienst, 1829 auf zwei Reisen, die er im Auftrag des britischen Gouverneurs von Neuholland unternommen hatte, die beiden größten australischen Flüsse, den Darling und den Murray, entdeckt zu haben.

1828 erhielt er vom Gouverneur den Auftrag, Verlauf und eventuellen Zusammenhang zwischen den kurz zuvor entdeckten Flüssen Lachlan, Murrumbidgee sowie Macquarie zu ermitteln. Dabei gelangte Sturt 1829 auf seiner Expedition an einen großen Fluß, den er zu Ehren des Gouverneurs von Neuholland Darling nannte. Im selben Jahr glückte ihm die Entdeckung des Murray. Während er bis zur Mündung in die Encounterbay hinabzog, überquerte er auch jene Stelle, wo der Darling in den Murray mündet. Damit war der Unterlauf der beiden Ströme bis ins Mündungsgebiet bekannt sowie kartiert.

Sturts Expeditionsbericht enthält auch detaillierte Hinweise auf fruchtbare Savannengebiete besonders in der Ebene vor dem St.-Vincent-Golf. 1836 entstand dort die englische Kolonie Südaustralien mit der Ortschaft Adelaide. Sie zählt heute zu den größten und auch modernsten australischen Städten.

Charles Sturt wurde im Auftrag der englischen Krone als Generalinspekteur in der neuen Kolonie Südaustralien eingesetzt. Mit Thomas Mitchell fand er einen Mann, der die von ihm begonnenen hydrographischen Forschungen in dieser Region konsequent fortsetzte.

Ebenfalls im Auftrag des Gouverneurs von Neuholland begann Mitchell 1831 am Oberlauf des Darling, eine Reihe von dessen Quellflüssen zu erforschen. Fünf Jahre danach bereiste er die Gegend zwischen Melbourne und dem Murray.

Im Verlauf anderer Forschungsunternehmen – zumeist in mutigen Alleinreisen bestritten – konnte beispielsweise die Ostküste bis zur York-Halbinsel hinauf kartiert werden, und viele dieser Landstriche wurden dann besiedelt. „Was die Regierung an Landkonzessionen vergab oder verkaufte", so schreibt Brinke, „war als Besitztitel willkommenes Spekulationsobjekt. So wurden von 1820 bis 1840 viele anbauwürdige Gebiete verkauft, aber nur zum kleinen Teil an Siedler, die das Land wirklich in Benutzung nahmen (zusammengerechnet waren es nur rund 1000 Hektar), während der größte Teil häufig seinen Besitzer wechselte. 1831 waren bereits 1,38 Millionen Hektar Land verkauft und verpachtet, die von den insgesamt 51 115 weißen Kolonisten nicht im entferntesten unter Kultur gehalten werden konnten. Von 1831 bis 1835 wurden weitere 237 000 Hektar verkauft, die einen Erlös von 202 600 Pfund Sterling brachten."

Edward John Eyre (1815–1901) aus der Grafschaft Yorkshire, der 1833 in die Kolonie Südaustralien ausgewandert war und sich dort als Viehtreiber verdingte, hatte einige kühne Alleingänge ins Landesinnere gewagt. Nachdem er 1839 mit einem kleinen Boot den Spencer-Golf erkundet hatte, unternahm er ein Jahr darauf den Versuch, von Adelaide aus die Westküste zu erreichen und auf diese Weise eine geeignete Landverbindung zwischen den beiden Kolonien Süd- und Westaustralien herzustellen. Eyre entdeckte dabei zwei der größten Trockenseen am Ostrand der Großen Victoriawüste, den Torres- und den dann nach ihm benannten Eyresee.

Sein Marsch die Küste der fast vegetationslosen Nullarborebene entlang, gekennzeichnet durch Wasser- und Proviantmangel, durch Hitze und Erschöpfung, ist in vielem wohl vergleichbar mit dem späteren langen Weg der Leichhardt-Expedition von der Moretonbay bis Port Essington.

Auch Eyre zeichnet sich durch Beharrlichkeit und Mut aus. Auch er denkt nicht daran, inmitten der unendlichen Einöde aufzugeben, die sich vor ihm und seinen Gefährten Tag für Tag auftut. Schließlich jedoch ist die Wildnis stärker. Nach hohen Verlusten an Menschen und Tieren muß er vor dem Bold Head, bereits im südwestlichen Teil des Kontinents, kapitulieren. Bis Perth wären es noch etwa 600 Kilometer Marsch gewesen ...

Durch Neusüdwales und Queensland. Dies ist in kurzen Zügen der Stand der Erforschung des australischen Kontinents, als Ludwig Leichhardts Aufenthalt dort beginnt.

Er kennt die wichtigsten Forschungsergebnisse, hat sie eingehend in verschiedenen Quellen studiert. Und er weiß natürlich um die Expeditionstragik eines John Eyre. Einiges, manch Wesentliches ist nach seiner Meinung in der Erforschung bereits getan. Anderes, vielleicht noch Wesentlicheres, aber bleibt. Über nahezu 60% der Fläche des riesigen Erdteils liegt noch immer das Geheimnis des Unbekannten.

Von der Farm Walker Scotts unternimmt Leichhardt die ersten Alleingänge in bislang unbesiedelte Gebiete und macht auf diese Weise Bekanntschaft mit der australischen Wildnis. Scott stellt ihm bereitwillig ein Pferd und die ansonsten notwendige, bescheidene Ausrüstung zur Verfügung. Mehr noch: Er überläßt seinem Gast auf dem Anwesen einige Räume, in denen er sich nach jedem Streifzug nicht nur ungestört erholen kann, sondern wo er die Tagebuchaufzeichnungen vervollständigt, Korrespondenz führt und die auch jetzt reichlich zusammengetragenen Belege an Pflanzen, Kleintieren und Gestein zu präparieren, auszuwerten und zu ordnen vermag.

„Ich komme soeben von einer 18 monatlichen Wanderung zurück", schreibt Leichhardt in die Heimat, „welche ich zu den wenig bekannten Teilen der Kolonie unternahm. Überall finden sich Schäfer und Hirten und oft wohlgebildete Männer. Oft lebte ich indessen einsam im Walde, nur von meinem Pferde und meinem Hund begleitet ... Nachdem ich einige Zeit in Moretonbay gelebt und die dortigen Gebüsche durchsucht hatte, welche die Ufer des Flusses und der Bäche bedecken, ritt ich mit zwei Pferden, denn meine Familie hat sich um eine junge Stute vermehrt, zu einer weniger bekannten Gegend, welche gewöhnlich Bunya-Bunya-Gegend (zwischen dem Brisbane- und Burnett-Fluß; D. F.) genannt wird. Es wächst nämlich hier in den Gebüschen, welche die Rücken der Berge bedecken, ein mächtiger Baum, gleich der Tanne in Deutschland mit großen Tannenäpfeln, zwischen deren Schuppen mehlige süßliche Kerne liegen, die von den Schwarzen sehr geschätzt werden. Dieser Baum gibt nun nach der Aussage der Eingeborenen alle 3 Jahre eine Ernte, und zu dieser kommen die Stämme von nah und fern, um sich für ungefähr 3 Monate mit den nahrhaften Bunyakernen zu mästen."

Auf diesen Alleingängen leistet Ludwig Leichhardt ein beachtliches Maß an wissenschaftlicher Arbeit. Besonders bei seinen Abstechern nach Westen sowie Nordwesten, wo er in Trockensteppen, vegetationslose Steinwüsten und Gebirgsausläufer kommt, ist es mitunter glühendheiß. Doch er schreckt weder vor der Unwirtlichkeit des Geländes zurück, wie er sie mitunter antrifft, noch vor Hitze und Durst.

Wenn er nach Tagen oder gar Monaten seiner Abwesenheit wieder auf die Farm bei Newcastle zurückkehrt – abgekämpft, mit durch Dornen und Gestrüpp aufgerissener Kleidung, verstaubt und das Gesicht von den Strapazen gezeichnet, gibt er Walker Scott und anderen Ansiedlern jedesmal wieder zu verstehen, daß er diese Streifzüge in den Busch einfach braucht, um als Forscher eines Tages in einer Expedition oder vielleicht als ihr Führer erfolgreich zu sein. Es ist also zwecklos, Ludwig Leichhardt von seinen Alleingängen abhalten zu wollen. Die Farmer geben ihre Überzeugungsversuche auch bald auf. Ein Tausendsassa scheint dieser Deutsche schon zu sein. Leichhardt freut sich indessen, daß sich sein Körper allmählich an die ihm aufgezwungene Belastung des Buschläuferdaseins gewöhnt, daß er sich weitgehend auf die Härtebedingungen einstellt. „Meine Gesundheit ist so fest und fester denn jemals."

Fast ein dreiviertel Jahr verbringt er in der Umgebung von Newcastle. Es ist eine Zeit, die ihm gründliche Kenntnisse über Land und Leute bringt. „Dort, am Hunter-Fluß ..., wurden gerade die ersten Versuche mit Weizenanbau und Viehzucht begonnen, um nicht mehr von der Weizenzufuhr aus Tasmanien und Südamerika abhängig zu sein. Die Erfolge waren über alle Erwartungen hinaus günstig und ermutigend. Sicher wird hier bald ein großartiges Weizenland durch den Fleiß der zahlreichen Siedler entstehen.

Was gab es da schon für herrliche Früchte! Auf dem fruchtbaren Schwemmboden wurde bereits viel europäisches Obst mit großem Nutzen angebaut. Wundervolle Weintrauben, Äpfel, Birnen, Pfirsiche, Aprikosen, Feigen, Edelkastanien und Gemüse aller Art bereicherten die Tafel der jungen Siedler, die stolz auf ihre Erzeugnisse sein konnten. Die Weinrebe war in viele Landschaften Australiens vom Rhein und der Mosel eingeführt worden.

Den Hunter fand ich an seiner Mündung ins Meer breit und stark verzweigt, aber etwa dreißig Kilometer flußaufwärts nur noch als einen unbedeutenden Bach. Solche Verhältnisse trifft man hier bei dem raschen Abfall der Küstengebirge zur See häufig an."

Abb. 9: Zusammenfluß von Darling und Murray

Über anderthalb Jahre – zwischen November 1842 und Mai 1844 – durchstreift Leichhardt mutterseelenallein die östlichen Küstengebiete zwischen Sydney und der Hervey Bay. Es kommen insgesamt etwa 4 000 Kilometer zusammen, die der unermüdliche Forscher dabei zurückgelegt hat, wobei er sich nicht nur parallel zur Küste bewegt, sondern immer wieder auch längere Abstecher in unwegsame und größtenteils unerschlossene Gegenden unternimmt.

„Anfang 1842 war ich in Sydney angekommen, und ungefähr ein Jahr später war ich auf meinen Streifzügen allmählich nun schon bis ... ins tropische Queensland gelangt. In Brisbane fand ich freundliche Aufnahme.

Hier beginnt die wohl schönste Küstenlandschaft des tropischen Australiens. Sämtliche Tropenfrüchte wie Ananas, Bananen, Mangopflaumen, Zuckerrohr und Kokospalmen gedeihen unter den häufigen tropischen Küstenregen prächtig. Außerdem wachsen alle europäischen Obst- und Gemüsearten; besonders Melonen, Kürbisse und Gurken wuchern wie Unkraut ... Während an der Küste Queenslands zuviel Regen fällt, haben andere Bezirke zu wenig Regen, weshalb sich die Schafzüchter auch mehr und mehr in das Innere auf die wellige Dünenlandschaft

Abb. 10: Squatters Station in den Darling Downs

westlich der Randgebirge zurückgezogen haben. Dort gibt es fast baumlose, nur mit
Gras bewachsene Ebenen wie die Darling Downs ... Die Darling Downes sind ein
typisches Landschaftsbild für das Innere Australiens und wie geschaffen zur Schaf-
zucht, die bereits eine enorme Ausdehnung angenommen hat. Schon jetzt waren die
im Jahre 1797 von MacArthur erstmalig eingeführten einhundertfünfzehn Merino-
schafe zu der stattlichen Zahl von dreizehn Millionen herangewachsen.

Von den Downs weiter südlich reitend, fand ich in der Nähe des Condamine-
Flusses fossile Knochen riesenhafter Urtiere, die an Gestalt den heutigen Känguruhs ähnlich gewesen sein müssen ...

Wenn dieses weite, wellige Dünenland nicht durch die viel höheren Rand-
kordilleren von den Küstenregen abgeschnitten wäre, so könnte es vielleicht sehr
fruchtbar sein."

Wie bereits auf seiner Reise durch Südeuropa führt Leichhardt auch jetzt im
australischen Busch ständig seine Botanisiertrommel mit sich, die ihm neben dem

Geologenhammer unentbehrliches Requisit ist. Der Hammer wird ihm sogar einmal im Moment höchster Gefahr zur Waffe. Als ihn nämlich auf einem Streifzug durch den Busch ein wilder Ochse angreift, versetzt er ihm einen beherzten Schlag auf den Kopf, worauf das Tier die Flucht ergreift.

Für den Pariser Jardin des plantes trägt Ludwig Leichhardt beispielsweise in einer relativ kleinen Region von Queensland Samen, Blätter, Blüten und Holzproben von 180 verschiedenen Baumarten zusammen. Das ist ein deutliches Beispiel für den floristischen Reichtum Australiens.

Nicht nur Land und Leute lernt er gründlich kennen; er erwirbt zugleich alle Fertigkeiten, die ein Forscher auf einer Expedition durch das Landesinnere jenes Kontinents ganz einfach besitzen muß. Dazu gehört der sichere Umgang mit Karte und Kompaß, die Orientierung nach Gestirnen und anderen Naturmerkmalen. Ebenso versiert gilt es im Umgang mit den mitgeführten Tieren zu sein. Ausdauer beim Reiten, Sicherheit und Geschick beim Versorgen der Pferde und Schlachtochsen, das Auffinden von Weideflächen, aber auch das Aufspüren und Einfangen der Tiere, wenn sie sich bei nächtlicher Rast auf der Suche nach Futter und Wasser weit vom Lagerplatz entfernt haben – all das will durch tägliche Erfahrung gelernt sein. Hinzu kommt das völlig auf sich gestellte Versorgen über viele Wochen und Monate hinweg – wesentlichste Voraussetzung für das Überleben weitab von Siedlungen und jeglicher Hilfe.

Schnell wird Leichhardt auf seinen Alleingängen ein guter Jäger und Koch; er erwirbt die Fertigkeit, an geeigneter Stelle – einem Felshang, am trockenen Ufer eines Creeks – in kurzer Zeit eine Schutzhütte vor herannahendem Sandsturm oder Gewitter zu errichten, eine Feuerstelle anzulegen, Wild auszunehmen und zuzubereiten, die Marschausrüstung instand zu halten und, wenn nötig, einiges auszubessern.

Auch all das eignet er sich zumeist in hartem, unerbittlichem Training an. Was ihm zunächst nicht gelingen will, das zeigen ihm die Farmer und Hirten, bei denen er während längerer Touren immer wieder freundliche Aufnahme findet und vortreffliche Gastfreundschaft genießt. Von ihnen lernt er auch, wie man die Fährten verschiedener Tierarten liest und verfolgt, wie man entlaufene Tiere einfängt. Sie machen ihn mit dem ABC des Weidwerkes vertraut und weisen ihn auf den Genuß bestimmter Pflanzen und Tiere hin.

Einer der ihren möchte Leichhardt jedoch nicht werden, obgleich er wiederholt aufgefordert wird, sich als Farmer zu versuchen. Die Möglichkeit des Geldverdienens lockt zwar, da er damit seine bescheidene Barschaft, die schnell zusammengeschmolzen ist, auffrischen könnte, aber er zieht weiter allein durch Neusüdwales und Queensland von Farm zu Farm.

Immer wieder stößt er auf riesige Schafherden, den Reichtum der australischen Wirtschaft: „Die Schafherden sind ungefähr 100–200 engl. Meilen landeinwärts; die Rinder läßt man frei in weiten ungezäunten Waldstrecken herumlaufen, nach-

Abb. 11: Flaxman-Tal

dem man jedem das Zeichen des Besitzers eingebrannt. Jedes Jahr werden die jungen Kälber eingefangen und gebrannt. Die Kühe melkt man nur in der Nähe der Städte, in welchen man Butter und Milch verkaufen kann. Man strebt gewöhnlich die Herde zu vermehren und die fettesten Stücke an die Fleischer zu verkaufen. Die Tiere werden fast wild, da sie so wenig Gemeinschaft mit Menschen haben; die Hirten, welche nur von Zeit zu Zeit Musterung halten, sind alle zu Pferde, und oft ist Roß und Reiter den Angriffen der Kühe und Bullen ausgesetzt. Mit den Schafen ist es verschieden. Hier müssen regelmäßig Hirten gehalten werden ... Jeder Hirt hat nach der Beschaffenheit des Landes von 500–1000 Stück Schafe. Diese sind den Angriffen eines wilden Hundes (des Dingos; D. F.) ausgesetzt."

Auch an den Hängen der Ostaustralischen Kordillere zur Küste hin zeigt das Thermometer im Durchschnitt eine Tagestemperatur zwischen 15 und 23° C.

Die jährliche Niederschlagsmenge ist in der Küstenregion fast doppelt so hoch wie in Mitteleuropa, wird aber zum größten Teil nur während der Regenzeit im Januar und Februar erreicht. Dann schwellen monatelang ausgetrocknete Flußläufe, die Creeks, binnen weniger Stunden zu breiten, reißenden Strömen an, um kurz darauf wieder zu versiegen, bis das Spiel der Natur von neuem beginnt.

Üppige Flora und Fauna. Vor allem in den tropischen Regionen des australischen Nordens hat sich ein Großteil der Pflanzen- und Tierwelt auf die kurze Ergiebigkeit an Wasser und eine lange, acht bis neun Monate während Trockenperiode eingestellt. Im Landesinneren, so in den Wüstenzonen Westaustraliens und auch im Großen Artesischen Becken, fällt oft über 300 Tage kein Niederschlag.

Am heißesten ist es in Südaustralien während der ersten beiden Wintermonate; in der Nord- und Nordwesthälfte weisen der November und Dezember die höchsten Temperaturen auf. 45° C, stellenweise sogar über 50° C sind dann keine Seltenheit. Andererseits bildet sich in einigen Hochgebirgslagen, beispielsweise in den Australischen Alpen oder den Bergen Tasmaniens, zwischen Mai und September eine Schneedecke aus.

Bevor die Regenzeit einsetzt, wüten in weiten Savannen- und Buschzonen gewaltige Feuer. Diese meist durch Selbstzündung hervorgerufenen Brände bewirken in der Natur eine gründliche „Reinigungsprozedur", indem sie dürre, unfruchtbare Grasflächen vernichten, kommentiert Leichhardt die für seine Begriffe nützliche Erkenntnis. „Die zurückbleibende Asche bildet den Dünger, unter dem beim ersten Regenschauer die jungen Gräser und unzählige Blumen hervorschießen. Sie dienen den Känguruhs, den riesigen Schaf- und Rinderherden zur Nahrung.

Hunderte Hektar stehen während der heißen Jahreszeit in Brand. Das Feuer beginnt dort, wo der Eingeborene sein Lager hatte oder die Siedler das Gras angesteckt haben, um frische Weide für ihre Herden zu gewinnen."

Dem jungen deutschen Forscher erschließt sich auf seinen Streifzügen die Vielfalt australischer Natur. Immer wieder bringt er in Briefen und Tagebuchaufzeichnungen seine Bewunderung darüber zum Ausdruck und fertigt umfangreiche wissenschaftliche Notizen an. Sie sind ein Beweis dafür, daß er endlich jenes Betätigungsfeld gefunden hat, nach dem er seit Exkursionen in Frankreich und Italien gesucht hatte. Mehrere hundert Spezies aus der Flora und Fauna ortet er im Verlauf seiner Reisen an der Ostküste.

„Wo immer sich höhere Berge zeigten", schreibt Ludwig Leichhardt in die Heimat, „ließ ich mein Pferd auf guter Weide und stieg die Berge hinan, um ihre Bildung und Gesteinsarten kennenzulernen, aus welchen sie bestanden. Einige Hemden, ein Teetopf, ein Pfund Tee und zwei Pfund brauner Zucker war alles, was ich zu meinem Unterhalte mitnahm ... Fleisch, bisweilen Milch und Eier wurden mir von den Ansiedlern gereicht, die mich gewöhnlich recht gastfreundlich aufnahmen. Für den Fall, daß ich im Busche unter freiem Himmel zu übernachten hatte, führte ich eine wollene Decke mit mir, in welche ich mich einhüllte und dann unter einem Baum niederstreckte. Auf diese Weise habe ich auf dem Meeresufer kampiert, wo mich das Brausen des Meeres einwiegte, und im einsamen Walde, in welchem mich Känguruhs umgrasten."

Dieses populärste aller australischen Tiere hat auch Ludwig Leichhardt begeistert, was ebenfalls einige Briefe und Tagebuchaufzeichnungen belegen. Im Unterschied zu vielen anderen Tierarten kommt das Känguruh auf dem gesamten Kontinent vor; sogar in vegetationsarmen Gegenden (u. a. am Rande der Großen Victoriawüste und der Großen Sandwüste). Es ist wohl aufgrund seiner großen Verbreitung neben dem Emu zum Wappentier jenes Erdteils geworden. 51 Känguruharten sind bekannt, doch keine gleicht der anderen. Die kleinste – das

Abb. 12: Die Goldfelder am Mount Alexander

Moschusrattenkänguruh – hat eine Länge von nur 40 cm, während das Rote Riesenkänguruh bis zu 2,65 m groß werden kann. Bis auf das Moschusrattenkänguruh,
welches sich von Insekten ernährt, sind alle anderen Arten Pflanzenfresser. Ihr
zartes und wohlschmeckendes Fleisch läßt die Känguruhs zur willkommenen Jagdbeute werden.

Leichhardt erjagt während seiner Streifzüge zwischen Pazifikküste und den
Ausläufern der Ostaustralischen Kordillere vorwiegend Bergkänguruhs. Sie leben
während der heißen Jahreszeit meist in Felsspalten und Berghöhlen. In den Abend-
und den frühen Morgenstunden ziehen sie in die Savannen und Buschwälder auf
Nahrungssuche und können dann leicht erlegt werden.

„Beiträge zur Geologie Australiens". Seit seiner Harzexkursion während der
Berliner Studienzeit verstärkte sich kontinuierlich auch Leichhardts geologisches
Interesse.

Jetzt bietet ihm die landschaftliche Differenziertheit Australiens ein umfangreiches Betätigungsfeld in dieser wissenschaftlichen Disziplin.

Nachdem bereits englische Siedler an einigen Stellen der Ostküste von Neusüd-
wales durch Zufall Steinkohle gefunden hatten, widmet Leichhardt auf seinen
Erkundungstouren neben dem Orten der jeweiligen geologischen Formation diesem
Bodenschatz besondere Aufmerksamkeit.

Seit 1840 waren auch Berichte von Reisenden über umfangreiche Kupfer-, Blei-
und Zinklagerstätten aus dem Inneren von Neusüdwales in die Ansiedlungen ge-

langt. Es ist also kein Wunder, daß die englischen Kolonialbehörden Leichhardts geologischer Tätigkeit sehr großes Interesse entgegenbringen.

Im Ergebnis seiner achtzehnmonatigen einsamen Streifzüge zwischen Newcastle, Hunter, den Darling Downs bis zur Moreton Bay entsteht innerhalb von nur drei Monaten in Sydney die Arbeit: „Beiträge zur Geologie von Australien". Auf 62 Seiten, mit mehr als 50 geologischen Skizzen faßt er die geomorphologischen Untersuchungen und Resultate aus den Jahren 1842–1844 zusammen. Bei Newcastle entdeckte Leichhardt beispielsweise Kohle in einer differenten Gesteinsfläche. Er schreibt: „Diese Kohlenlager sind entweder niedergepreßte und zermalmte Wälder, wie sie noch heute den an vegetabilischen Stoffen reichen Boden Südamerikas bedecken, oder es sind Pflanzenstoffe, welche Ströme aus dem Innern großer Kontinente brachten ..."

Weiter stellt Leichhardt in seiner Studie u. a. fest, daß die geologische Struktur in weiten Teilen der australischen Ostküste gekennzeichnet ist durch ein „Gebiet fossile Baumstämme enthaltenen Sandsteins an dem westlichen Fuße von Kieselfels und Granitgebirgen ausgebreitet."

Mit viel Sachkenntnis, in klarer, verständlicher Diktion wertet Ludwig Leichhardt die umfangreichen geologischen Untersuchungen, die zahlreichen paläontologischen Funde, die er auf den Streifzügen durch Neusüdwales und Queensland machte. Seine Studie findet fachliche Resonanz.

Zusammen mit geologischen Funden sendet er die „Beiträge zur Geologie Australiens" an Professor Richard Owen, einen bekannten Naturforscher und Paläontologen in London. Dieser reicht sie über den deutschen Südamerikaforscher Robert Hermann Schomburgk (1804–1865) an Professor Girard in Göttingen weiter. Girard veröffentlicht sie schließlich 1855 als vierten Band der „Beiträge der Naturforschenden Gesellschaft Halle", nachdem ein Auszug über die Kohlelager von Newcastle bereits 1849 von der Deutschen Geologischen Gesellschaft in Berlin publiziert worden war.

Wahrheit und Legende um die Aborigines. Auf seinen Streifzügen stößt Leichhardt wiederholt auch auf australische Ureinwohner. Zumeist sind sie scheu und zurückhaltend.

In seiner Anspruchslosigkeit und relativ hohen Resistenz gegenüber den Unwirtlichkeiten australischer Natur verbreitete sich dieses nomadisierende Volk von Sammlern und Jägern im Laufe der Zeit über den gesamten Erdteil, wobei es sich den jeweiligen klimatischen Bedingungen gut anpaßte. Klima, unterschiedliche Ernährung und die isolierte Lebensweise einzelner Stämme bewirkten das allmähliche Herausbilden differenter ethnologischer Merkmale.

Als die Engländer mit der Kolonisation begannen, existierten in Australien etwa 250 000–300 000 Aborigines in 500 Stammesgemeinschaften. Interessant ist, daß sie immerhin fast 300 Sprachen aufweisen und darüber hinaus einige hundert

Dialekte. Es scheint heute nahezu unerklärlich, wie die Ureinwohner selbst in schwer zugängliche Gebiete weit im Inneren des Kontinents, so in die Tanami-Wüste oder die Westhälfte der Gibson-Wüste, vordringen konnten. Dazu muß vermerkt werden, daß sich große Teile Australiens zur Zeit der Einwanderung und Verbreitung der Aborigines weitaus wasserreicher und fruchtbarer präsentierten, als es heute der Fall ist. Und jene wenigen Stämme der Ureinwohner, die gegenwärtig in noch immer schwer zugänglichen, vegetationsarmen Gebieten leben, müssen vor langer Zeit, dem Wasser folgend, dorthin gelangt sein – ein Beweis für Veränderungen in Klima und Vegetation auf jenem Erdteil. Daß sie bestehen konnten, sich nicht in andere Gebiete zurückzogen oder gar ausstarben, spricht für ihre elementare Lebensweise.

Das Dasein als Jäger und Sammler stellte und stellt keine hohen Ansprüche. Nach wie vor verwenden sie Werkzeuge und Waffen aus Holz, Stein oder Muscheln, so Steinäxte, Hartholzspeere und seit etwa 10 000 Jahren auch den Bumerang.

Diese Lebensweise der australischen Ureinwohner, die sie im Gegensatz zu anderen Völkerschaften des südostasiatischen Raums noch immer führen, als Ludwig Leichhardt seinen Aufenthalt auf dem Kontinent beginnt, hat bereits bei den ersten Abstechern ins Landesinnere, da er gelegentlich Begegnungen mit ihnen hat, sein ethnologisches Interesse geweckt.

Wiederholt äußert er sich über den Kontakt zu Aborigines, über ihr Stammesleben – neben einigen Briefen vor allem in den Tagebüchern, die später zu den beiden Reisebeschreibungen „Ins Innere Australiens" und „Schicksal im australischen Busch" zusammengefaßt und überarbeitet wurden und noch heute zahlreichen Lesern Impressionen vermitteln. Zunächst jedoch hegt auch ein Ludwig Leichhardt Vorbehalte gegenüber den Australiern, wie sie in der Folge einer Reihe von Vorfällen bei den Siedlern im 19. Jahrhundert weit verbreitet waren.

Brutal und selbstsüchtig gehen die weißen Eindringlinge bei der Inbesitznahme des australischen Bodens vor und behandeln die Aborigines oft nicht anders als wilde Tiere. Je weiter die Kolonisten ins Landesinnere vorstoßen, desto mehr schränken sie den Lebensraum der Ureinwohner ein, drängen sie in unwegsame, öde Landstriche oder Gebirgsregionen zurück – und sie jagen und töten sie.

Vereinzelte Racheakte von Ureinwohnern jedoch nehmen die Kolonisten nicht nur zum Anlaß grausamer Massaker unter den Aborigines, sondern sie malen zugleich in allen australischen Ansiedlungen ein überaus greuelhaftes, blutrünstiges Bild von ihnen, das natürlich schnell nach Europa dringt.

Daher betrachtet auch Leichhardt die Australier unmittelbar nach seinem Eintreffen auf dem Kontinent zunächst voller Mißtrauen: „Sie sind gewöhnlich verräterisch, und man muß sich vor ihnen, selbst wo sie sich freundlich bezeugen, hüten. In Wide Bay hatten sie just vor meiner Ankunft 5 Schäfer ermordet, und hier auf Herrn Archers Station suchten sie einen Schäfer mit ihren Speeren zu durchbohren; doch glücklicherweise war es nur eine oberflächliche Schulterwunde. Es ist natürlich, daß die Weißen sich zu rächen suchen, und daß mancher Schwarze sein Leben verliert. Der Hauptfehler scheint in der unzulänglichen Polizei zu liegen ..."

Trotzdem ist Ludwig Leichhardt um ein realistisches Bild über die Lebensweise der Aborigines bemüht. „Diese schwarzen Kinder des Busches", so schreibt er an die Mutter, „sind indessen in vielen Beziehungen recht interessante Geschöpfe. Es fehlt ihnen durchaus nicht an Scharfsinn. Wo die Natur ihnen den geringsten Vorteil bot, haben sie sich seiner bemächtigt und sind deshalb in Bezug auf ihren Unterhalt ebenso reich an Entdeckungen wie wir ... Jeder Stamm hat einen gewissen Bezirk. In diesem wandern sie beständig herum, um die hinlängliche Nahrung zu finden ...

Ihre Hütten oder Humpies, wie sie sie hier nennen, machen sie aus Stöcken und Baumrinde, indem sehr viele Bäume leicht ihre Rinde abstreifen lassen ... Fast jeder Stamm hat seine eigene Sprache, oft haben selbst Familien eine Menge abweichender Worte; doch selbst fremde Stämme verständigen sich leicht."

Eine wichtige Neuigkeit. Immer mehr hat sich Leichhardt inzwischen an die Unbilden der australischen Wildnis gewöhnt. Zu einem festen Grundsatz ist es für ihn geworden, von fast jeder Ansiedlung an der Küste, wo ein regelmäßiger Schiffsverkehr mit anderen Häfen besteht, Kisten voller gesammelter Pflanzen, präparierter Tiere und Gesteinsproben nach Sydney zu senden. Dort will er sie nach seiner Rückkehr gründlich auswerten. Es spricht für die Vorzüglichkeit des damaligen Postverkehrs auf dem fernen Kontinent, daß sämtliche Sendungen ihren Bestimmungsort von den verschiedensten Plätzen der Ostküste erreichten und nichts verlorenging.

Leichhardt hat sich mittlerweile in Australien eingelebt. Nichts scheint ihm zu fehlen. „Was Europa an Lebensgenüssen bietet, findet sich auch hier ... die Luft ist so mild, das Klima so gesund, der Boden so trocken, daß man im Freien ebenso ruhig und angenehm schläft wie in der Wohnung ... Die Sternbilder dieser Halbkugel sind verschieden von denen der Eurigen, und nur wenige Sterne haben wir gemeinschaftlich. Doch derselbe Mond und dieselbe Sonne leuchten auch uns."

In seinem Brief vom 27. August 1843 kündigt Leichhardt seine Rückkehr nach Sydney an: „Da meine Mittel zu reisen allmählich schmelzen, werde ich bald ernstlich darauf denken müssen, mein Brot zu machen; denn ich will Australien nicht verlassen, ehe ich es nicht quer durchreist habe. Ich hatte mehrere Vorschläge, doch ich habe mich noch nicht entschlossen. Ich habe fast den ganzen nördlichen Teil der Kolonie gesehen und hoffe, nächstes Jahr den südlichen Teil zu besuchen. Von Moretonbay kehre ich nun bald nach Neuengland zum Hunter und nach Sydney zurück, wo ich in 3 Monaten angekommen zu sein hoffe; denn mein Reisen geht so langsam vor sich, ich habe so vieles zu sehen und zu suchen, daß ich gar mühsam vorwärts komme."

Im Juni 1844 ist Leichhardt dann wieder in Sydney. Hier warten inzwischen seine Kollektionen auf die wissenschaftliche Auswertung. Von früh bis spät analysiert er in den nächsten Wochen die zahlreichen Pflanzen-, Kleintier- und Gesteinsfunde und stellt zugleich mehrere Sendungen zusammen, die er an bekannte Wissenschaftler nach London und Paris schickt. Er weiß, daß seine Belege und Berichte zur australischen Natur dort sehr willkommen und geschätzt sind. Zur gleichen Zeit widmet er sich dem Abfassen des Manuskripts „Beiträge zur Geologie von Australien".

Die wissenschaftliche Akribie und Umsicht, mit der Leichhardt auch in Australien bei all seinen Forschungen zu Werke geht, verhelfen ihm in Neusüdwales sehr schnell zu einem Namen. „Durch seinen Eifer für wissenschaftliche Forschungen", so schreibt G. Neumayer, „machte sich Leichhardt, wie es nicht anders sein konnte, auch in der Kolonie bekannt. Man ging zu jener Zeit damit um, meist um dem Wunsche vieler Kolonisten zu entsprechen, welche von der Entdeckung eines Landweges nach Port Essington sich große Vorteile versprachen, eine Expedition nach jenem Punkt abzusenden ... Sir Mitchell sucht ... Leichhardt für sein Unternehmen zu gewinnen; auch mag sich dieser wohl bereit erklärt haben, sich der Reise beizugesellen; doch waren die Vorbereitungen zu derselben für Leichhardt viel zu umfangreich und zeitraubend ... Mochte in Leichhardt die Idee der Überlandreise nach Port Essington schon früher aufgetaucht sein, so kam sie jedenfalls durch seine Beziehungen zu Sir Mitchell zur Reife." Tatsächlich tritt der englische Australienforscher Sir Thomas Mitchell persönlich an ihn heran und unterbreitet ihm im Namen des Gouverneurs von Neusüdwales den Vorschlag, an der bereits erwähnten Expedition ins Landesinnere teilzunehmen.

Leichhardt bedenkt geraume Zeit das großzügige Angebot, weiß er doch, daß die englische Regierung 1 000 Pfund für die Ausrüstung des Forschungsunternehmens bewilligt hat. Einen derartigen Vorschlag, der obendrein seinen eigenen Plänen weitgehend entspricht, würde er so schnell nicht wieder erhalten.

Vorstoß zum Van-Diemen-Golf

Mit Mitchell oder allein? Inzwischen hat Ludwig Leichhardt unter den Kolonisten viele Freunde und Bewunderer gefunden. Auch in Europa verfolgt man die Forschungsleistungen und -erfolge des bislang unbekannten Mannes mit steigender Aufmerksamkeit. Jede eintreffende Nachricht über einen weiteren Alleingang in den australischen Busch nimmt man begierig auf. Es ist nicht nur das Draufgängertum, das beeindruckt, denn seine Streifzüge bringen ihm natürlich den Nimbus des furchtlosen Abenteurers ein. Neben Belegen sowie Aufzeichnungen aus Tier- und Pflanzenwelt kehrt Leichhardt von fast jeder Reise auch mit neuen Kartierungen zurück – Marksteine zum Tilgen der riesigen weißen Flecke auf Australiens Karte.

So wird er zunächst in australischen Wissenschaftler- und Forscherkreisen bekannt. Es scheint daher keinesfalls verwunderlich, daß Mitchell ihm jenes Angebot

Abb. 13: Blick auf Brisbane

zur Teilnahme an einer Expedition bis zum Carpentaria-Golf im Norden des Landes unterbreitet. Es ist ein Vorhaben, dem die Kolonialbehörden mit hoher Erwartung entgegensehen, wäre es doch endlich möglich, den gefährlichen Schiffahrtsweg zu den Ansiedlungen im Norden und Nordwesten durch eine Straßenverbindung zu ersetzen.

Mitchell ist der Forscher, dem man das Verwirklichen eines solchen Projektes durchaus zutraut. Immerhin hatten seine Reiserouten zwischen 1831 und 1836 zu fruchtbaren Weidegebieten und Regenwaldniederungen geführt. Aber er ist auch für seine Gründlichkeit im Vorbereiten von Expeditionen bekannt.

Diesmal läßt er sich besonders viel Zeit. Immer wieder wägt er die gangbarste Marschroute ab. Man verspricht sie sich im „Hinterland" – an den Hängen und in den Ebenen des Ostaustralischen Berglandes in Richtung zum Großen Artesischen Becken entlang. Daß es in seinem Nord- und Nordostteil eine mehrere tausend Quadratkilometer umfassende Trockensteppen- und teilweise Wüstenzone bildet, die für viele Expeditionen unüberwindliches Hindernis werden soll, ahnt zu jener Zeit noch niemand.

Leichhardt war zunächst auf Mitchells Vorschlag eingegangen. Andererseits zeigt er sich ein wenig verstimmt, denn er ist Manns genug, ein derartiges Unternehmen auf eigene Faust zu beginnen. Als er obendrein mit steigender Unruhe erleben muß, wie Sir Thomas die Vorbereitungen übergründlich betreibt und die kostbare Zeit davonzuschwimmen beginnt, findet er einen guten Vorwand, um noch abzuspringen.

Unverzüglich beginnt er selbst eine Expedition auszurüsten. Sie soll das gleiche Ziel haben wie die von Mitchell – lediglich mit dem kleinen Unterschied, daß sie früher als die englische am Carpentaria-Golf eintreffen muß. Eigentlicher Endpunkt der Reise soll die englische Ansiedlung Port Essington auf dem Arnhemland sein.

Mitchell vermerkt in seinem 1848 erstmals veröffentlichten „Journal of an expedition into the interior of tropical Australia" („Tagebuch einer Expedition in das Innere des tropischen Australiens"): „Es ging mir viel Zeit verloren, und was noch schlimmer war, auch der Naturforscher, welchem ich meinen Plan mitgeteilt und den ich eingeladen hatte, mich zu begleiten, ... verließ mich. Er wurde durch das allgemeine Interesse angeregt, welches die Kolonisten für eine derartige Entdeckungsreise an den Tag legten, brachte eine kleine Gesellschaft zusammen, rüstete sie durch in öffentlicher Subskription gesammelte Beiträge aus ...."

Leichhardt kommentiert die Wende zur eigenen Expedition folgendermaßen: Man „hatte eine Reise durch das Innere des Kontinents zur Nordküste in Vorschlag gebracht, und die gesetzgebende Versammlung hatte zu dieser Expedition 1 000 £ bestimmt. Der Gouverneur hatte indessen Einwände dagegen erhoben, und man hatte den Vorschlag der englischen Regierung zur Bekräftigung zugesandt. Die englische Regierung zeigte indessen wenig Neigung, ein solches Unternahmen zu unterstützen oder ließ wenigstens lange auf die Antwort warten, und da ich lange Zeit an den äußeren Grenzen der Kolonie mich aufgehalten habe und mein Verlangen, eine solche Reise zu unternehmen, groß war, entschloß ich mich, dieselbe auszuführen ohne die Unterstützung der Regierung. Der Plan wurde gemacht, und ich ging mit Eifer und Ausdauer ans Werk, mich vorzubereiten und eine Gesellschaft junger Freunde auszurüsten."

Binnen weniger Wochen hat Leichhardt durch öffentliche Spendensammlungen in der Kolonie das Geld für die Ausrüstung und Verproviantierung seiner Reiseunternehmung zusammen. Begüterte Farmer runden die Summe schließlich noch um ein Beträchtliches auf.

„Viele junge Leute", vermerkt Ludwig Leichhardt, „meldeten sich zur Teilnahme. Ich wählte fünf Personen aus. Der jüngste unter ihnen war John Murphy, ein Jüngling von ungefähr 16 Jahren. Auch einen Eingeborenen vom Newcastle-Stamm, namens Harry Brown, wählte ich aus, ebenso William Phillips, einen britischen Strafgefangenen. Diese Leute besaßen große Landeserfahrungen und konnten mir sicher von Nutzen sein. Die Namen der beiden weiteren Begleiter waren James Calvert und John Roper ..."

Eindringlich weist Leichhardt seine künftigen Begleiter auf die verschiedensten Schwierigkeiten hin, welche sich während des monatelangen Marsches ergeben können. Proviant- und Wassermangel, die Gefahr von Überfällen durch Eingeborene, eventuelle Erkrankungen – all das gilt es bis ans Ziel zu ertragen. Mehr noch: Gegenseitige Hilfe, Achtung und Vertrauen zwischen ihnen sollen das Erfüllen ihrer großen Forschungsaufgabe um vieles leichter machen.

Aufmerksam und schweigend vernehmen sie die Belehrungen ihres Expeditionsleiters, und sie versprechen, stets in kameradschaftlichem Sinne zu handeln.

Außer Pferden kauft Leichhardt vor allem Mehl, Tee und Zucker. Die Fleischvorräte müssen unterwegs durch die Jagd ergänzt werden. An wissenschaftlichen Instrumenten ersteht er einen Kompaß, einen Sextanten, ein Chronometer sowie einen künstlichen Horizont und eine Karte, die kaum mehr als die Umrisse Australiens aufweist. Leider reicht die Barschaft nicht mehr zum Kauf eines Barometers und eines Höhenmessers.

In den späten Abendstunden des 13. August 1844 begibt sich die Expedition mit 13 Pferden, die als Reit- und Lasttiere dienen werden, an Bord des Dampfschiffes „Sovereign". Es bringt sie von Sydney in das etwa 1000 Kilometer nördlich gelegene Brisbane.

Die Reisedauer soll drei Tage betragen. Stürmisches Wetter und schwere See lassen das Schiff erst nach einer Woche ankommen. Leichhardt fürchtet ernsthaft um seine Pferde. Durch die lange Seereise leiden sie unter Futter- und Wassermangel. Ausrüstung und Proviant für seine Expedition hat er sehr sorgfältig zusammengestellt, obgleich er zur Kalkulation eines so großen Unternehmens noch keinerlei Erfahrung besitzt. Er war die Berichte anderer Australienexpeditionen durchgegangen – von Oxley und Cunningham, von Hume, Howell und Grey. Dabei fand er mancherlei wertvolle Hinweise für das eigene Vorhaben. Als besonders nützlich in der Vorbereitungsphase erweisen sich auch die Erfahrungen einiger Kolonisten sowie von Beamten in Neusüdwales.

Was er allerdings auch nicht annähernd voraussagen kann, das ist die Reisedauer. Leichhardt sieht dafür 5–6 Monate vor – insgesamt werden es mehr als 16.

Trotz des Ungewissen seiner großen Aufgabe versucht er, sich auf das Wesentliche an mitzuführender Last zu beschränken. In Brisbane ist dann aber abzusehen, daß das Gepäck von den sechs mitreisenden Männern und den Pferden nicht bewältigt werden kann.

Kurz entschlossen mustert er weitere Teilnehmer an. So kommen der Botaniker Hodgson, der amerikanische Neger Caleb, Gilbert – ein mit der Fauna des Kontinents besonders vertrauter Mann – sowie ein zweiter Aboriginal namens Charley hinzu, der dem Bathurst-Stamm angehört. Vier Pferde sowie 16 Rinder, darunter mehrere Zug- und Mastochsen, kauft Leichhardt noch an. Die Rinder will er neben einigen Pferden als Lasttiere einsetzen, dann aber, wenn die Proviantvorräte abnehmen und nicht mehr so viel mitzuführen ist, nach und nach schlachten. Auf diese Weise glaubt er besonders durch vegetations- und jagdarme Gebiete des Inneren Australiens zu kommen, ohne daß man Hunger leiden muß. Ohne solche fleischspendenden Vierbeiner wäre schon manche Australienexpedition den Hungertod gestorben.

Von ihren Transportleistungen darf er sich nicht allzu viel versprechen. Obwohl sie wie die Pferde relativ weite Strecken zurücklegen können, natürlich diesen gegenüber nur in gemächlichem Tempo, tragen sie nicht mehr als 3 Zentner Gepäck pro Tier. Bürdet man ihnen mehr auf, werden sie störrische und werfen die Last letzten Endes gar ab.

Nach Nordwesten. Die letzte Septemberwoche des Jahres 1844 ist angebrochen. Ludwig Leichhardt begibt sich mit der Gruppe von Brisbane nach dem 600 Kilometer nordwestlich gelegenen Jimba. Es ist eine an der äußersten Grenze der Kolonie Neusüdwales befindliche Siedlung. Dahinter beginnt die unbekannte Wildnis, die zu durchdringen Aufgabe der Expedition sein soll.

Nur einen Tag halten sich die Männer in der kleinen Farmersiedlung auf. Am 1. Oktober 1844 beginnt ihr Weg ins Ungewisse – und für viele Kolonisten zwischen Sydney und dem Carpentaria-Golf gilt diese Expedition lange vor ihrer glücklichen Rückkehr aus Hitze, Sand, Hunger und Durst als verschollen.

Leichhardt ist aufgeregt, fiebert dem Neuen und Unbekannten, in das er so viel geheime Hoffnung setzte, entgegen. Aber er ist beherrscht genug, sich kaum etwas anmerken zu lassen. Mit zurückhaltender Freundlichkeit schüttelt er gleich seinen Gefährten zum Abschied die Hände der englischen Farmer, ihrer Frauen und Kinder und nimmt manch wohlgemeinten Ratschlag mit auf den Weg.

Tief im Inneren keimt in dieser Abschiedsstunde der Gedanke auf: Hätte er sein Forschungsunternehmen zuwege gebracht, ohne daß ihn Thomas Mitchell dazu ermunterte? Er weiß keine Antwort. Aber er muß hier und jetzt an Mitchell denken, der zum Kontrahenten, zum Widerpart werden könnte im Wettlauf zum Carpentaria-Golf. Würde er es vor ihm schaffen, ihm den Erfolg der wagemutigen, der entbehrungsreichen Expedition abringen?

Über die Waterloo-Ebenen – einen öden Landstrich mit niedrigem Knüppelholz, wo keine einzige Wasserquelle ausgemacht werden konnte – kommt die Gruppe am 7. Oktober zum Condamine, „dessen gelblichweißes, trübes Wasser in einem breiten, sehr unregelmäßigen Bett träge dahinfloß. Das Ufer war zu beiden Seiten mit Wald bestanden, an einzelnen Stellen trat Sandstein zutage. Sehr lästig waren die Moskitos und die Sandfliegen. Überall fanden wir Spuren der Eingeborenen. Von den Bäumen hatten sie Rinde als Dachbelag für ihre Windschirme geschält, Baumstämme zur Herstellung von Booten geschlagen, in andere Bäume waren Kerben eingehauen, um Bienennester auszunehmen oder kleine Kletterbeuteltiere fangen zu können. Die Hitze war unerträglich; mittags waren es 44 °C; nachts tobte ein fürchterliches Gewitter.

Dichter Brigalowbusch nötigte uns oft, im Bett des Flusses weiter zu marschieren. Wir folgten seinem Lauf, verließen ihn aber bei der Krümmung in der Hoffnung, später wieder auf ihn zu treffen." Wie weite Regionen Afrikas, so haben auch die meisten Teile Australiens eine hohe Differenz zwischen Tages- und Nacht-

Abb. 14: Auf dem Marsch durch die Spinifex-Wüste

temperatur. Während die Männer auf ihrem Marsch oft mehr als 45 °C Mittags-
temperatur ablesen, spüren sie am anderen Morgen, wenn sie aus dem Nachtschlaf
erwachen, die Kälte, denn die Quecksilbersäule ist bis auf wenige Grad über Null
abgesunken.

Weiter geht es nach Nordwesten. Vor der Expedition erstreckt sich ein undurch-
dringliches, unübersehbares Dickicht von Brigalowakazien, Cypreßfichten und
niedrigen, stachligen Sträuchern.

Obwohl sich Leichhardt der Gefahr bewußt ist, beschließt er das Dickicht mit
seinem Trupp zu überwinden. Es ist der kürzeste Weg für den Weitermarsch. Ein
Umgehen würde mehrere Tagereisen Verlust bedeuten. Schon wenige Kilometer
später bereut er seinen Entschluß. Am Dornengestrüpp, an den scharfen Spitzen der
Zweige und dem Astwerk reißen sich die Männer ihre Kleidung auf, ziehen sich
Hautverletzungen zu, und Dornen dringen ihnen ins Fleisch. Nicht anders ergeht es
den Tieren. Auch sie bluten aus mehreren Wunden und werden immer unruhiger.
Schließlich werfen sie ihre Gepäckstücke ab. Ständig muß die Expedition halt
machen und vor allem die Ochsen neu beladen. Am schlimmsten jedoch ist der
Verlust mehrerer Zentner Mehl durch das Aufreißen der Proviantsäcke.

Aborigines. Schon kurz nach Beginn der Reise kommt es zu ersten Streitigkeiten.
Charley gerät mit Gilbert aneinander und droht sogar, ihm eine Kugel in den Bauch
zu jagen. Da er selbst Leichhardt gegenüber mehrfach den Gehorsam verweigert,
will dieser ihn kurzerhand zurückschicken. Als Charley jedoch Besserung gelobt,
darf er weiter mitziehen.

Zwei andere Expeditionsteilnehmer, von Leichhardt zur Suche nach einem
Creek ausgeschickt, verirren sich im unwegsamen Gelände und werden erst Tage
später wiedergefunden. Immerhin hatten sie einen Flußlauf mit Wasser gefunden;
und Menschen und Tiere können ausgiebig trinken. Wie bei jeder dieser Gelegen-
heiten werden die Wasservorräte aufgefrischt. Dann bricht man wieder auf.

Bald erweist sich, daß man im Gebiet des Condamine eigentlich kaum Wasser
mitzuführen braucht, denn die Expedition stößt ständig auf weitere wasserreiche
Creeks inmitten ausgedehnter Graszonen und kleiner Mischwälder mit Eukalyptusbäumen, Akazien und Cypreßfichten.

In dieser Region finden die Männer eine Fülle an Pflanzen und Tieren. „Zum
ersten Mal", so weiß Leichhardt zu berichten, „sahen wir Emus, den australischen
Strauß. Gilbert behauptete, ein Riesenkänguruh von etwa 3 Meter Höhe beobachtet
zu haben, und der Eingeborene Brown brachte sogar eine Teppichschlange, die bis
zu 5 Meter und länger werdende Riesenschlange Australiens, herbei. An einem
Creek hatte Gilbert ein Stück Steinkohle gefunden ... Neue Pflanzen tauchten auf:
ein Gummibaum mit rostfarbiger, schuppiger Rinde, andere mit roten und blaß-
roten Blüten, ein Myrtenbaum mit rosmarinartigen Blättern, ein steifes Gras, eine
schöne Brunonia mit blauen Blüten, die sowohl die Ebenen der Creeks als auch das

Waldland schmückte." Bereits auf seinen Alleingängen durch die Wildnis war Ludwig Leichhardt mehrfach auf Aborigines gestoßen. Die australischen Eingeborenen, die mit den Expeditionsmitgliedern oftmals den ersten Weißen gegenüberstehen, geben sich neugierig, kaum aufdringlich. Eher ist es eine scheue Zurückhaltung, mit der sie den Forschern begegnen.

Wie bereits angeführt, pflegen die Kolonisten beim Urbarmachen des Bodens gegenüber den Ureinwohnern völlig rücksichtslos zu handeln. Nur die eigenen Interessen zählen, sonst nichts. Mit jedem Jahrzehnt, in welchem sie seßhafter und zahlreicher wurden und immer weiter in Gebiete ursprünglich elementaren Daseins vorstießen, die eigentlich den Ureinwohnern vorbehalten waren, ging deren Zahl erschreckend zurück.

Die Europäer hatten neben Textilien, Geräten und Maschinen auch Krankheiten wie Tuberkulose oder Syphilis eingeschleppt, woran viele Aborigines erkrankten und starben. Ein anderer großer Feind der Australier wurde wie für die nordamerikanischen Indianer oder die Eskimo das „Feuerwasser". In der Tat dezimierte auch der Alkohol auf diesem Kontinent die Zahl der Ureinwohner.

1888 waren die Aborigines auf der Insel Tasmanien bereits völlig ausgerottet. Gegenwärtig zählt man in ganz Australien nur noch etwa 106 000 (davon sind 40 000 reinblütige Ureinwohner). Sie leben überwiegend in Reservaten. Es ist eine erschreckende Bilanz sogenannter Zivilisation, wofür Australien keineswegs ein Einzelbeispiel ist.

Auch jetzt, da Leichhardt mit seinen Begleitern nördlich der Darling Downs entlangzieht, läßt die erste Begegnung mit Aborigines nicht lange auf sich warten.

Urplötzlich werden die Männer eines Tages beim Ritt durch den Busch angerufen. Nach vorsichtigen Kontaktversuchen kommen einige junge Australier ins Lager und erbitten sich dort Tabak. Als Gegenleistung zeigen sie den Expeditionsteilnehmern ein Bienennest in einem hohlen Baumstamm. Es beinhaltet einen stattlichen Honigvorrat; und heißhungrig stürzen sich die Reisenden darauf. Es ist eine willkommene Abwechslung und Ergänzung zu ihrer Verpflegung. Auf dem Ritt durch das unfruchtbare Savannenland waren die Lebensmittelvorräte in den letzten Tagen zusammengeschmolzen.

Schweren Herzens muß sich Leichhardt entschließen, zwei der Gefährten nach Brisbane zurückzuschicken. Neben Caleb tritt Hodgson den Rückweg zur Moretonbay an. Da zu befürchten ist, daß man in absehbarer Zeit den Proviantvorrat kaum durch Frischfleisch von geschossenem Wild ergänzen kann, werden die täglichen Lebensmittelrationen eingeschränkt.

Ständig sind die durch die Reisestrapazen inzwischen gezeichneten Männer zusätzlicher Belastung ausgesetzt. Die Ochsen und Pferde machen sich nachts, wenn sie frei weiden, zum letzten Rastplatz auf und müssen am nächsten Morgen zurückgeholt werden. Das bringt manche Verzögerung auf dem Vormarsch mit sich.

Tag für Tag ein wissenschaftliches Programm. Besonders eng arbeitet Ludwig Leichhardt auf dieser Expedition mit Gilbert zusammen. Er hat sich bereits als Biologe auf anderen, kürzeren Reisen in Neusüdwales bewährt. Wie nun schon seit mehr als 10 Jahren praktiziert, studiert Leichhardt sorgsam das durchquerte Gebiet, sammelt Pflanzen, präpariert Vögel, Insekten und Kriechtiere. Mit besonderer Aufmerksamkeit untersucht er die geologische Struktur. Dem Phänomen Steinkohle möchte er beim Durchqueren des Kontinents kontinuierlich nachgehen. Sollten sich umfangreiche Funde an bestimmten Orten bestätigen, könnten sie wie in England für zahlreiche Haushalte Bedeutung erlangen. Aufwendige Wege zum Beschaffen von Feuerholz würden in manchen Regionen Australiens entfallen, besonders dort vielleicht, wo die Vegetation nur spärlich entwickelt ist. Noch aber ist das Zukunftsmusik.

Ebenso sorgfältig, wie Leichhardt auf dem täglichen Ritt seine Beobachtungen anstellt und Belegmaterial zusammenträgt, wertet er die jeweilige Reisephase während der mittäglichen Rast und dann in aller Ausführlichkeit abends am Lagerfeuer aus. Viele Impressionen, Auffälligkeiten notiert er sofort auf der Tour – stichwortartig zumeist, um sie dann in den Abend- oder Nachtstunden zu einer detaillierten Tagebuchnotiz werden zu lassen. Auch Wetter- und Klimabeobachtungen, die ethnologischen Eindrücke bei Begegnungen mit Aborigines finden ihren Niederschlag in den Aufzeichnungen. Tag für Tag absolviert Ludwig Leichhardt somit auch auf seinem Zug durch das unerschlossene Innere des Kontinents ein umfangreiches wissenschaftliches Programm.

In dem Maße, wie der Proviant abnimmt, vergrößert sich die Ausbeute der Expedition an mineralogischen Funden, Pflanzen u . a. Schweren Herzens müssen sich die Männer oft von manch interessantem Beleg trennen, da nur das Wesentlichste, wissenschaftlich Aufschlußreichste auf dem immer beschwerlicheren Weg mitgenommen werden kann.

Wenn der Expeditionsleiter täglich die bewältigte Reiseroute in die Karte einzeichnet, Bergrücken, Flußläufe, kleine Trockenseen einträgt, ist er immer froh über den gewählten Weg. Dieser verläuft zunächst im Abstand von etwa 50 bis 150 Kilometern zur Küste an den westlichen Ausläufern des Ostaustralischen Berglandes nach Norden. Diese Route bietet immerhin eine gewisse, wenngleich geringe Sicherheit. Sollte der Expedition etwas zustoßen, sollten sich akuter Proviant- und Wassermangel einstellen, könnte man umgehend die Marschrichtung ändern und in wenigen Wochen eine der Ansiedlungen an der Küste zu erreichen suchen. Zwar weiß Leichhardt, daß ein derartiges Unternehmen das Überwinden der Bergketten bedeuten würde, aber er hofft , daß es erst gar nicht dazu kommt, daß er vielleicht irgendwann einen langen Creek findet, der nach Norden verläuft und in dessen Flußbett man ohne Umwege und Verzögerungen vorankommt. „Man hat die Mündungen mehrerer Flüsse an der Nordküste beobachtet", schreibt er in einem Brief, „doch keiner scheint groß genug, um auf einen langen Lauf von Innern schließen zu lassen. Doch da alle großen Flüsse vom Lande aus entdeckt worden sind, so ist es auch hier möglich, daß ich 3–400 Meilen von der Küste auf ein großes Flußsystem komme, welches gegen den Golf von Carpentaria oder gegen die Nordküste mündet. Die Küstenkette, welche sich an der ganzen Ostküste hinzieht, sendet in der Breite von Moretonbay eine Seitenkette gegen Westen, und es ist möglich, daß diese Kette den Hauptrücken bildet, welcher die südlichen und nördlichen Wasser des Kontinents scheidet. Ich beabsichtige, die südlichen Abhänge dieser Kette zu verfolgen bis ich zur Länge von Port Essington komme und dann gegen Norden zu steuere."

Mehr und mehr macht Leichhardt auf dem Marsch wieder seine Gesundheit zu schaffen. Das Magenleiden – durch Trinkwassermangel, durch die oft schlechte Qualität des Wassers, aber auch durch die unregelmäßige Aufnahme und die eintönige Nahrung verursacht – plagt ihn zeitweise und zwingt ihn dazu, auf manchen Abstecher von der Reiseroute zu verzichten.

Am Dawson River. November 1844 ist angebrochen. Auf der südlichen Hemisphäre beginnen die Temperaturen erheblich zu steigen. Während es in weiten Teilen Europas empfindlich kühl wird und der Winter allmählich Einzug hält, ist es hier gerade umgekehrt. Es beginnt das Sommerhalbjahr. Für die Männer um Ludwig Leichhardt werden die Tagesmärsche zu Hitzeschlachten. Völlig ermattet nehmen sie abends an ihrem Lagerplatz das Essen ein, versorgen die Pferde und Rinder und fallen dann in einen bleischweren Schlaf. Zum Glück ist der Temperaturunterschied zwischen Tag und Nacht auch in jener Jahreszeit recht hoch; und die Nächte bleiben angenehm kühl. Leichhardt fühlt sich gesundheitlich wieder etwas gekräftigt.

Die Reiseroute führt mehrere Tage an einem breiten, ausgetrockneten Creek entlang. Zur Freude der Expeditionsteilnehmer finden sich darin viele Tümpel, die mit Fischen geradezu gesegnet sind. Während der Rast fängt man die Fische meist mit der Hand, brät oder räuchert sie. So hat man eine Weile keine Nahrungssorgen.

Beiderseits des Creeks gedeiht eine üppige Vegetation. Sie deutet darauf hin, daß der Flußlauf zeitweise beträchtliche Wassermengen führen muß, um eine derartige Pflanzenwelt auf Monate hinaus mit dem lebensspendenden Naß zu versorgen. Wildapfel- und Buchsbaumgruppen wechseln mit Wassergummi- sowie Bastardbuchsbäumen und Eisenrinde. Das Gelände ist hügelig. Wildreiche Gras- und Waldzonen erstrecken sich dort.

Eines Abends, kurz vor der Rast, gelingt es den Männern, an einem Tümpel ein Känguruh zu erlegen – eine Abwechslung für ihren Speisezettel.

Im Bereich des Dawson gewinnt Leichhardt einige interessante geologische und paläontologische Aufschlüsse. Er ortet Sandstein- und Lehmvorkommen und findet neben fossilen Pflanzenresten auch versteinertes Holz.

Jenem Creek, dem die Expedition jetzt weiter nordwärts folgt, gibt ihr Leiter den Namen Dawson – zu Ehren eines finanziellen Gönners der Expedition aus Neusüdwales. Als der Lauf des Dawson jedoch nach Osten abbiegt, fürchtet Leichhardt, daß er zur Küste gelangen könnte, wenn er ihm weiter folgt. So verläßt die Gruppe ihren verhältnismäßig bequemen und sicheren Weg und zieht, nachdem sie den Dawson überquert hat, auf der geplanten Route weiter nach Nordwesten.

„Von üblen Zwischenfällen", notiert Leichhardt in sein Tagebuch, „blieben wir nicht verschont. Die Tragochsen waren nach wie vor störrisch und zeigten sich besonders gereizt, wenn sie durch Hornissen, deren Baumnester sie beim Abreißen der Äste zerstört hatten, gestochen wurden. Das Brigalowgebüsch setzte uns unablässig schwer zu, und ich fühlte mich geradezu von einem Alpdruck befreit, als ich auf einer Geländeerkundung endlich eine günstige Veränderung der Vegetation und Landschaft feststellen konnte. Es war ein unbeschreibliches Gefühl, das mich überkam, ... sich plötzlich meinen Blicken das frische Grün des Sumpflandes darbot, das einen kleinen See umgab. Hier stolzierten die einheimischen Reiher einher, Schwärme von Enten spielten im Wasser, und den Hintergrund des Ganzen bildete ein lichter Wald mit edlen Coryphpalmen.

Ich kehrte zu meiner Gesellschaft zurück und führte sie aus dem Tal heraus. Mit einem Schritt wurde es lichter um uns. Mehr oder weniger ausgedehnte Ebenen, die von regelmäßigen Bergreihen begrenzt waren, breiteten sich zu beiden Seiten aus. Meinen Berechnungen nach kreuzte ich die Gilbertberge, die nach meinem Begleiter Gilbert benannt worden waren, und kam an Wasser, das westwärts zum Dawson floß ...

Wir setzten die Reise über eine ebene Gegend, die mit Rohr und Fetter Henne bedeckt war, fort und kamen an einen breiten sandigen Creek. Wir kreuzten ihn und passierten einige große Lagunen und Sümpfe, die von Brachvögeln und Enten wimmelten."

Ein anderer Creek, auf den man kurz darauf trifft, wird Robinson-Creek genannt. Ihm folgt die Gruppe eine Weile.

Auch in dieser Gegend leiden die Männer keinen Fleischmangel. Unterstützt von ihren mitgeführten Känguruh-Hunden, erbeuten sie nach wildem Galopp zu Pferde, der durch unwegsames Terrain führt, einen Emu. Danach schießen sie ein Känguruh. Auch Wasservögel und Opossums bereichern ihren Speisezettel.

Auf der Suche nach Wasser. Im Bereich zwischen den Flüssen Dawson und Fitzroy gelangt die Expedition zu einer langgestreckten Bergkette. Ihr gibt man zu Ehren des Leichhardt-Unternehmens den Namen ‚Expeditionsgebirge'. Nach Mr. Aldis, der in Sydney die Vorbereitungen materiell wie organisatorisch großzügig unterstützt hatte, nennt man einen Gipfel jener Kette Aldis-Pik.

Anschließend kommen die Männer in ein fruchtbares Tal, wo neben Apfel- und Gummibäumen auch Eisenrinden- und Blutholzbäume sowie als Attraktion einige Flaschenbäume zu finden sind. Dieses nur auf dem australischen Kontinent heimische Gewächs gleicht einer dickbauchigen Flasche und erreicht eine Höhe von

Abb. 15: Eukalyptuswald

20 Metern. Sein Mark, das die Eingeborenen gern essen, ist sehr nahrhaft. Inzwischen hat der Dezember begonnen. Ein weiterer großer Creek, an dessen Uferstreifen die palmenähnliche Zamia sehr häufig auftritt, wird erreicht. Leichhardt tauft den Creek daher nach diesem hohen, schlanken Baum Zamia-Creek. Er beschließt, dem Flußlauf ein Stück zu folgen. Die Ufer sind stellenweise steil und von Sandsteinformationen geprägt.

Ein Zwischenfall läßt den Zug für wenige Stunden das Flußbett verlassen. Charley, der sich seit dem Streitfall zu Beginn der Reise besonders eifrig zeigt und oft bereitwillig Erkundungen unternimmt, kommt eines Mittags, als man gerade unter einem prächtigen Eukalyptusbaum rastet, aufgeregt angerannt und berichtet, daß Aborigines die Pferde durch Speerstiche tödlich verletzt hätten.

Alles gerät in Panik und greift zu den Gewehren. Minuten später stellt sich heraus, daß ein Pferd offensichtlich durch Speere der Eingeborenen eine tiefe

Abb. 16: Australischer Flaschenbaum (*Delabechia rupestris*, Mitch.)

Rückenwunde davongetragen hat. Die übrigen Tiere sind glücklicherweise unversehrt. Aus dem erregten Charley ist nicht allzu viel herauszuholen. Auf jeden Fall scheint besondere Vorsicht geboten. Die Landschaft geht allmählich in Trockensteppen und Halbwüste über. Es sind Anzeichen dafür, daß man sich wahrscheinlich unwirtlichen, vegetationsarmen Regionen nähert.

Immer mehr Zeit auf dem Marsch erfordert die Suche nach Wasserstellen und einigermaßen fruchtbaren Weideplätzen. Auf den Savannen, durch die sie ziehen, ist das Gras größtenteils verdorrt. Wenn man jedoch auf einen einigermaßen grünen Grasgürtel trifft, wird halt gemacht; und die Männer schneiden sofort Futter auf Vorrat, um es auf den Packsätteln mitzuführen. Niemand weiß, wann die nächste Dürrezone durchquert werden muß und wie weit sie sich ausdehnt.

Neue Berg- und Hügelketten müssen Leichhardt und seine Gefährten überwinden. Dabei versuchen sie weiterhin, möglichst an Creeks entlangzuziehen und dort, wo sie völlig ausgetrocknet sind, im Flußbett selbst. So bleibt ihnen die vage Möglichkeit, daß sie gelegentlich auf lebensspendendes Naß stoßen. Manchmal ist es ihnen vergönnt, dann wieder bleibt es tage-, ja wochenlang aus.

Abends, am verglimmenden Lagerfeuer, als die Kameraden längst schlafen, macht Ludwig Leichhardt folgende Eintragung in sein Tagebuch: „Am 9. Dezember erreichten wir einen schönen Creek mit Kasuarinen und Palmen. Auch ein weiterer Creek war reich mit Palmen bestanden. Als wir seinem Lauf folgten, fanden wir eine ... Wasserstelle, die durch eine Quelle reichlich gespeist wurde. Am nächsten Tag suchte ich mit Charley einen Weg über die Berge. Wir erstiegen einige Hügel, um bessere Aussicht zu haben und fanden, daß das Hochland, über das wir während der letzten zwei Tage gekommen waren, von geringerer Ausdehnung war als das, welches ich vor mir hatte. Gegen Nordosten erhoben sich Bergreihen mit den charakteristischen Konturen des Basalt und Phonolith in Spitzen und langgestreckten flachkuppigen Hügeln. Gegen Norden zeigte sich die Gegend dürftiger und änderte auch ihren geologischen Charakter ...

Wir drangen unter großer Mühsal 5 Kilometer vor, wurden aber in Erwartung, eine schöne wasserreiche Gegend zu finden, vollkommen enttäuscht. Der laute Ruf des Riesenvogels veranlaßte mich, häufig abzusteigen und die durch dunkleres Laubwerk auffälligen Stellen genau zu untersuchen. Aber die Gegenwart dieses Vogels war kein sicheres Zeichen für Wasser, obgleich er die Nähe schattiger Creeks liebt. Müde und abgespannt näherten wir uns vor Sonnenuntergang dem Gebirge ...“

Tage danach, es ist bereits der 14. Dezember 1844, erreicht die Expedition endlich einige Wasserlöcher. Die Weiterreise verläuft durch lichtes Buschgelände, das von Trockensavanne durchbrochen ist. Plötzlich stoßen die Männer auf einen schmalen Schilfgürtel und entdecken einige Lagunen mit klarem Wasser. Auch an Nahrung scheint es nicht zu fehlen. Rings um die Lagunen wächst dichtes Gras, so daß die Tiere endlich wieder ausgiebig grasen können. Man entdeckt etliche Känguruhspuren; und es gibt zahlreiche Wasservögel, die auf den Lagunen leben oder sie regelmäßig aufsuchen.

Leichhardt nennt die Lagunen nach seinem Expeditionskameraden Brown, der sie als erster ausgemacht hatte, Brownslagunen. An diesem üppigen Ort gönnt man sich eine längere Rast und schlachtet einen Ochsen. Der überwiegende Teil des Fleisches wird in Streifen geschnitten und anschließend getrocknet. So kann es auf dem weiteren Zug verzehrt werden.

Die Weihnachtstage stehen mittlerweile bevor. Ludwig Leichhardt schweift mit seinen Gedanken in die Heimat. Während die niedrigen Häuser in Trebatsch sicher verschneit sind und eine Eisdecke Spree und Seen bedeckt, ist es hier – viele tausend Kilometer entfernt – unerbittlich heiß. Der australische Sommer erreicht in den östlichen Gebieten seinen Höhepunkt. Mehrfach werden die Männer von heftigen, zumeist kurzen Gewittern überrascht. Den damit verbundenen Regen finden sie immer als köstliche Wohltat. Aber diese Naturgewalt ist für sie nicht ungefährlich. Wenn es ihnen nicht gelingt, an einem schützenden Hang oder am Hochufer eines Creeks die Zelte aufzuschlagen, legen sie sich flach auf den Boden und lassen das Unwetter vorüberziehen.

Einige Tage vor Weihnachten beschließen sie, das Terrain um die Lagunen zu erkunden. Am Rande eines Myalwaldes (Stangen- oder Stelzenwald, lange Stämme und kleine Kronen der Bäume, z. T. freiliegende Wurzeln) liegen mehrere Wasserlöcher. Diese sind ein ergiebiges Betätigungsfeld für Leichhardt und Gilbert. Frösche, Eidechsen und eine Diamantschlange werden gefangen und seziert. Auch die Ausbeute an Pflanzen ist groß.

Am ersten Weihnachtstag – weitab von jeder Zivilisation inmitten australischer Einöde – gibt es ein richtiges Festmahl: gedünsteten Kakadu und Pudding, als Nachtisch selbstgeerntete Orangen. So wähnt man sich fast im Garten Eden.

Tage zuvor hatten die Männer während eines Gewitters den Niedergang eines Meteoriten beobachtet. Jetzt, kurz nachdem die Brownslagunen hinter ihnen liegen, erregt ein glänzender Komet ihre Aufmerksamkeit. Da sie gerade einen weiteren Creek passieren, erhält er den Namen Kometcreek.

Durch den Leichhardt-Distrikt. Wenige Kilometer nach Verlassen des Kometcreeks stößt der Trupp auf Reste einer Hütte. An der Art, wie sie errichtet ist, zweifelt man nicht daran, daß es sich um den ehemaligen Unterschlupf eines Weißen, höchstwahrscheinlich eines Entflohenen aus der Strafkolonie an der Moretonbay, handelt. Derartige Spuren werden auch noch lange nach Leichhardt von Expeditionen gefunden, selbst weit im Inneren des Kontinents. Oft scheint es unvorstellbar, wie jene Menschen, die Freiheit erhoffend, in solche Unwegsamkeit und Einöde geraten waren, um meist qualvoll und einsam zu enden.

Auf jeden Fall ist erneut Vorsicht geboten. Man stößt auch auf ein Eingeborenenlager. Leider fliehen die Aborigines, als sie die Weißen auf ihr Lager zukommen sehen, in den Busch. Sie scheinen gerade beim Essen gewesen zu sein, denn es findet sich eine Menge frisch gebratenen Fleisches – ein für Europäer seltsam anmutendes Menü: Leguan, Opossum und Beuteldachs, dazu Buschhuhneier und längliche rote Knollen, die den Männern unbekannt sind. Außerdem entdecken sie Netze zum Fangen von Känguruhs, aus Opossumfellen gefertigte Mäntel sowie geflochtene Körbe und Lanzen. Außer einigen Eiern und den schmackhaften Knollen wird im Lager nichts angerührt. Man will es nicht zu Feindseligkeiten kommen lassen.

Der Neujahrstag ist angebrochen. Es geht den Kometcreek abwärts. Im ausgetrockneten Flußbett stößt man auf tiefe Wasserlöcher. Die Flora dieser Gegend ist besonders reizvoll. Vor allem bieten viele weiße Akazien mit prachtvollen Blüten eine wahre Augenweide. Leichhardt nimmt einige Blatt- und Blütenproben mit. An

Abb. 17: Tafelland und Tal des Adelaide-Flusses

den Sumpflöchern tummeln sich zahlreiche Vögel, darunter wie gewohnt ganze Entenscharen.

Jenes Gebiet im südlichen Teil der Great Dividing Range von Queensland, das Leichhardt im Winter 1844/45 mit seiner Expedition durchquert, trägt heute ihm zu Ehren den Namen Leichhardt-Distrikt. Nicht umsonst hat die australische Regierung den Namen des deutschen Forschungsreisenden dafür gewählt, denn insbesondere er ist es, der mit seinen wissenschaftlichen Auswertungen, seinen Kartierungsarbeiten während und nach Abschluß der Expedition wertvolle Aufschlüsse über die durchquerten Landesteile gibt. Die von ihm und seinen Begleitern gemachten Beobachtungen und Auswertungen sind für viele Kolonisten entscheidend dafür, daß sie Jahre darauf die georteten Weide- und Plantagengebiete westlich der Great Dividing Range in Besitz nehmen und dort Farmen errichten.

Am Zusammenfluß von Kometcreek und Mackenzie. Immer noch zieht die Gruppe den Kometcreek weiter abwärts. Papierrindenbäume und nach wie vor prächtige Exemplare des Wassergummibaums stehen am Ufer. Einige Stunden flußabwärts stößt man auf Kapernsträucher, deren jasminartige Blüten einen berauschenden Duft ausströmen.

Die Gegend ist reich an Tauben und Rebhühnern. Brown erweist sich als wahrer Meister im Taubenschießen. So verhilft er der Gruppe zu manchem Leckerbissen, der Abwechslung auf den Speisezettel bringt.

Abb. 18: Brinkley's Klippen

Bei einem Erkundungsritt am Ufer des Kometcreek gelingt Ludwig Leichhardt eine weitere bedeutende geographische Entdeckung: „Zu meiner Freude vereinigte er (der Kometcreek; D. F.) sich nach einigen Kilometern mit einem Fluß. Er bildete eine Kette kleiner Seen von 3–12 Kilometern Länge und bot unseren Blicken die schönsten Wasserflächen dar, die wir seit Brisbane gesehen hatten. Diese Seen setzten sich durch ein sehr tiefes und gewundenes Tal fort, das von einem meist ebenen Hochland begrenzt wurde. Die Gräben, die hinabliefen, waren mit dichten Buschstreifen bestanden. Wir trafen häufig Spuren von Eingeborenen, die zum Wasser gegangen waren und das Gras abgebrannt hatten. Die Ebenen waren basaltisch und hier und da mit Konglomeraten bedeckt. In den Schluchten trat der Sandstein in horizontalen Schichtungen auf, von denen einige hart waren und zu Bausteinen verwendbar sein würden. An der Vereinigung des Kometcreeks mit dem Fluß fand ich vom Wasser ausgeworfene Stücke guter Kohle und in Eisenstein verwandelte Baumstämme. Ich nannte diesen Fluß den Mackenzie, zu Ehren des Mannes, der mich bei den Vorbereitungen zu meiner Reise unterstützte.

Eine Kette schöner Lagunen wurde gekreuzt; sie waren mit prächtigen blauen Wasserlilien bedeckt. Große Flüge Rebhuhntauben stiegen von den verbrannten Grasflächen auf. Enten und Pelikane schwammen auf dem Wasser. Haufen von Süßwassermuscheln lagen in den Wasserlöchern, auch schienen Fische von ansehnlicher Größe darin zu sein, denn nachts störte mich mehrfach ihr Plätschern, das sich anhörte, als bade eine Schar Eingeborener im Fluß.

Am Ufer wuchs meist sehr steifes hohes Gras; auf den Ebenen stand strecken-
weise die jetzt vertrocknete einheimische Mohrrübe. Die Cassiapflanze mit langen
Schoten war im Überfluß vorhanden. Ihre jungen Früchte schmeckten angenehm,
hatten aber eine nachteilige Wirkung auf den Darm."

In diesem feuchtheißen Bereich am Zusammenfluß von Kometcreek und
Mackenzie werden Menschen wie Tiere von einer Insektenplage befallen. Kleine
Fliegen, die das Phänomen von gekreuzten Flügeln aufweisen, interessieren sich
besonders für die Speisen und Getränke der Reisenden, während schwarze Ameisen
ihre Körper bevorzugen. Von Moskitos, die es hier in Scharen zu geben scheint,
bleiben sie glücklicherweise verschont. Der Nachtwind mit seinen oft frischen Böen
vertreibt die ärgsten Störenfriede.

Die Route führt durch das Berggelände, dem sich eine dichte Wald- und
Buschlandschaft anschließt. Zusammen mit einigen der Kameraden sammelt
Leichhardt Bohnensamen. Er liefert ihnen einen herrlichen aromatischen Kaffee-
Ersatz.

Die geologische Struktur einiger Felsen weist Kohleschichten und auch Sandstein auf, zumeist in horizontalen Lagen, wobei die analysierte Kohle vielfach von
hohem Heizwert ist.

An Flora bietet die Landschaft besonders Gummibäume, Bastardbuchsbäume
sowie Akazien und silberblättrige Eisenrinde. Die Leichhardt-Gruppe stößt auf
verlassene Lagerplätze der Aborigines. Überhaupt weist die Gegend zahlreiche
Spuren von Eingeborenen auf. Sie finden immer wieder rauchende, halbverkohlte
Baumstämme oder starke Aststücke – deutliche Anzeichen, daß sich die Expedition
in Eingeborenengebiet befindet und von ihnen sicher auf Schritt und Tritt beobachtet und verfolgt wird. Vor jeder Rast läßt Leichhardt die Umgebung sorgfältig ab-
suchen und verdoppelt die Nachtwache.

Bei einer Begegnung mit zwei Ureinwohnern fällt auf, daß sie sich einer völlig
anderen Sprache bedienen als die Eingeborenen, mit denen er beispielsweise
während seiner Alleingänge in den Darling-Downs zusammengetroffen war. Dennoch gelingt Brown und Charley aufgrund der den meisten Aborigines-Stämmen
weitgehend gemeinsamen Zeichensprache eine Verständigung.

Von den beiden Eingeborenen erfährt man, wie der Mackenzie weiter verläuft.
Da Leichhardt auf Erkundungen bereits selbst festgestellt hat, daß der Mackenzie
nach wenigen Kilometern in nordöstliche Richtung abbiegt, muß er sich schweren
Herzens entschließen, den Flußlauf wie bereits beim Dawson zu verlassen. Um
keinen Preis darf der Nordwestkurs aufgegeben werden, will die Expedition ans
vorgesehene Ziel gelangen.

Bezeichnend für Leichhardts Einsatzwillen und Beharrlichkeit ist die Tatsache,
daß er sich von fast jedem Rastplatz aus aufmacht, um die nächste Wegstrecke für
eine bequeme, ungefährdete Weiterreise zu erkunden. Meist geht er allein; mitunter
zusammen mit Brown und Charley. Diese Unerbittlichkeit inmitten von Hitze,

Durst und Insektenplage ringt ihm die Achtung all seiner Kameraden ab. So verläßt die Gruppe den Mackenzie und zieht der Drumond-Range, einer von Südwest nach Nordost verlaufenden Bergkette, entgegen. Es ist Leichhardt jedoch nicht vergönnt, die Zusammengehörigkeit des Dawson und Mackenzie mit dem Fitzroy als einem Flußsystem zu entdecken. Dies blieb nachfolgenden Expeditionen vorbehalten, erstmals der von Mitchell zwischen 1845 und 1847 unternommenen Forschungsreise, die u. a. in jenes Stromgebiet führte.

Die Befürchtung, mit Verlassen des Kometcreek und des Mackenzie auch die Wasserstellen und damit für längere Zeit eine sichere Versorgung der Expedition mit Trinkwasser verloren zu haben, scheint sich zu bewahrheiten. Zwar trifft man auf kleinere Wasserläufe, zumeist auf Gräben – doch sie sind ausgetrocknet.

Durststrecke. Nun befindet man sich rund 50 Kilometer nordwestlich des Mackenzie. Die Landschaft ist wiederum bergig. Gebirgskämme wechseln mit fruchtbaren Tälern, die von mehreren Creeks durchbrochen werden. Einen der ausgetrockneten Flußläufe nennt Leichhardt Neumancreek. An den Uferhängen stehen Eisenrinden- und Bastardbuchsbäume.

Über eine tafelförmige Erhebung geht es weiteren Bergen entgegen, die sich in der Ferne abzeichnen. Eine herrliche Aussicht in eine nach Westen hin langgestreckte, unendlich scheinende Savannenebene bietet sich den Männern. Sie hoffen, dort für ihre Tiere Futter und hin und wieder auch Wasser zu finden, was sich jedoch nicht bewahrheiten soll.

Schließlich erreicht die Expedition jene Bergkette, in der sich deutlich einige steile Gipfel ausmachen lassen.

Leichhardt notiert in sein Tagebuch: „Drei Gipfel dieser Kette waren besonders auffallend, zwei davon schienen durch einen niedrigen Kamm verbunden zu sein. Den südlichen nannte ich Ropers Pik nach meinem Begleiter, der ihn später mit Murphy und Brown bestieg, den nordwestlichen Scotts Pik. Acht Kilometer von jenem entfernt war ein anderer, den ich Mac Arthurs Pik taufte. Ich ging zwischen Ropers und Mac Arthurs Pik hindurch und sichtete einen anderen sehr merkwürdigen Kegel, den ich Calverts Pik hieß.

Auf der rechten Seite von Mac Arthurs Pik folgte ich nunmehr einem Creek bis zu seinem Ausgangspunkt und ging dann am Ufer eines anderen hinab auf eine große Ebene, die von Hügeln begrenzt wurde. Beim Weitermarsch gewannen wir eine sehr interessante Aussicht auf eine große Zahl von Bergspitzen und Kuppen. Die anscheinend isolierten konischen Berge, die den Ketten erloschener Vulkane in der Auvergne glichen und irrigerweise leicht für solche angesehen werden können, nahmen kein Ende. Dem merkwürdigsten von ihnen, der wie ein riesiger Dom aussah, gab ich den Namen Gilberts Dom. Weiter gegen Nordwesten wurde ein blauer Pik gesehen, der sich hinter einer langen Reihe von Bergen erhob. Ein runder Hügel von rötlicher Farbe im Süden von Mac Arthurs Pik wurde nach einem Bekannten von mir Lowe genannt.

Alle Creeks, die wir untersuchten und die gegen Südwesten Gefälle hatten, waren ausgetrocknet. Auf den Bergkämmen, welche die Ebenen gegen Westen einschlossen, traf ich eine unseren Trauerweiden ähnliche Akazie."

Als die Expedition in der Westhälfte des Gebirges keine Quellen und keine Creeks mit Wasser findet, begibt sie sich unverzüglich in die östliche Region. Doch auch hier ist ihre Suche erfolglos.

Allmählich entwickelt sich die Wassersuche zur Durststrecke und wird zur Qual. Menschen und Tiere sind ermattet. Die dürstenden Pferde ziehen während der nächtlichen Rast, um Wasser aufzuspüren, kilometerweit in die unfruchtbare Graslandschaft. Am folgenden Tag werden sie erst nach stundenlangem mühevollem Suchen gefunden und ins Lager zurückgebracht.

Auch die nächsten Tage bringen keinen Erfolg. Die Wasserlöcher in kleineren Creeks, an denen man vorüberzieht, sind entweder ausgetrocknet oder enthalten nur schlammige Reste, von denen nicht einmal Pferde und Ochsen ihren Durst stillen können.

Endlich, nach langwierigen Erkundungen, entdecken die Männer eine Lagune. Obwohl sich hier offensichtlich das gesamte Vogelvolk der Umgebung eingefunden hat, erfrischen sie sich und tränken die Tiere. Streifzüge durch das Gelände ergeben, daß sich die Trockensavanne weit in Richtung auf das Great Basin hin erstreckt und allmählich ansteigt.

Wenige Kilometer, nachdem sie die lebensspendende Oase wieder verlassen haben, wird die Vegetation üppiger – Anzeichen dafür, daß der Boden im Vergleich zur kurz vorher durchquerten Region wasserhaltiger ist. Eukalyptus- und vor allem Eisenrindenbäume wachsen hier zwischen Basalt- und Sandsteinhügeln.

Leichhardt nimmt Blätter, Zweige und Blüten verschiedener Eukalyptusarten, so vom Roten und vom Flußeukalyptus, in seine Sammlung auf. Heute weiß man, daß es in Australien über 600 Arten dieses Baumes gibt, u. a. auch den besonders in tropischen und teilweise vegetationsarmen Zonen wachsenden, sehr hitzeresistenten Coolabah, den Schnee-Eukalyptus in den Australischen Alpen oder den Manna-Eukalyptus. Ihnen allen gemeinsam ist die klebrige Harzmasse, die sie absondern. Aus diesem Grund gaben die Ureinwohner den Eukalyptusbäumen den Namen ,gums', also Gummibäume.

Kontinuierlich entledigen sich alle Eukalyptusarten der Rinde. Oft hängt sie in langen Streifen am entblößten Stamm herab. Von Windböen wird sie oft über mehrere Kilometer durch die Luft davongetragen. Leider sind diese Bäume für Reisende keine guten Schattenspender, denn die Blätter weisen schräg nach oben, so daß die Sonne unbarmherzig einfallen kann. Gleichsam als Entschädigung bieten sie während der Blüte einen prachtvollen Anblick, „und der gesamte Baum verwandelt sich in ein leuchtend rotes und gelbes Blütenmeer."

Abb. 19: Australischer Affenbrotbaum (*Adansonia Gregorii*)

Dort, wo Eukalyptus wächst, so stellt die Expedition fest, tritt der Koala auf – der australische Beutelbär. Dieses typische Baumtier, in seiner Art dem südamerikanischen Faultier vergleichbar, frißt ausschließlich Eukalyptusblätter. Für den Menschen allerdings sind sie wegen ihres nachhaltig bitteren Geschmacks ungenießbar. Im Gebiet zwischen Neusüdwales und Queensland, durch das die Männer jetzt ziehen, findet man die Koalas vor allem in Beständen des Roten Eukalyptus sowie des Mahagonieukalyptus. Hitze scheint ihnen nichts auszumachen. Doch werden sie besonders während der frühen Abendstunden aktiv und suchen sich in munteren Kletterpartien ihre Nahrung.

Tagtäglich zieht Leichhardt mit seinen beiden Aborigines-Begleitern Brown und Charley auf Wassersuche. Ihrem Einsatz und zum Teil auch dem Spürsinn ist es zu verdanken, daß die Expedition wiederholt dem Verdursten in der Einöde entgeht.

Fast alle Creeks, auf die man hier stößt, sind entweder zu einem beträchtlichen Teil wassergefüllt oder weisen zumindest ansehnliche Wasserlöcher auf, so daß die Sorge ums tägliche Naß vorübergehend gebannt ist. Ludwig Leichhardt vermutet ein größeres Gewässer in der Nähe und intensiviert die Erkundungszüge von den Lagerstellen aus.

Dabei trifft er auf den für jene australischen Breiten typischen Grasbaum, eine Liliengewächsart. Er hat einen gewundenen Stamm. An seiner Spitze sitzen grasbüschelähnliche Blätter. Auf Teebäume stößt die Expedition ebenfalls. Englische Auswanderer gaben ihnen den Namen, denn aus den grünen Blättern läßt sich ein wohlschmeckendes aromatisches Getränk bereiten. Die Männer probieren es mehrfach.

Sie wollen jetzt versuchen, einen geeigneten Weg in westlicher Richtung zu finden. Während der Geländeerkundung entdecken sie langgestreckte Sandsteinhügel – vermutlich Ausläufer eines weiteren Gebirgszuges.

Auch in diesem Gebiet nimmt Leichhardt Benennungen markanter geographischer Punkte vor. Einer erhält den Namen Philippsberg, ein anderer Lords Tafelberg, und ein weiterer steiler Felsen, der einer Nähnadel ähnelt, wird Fletchers Nadel genannt.

Im Sandsteingebiet treffen die Reisenden auf eine erstaunlich reiche Vegetation, so wiederum Gras- und Teebäume, außerdem auf eine bislang unbekannte Gummibaumart. Die Sorge um Trinkwasser hat vorläufig ein Ende, denn alle Creeks sind ergiebig, vor allem an der Peripherie des Sandsteinhochlandes, dessen Ausläufer zum Teil terrassenförmig abfallen. Dieses von der Expedition entdeckte Gebirge westlich des Isaac ist die Denham-Range (Denham-Gebirge).

Leichhardts Vermutung, die Sandsteinregion könnte der östliche Teil eines noch höheren, im Westen befindlichen Gebirges sein, erwies sich später als richtig. Die von den Männern wiederholt in der Ferne gesichteten Bergketten sind nichts anderes als Teile der Great Dividing Range.

Am Isaac. Auf ihrem Zug vom Dawson über den Mackenzie zu den Ausläufern der Denham-Range, je weiter sie ins feuchtheiße Savannengebiet von Queensland vorstößt, offenbart sich der Expedition der beträchtliche Wildreichtum des australischen Kontinents.

Mitunter gelingt es, ein oder mehrere Känguruhs zu erlegen und die Fleischvorräte aufzufrischen. So kann man die mitgeführten Schlachtochsen aufsparen. Not macht erfinderisch, wie ein altes Sprichwort besagt. Nicht anders belegt es Leichhardt mit folgender Tagebuchnotiz: „Die Häute der Känguruhs verwendeten wir als Mehlsäcke, weil sich unsere mitgebrachten Säcke durch die langen Strapazen schon in einem bedauerlichen Zustand befanden. Aus dem Schwanz des Känguruhs wurde ein Schlauch, um das ölige Fett darin aufzubewahren."

Von Zeit zu Zeit wird auch ein Emu erbeutet. Mit einer Höhe von 1,5–1,8 Metern sowie dem respektablen Gewicht zwischen 50 und 60 Kilogramm ist er mit Abstand der größte Vogel Australiens und nach dem afrikanischen Strauß der zweitgrößte unserer Erde. Seine Präsenz im Staatswappen kann jedoch nicht darüber hinwegtäuschen, daß dieser Laufvogel äußerst unbeliebt ist. Die australische Regierung zahlte zeitweise sogar Prämien für jedes getötete Tier und für seine zerstörten Gelege. Als Argument dafür führte man ins Feld, die Emus seien eine Gefahr für die Viehzucht und den Feldbau, indem sie riesige Mengen Gras fressen, Getreidefelder zertrampeln und gar dem Vieh an den Tränken das Wasser wegsaufen würden.

Abb. 20: Känguruh (*Macropus major*)

Zu Leichhardts Zeit hat der Vernichtungsfeldzug gegen den Emu in einigen kolonisierten Gebieten Australiens gerade erst begonnen. Die Jagd auf Emus erweist sich nicht nur für die Teilnehmer jener Expedition als überaus schwierig. Im rasenden Galopp verfolgt man die im Buschgelände oder der Savanne aufgestöberten Tiere zu Pferde und von den kläffenden Känguruh-Hunden begleitet oft über viele Kilometer. Verblüffenderweise bleiben die Emus meist Sieger und verschwinden, wenn Pferd und Hunde ermüdet zurückbleiben, mit unverminderter Geschwindigkeit in einem Dickicht oder dem strauchbewachsenen Ufer eines Creeks.

Leichhardt berichtet, daß die dennoch erbeuteten Exemplare bei ihm und seinen Gefährten vor allem wegen ihres Fettes geschätzt sind: „Aus der Haut des Emu gewannen wir Fett, indem wir sie in Stücke schnitten, über einem schwachen Feuer aufhingen und das Fett in ein flaches Gefäß träufeln ließen. Es war goldgelb und sehr gut zum Schmieren unserer Gewehrschlösser zu gebrauchen. Außerdem benutzten wir es auch mit Erfolg als Einreibungsmittel gegen Rheumatismus."

Sehr nahrhaft und den Hühnereiern vergleichbar sind Emueier. Ein solches Ei ergibt als 12fache Portion vom Hühnerei eine gute Familienmahlzeit, die allerdings schwer zuzubereiten ist, denn ein Emuei muß bis zu einer Stunde kochen, ehe man es verzehren kann.

In den Februartagen des Jahres 1845 erreichen die Reisenden zunächst einen kleinen Flußlauf: „Er führte uns zu einem breiten und tiefen, jetzt aber ganz ausgetrockneten Flußbett, das sandig, mit Rohr und einer Menge kleiner Kasuarinen bewachsen war. Große Wassergummibäume ... standen in Zwischenräumen an seinen Ufern, und schöne, mit offenem Wald bedeckte Ebenen erstreckten sich zu beiden Seiten bis zum Buschgürtel hin. Der Fluß kam von Norden und zog an einigen schönen Bergketten entlang. Ich nannte ihn Isaac."

Leichhardt folgt dem Isaac zunächst ein Stück ostwärts in Richtung zu dessen Mündungsgebiet und hofft dort weitere Wasserstellen zu finden. Da dies vergebens ist, muß man die Marschroute nach wenigen Tagen ändern. Wieder geht es nordwärts und, ohne es zu ahnen, dem Quellgebiet des Isaac entgegen.

An frischer Nahrung bietet sich der Expedition neben einigen Fischarten in den Creeks, die Brown und Charley schmackhaft zuzubereiten verstehen, von Zeit zu Zeit das Fleisch von Holzenten oder Sumpffasanen. Wenn man in diesem Landstrich einmal nichts anderes erlegt, begnügt sich die Expedition auch mit dem erstaunlich zart schmeckenden Fleisch der Krähe. Von diesen Vögeln gibt es glücklicherweise wahre Mengen.

Willkommener Leckerbissen ist frischer Bienenhonig. Furchtlos holen ihn die schwarzen Begleiter, von den aufgescheuchten Insekten umschwirrt, aus den Nestern in den Bäumen. Sie haben so etwas wie einen siebenten Sinn für Bienennester und klettern mit affenartiger Geschwindigkeit selbst an den höchsten, oft bis zum Kronenteil astlosen Bäumen empor und lassen sich die Delikatessen nur selten entgehen. Dafür werden die Männer von Hornissen und schwarzen Ameisen geplagt. Erst Flammen und Rauch des Lagerfeuers gebieten den Plagegeistern weitgehend Einhalt.

Neue Begegnungen mit Eingeborenen bleiben nicht aus. Eines Tages stoßen die Forscher am Ufer des Isaac auf drei Aboriginesfrauen. Zwei von ihnen graben unter einem Wassergummibaum nach Knollen. Die dritte ist in den Zweigen auf Nahrungssuche. Als sie die Männer sehen, gibt es einen regelrechten Aufruhr. Zunächst schlagen alle drei wie wild mit Stöcken gegen einen Baum. Das ist nicht nur bei den Aborigines, sondern ebenso bei anderen Naturvölkern ein weitverbreitetes Zeichen, mit dem man – in Not geraten – die Stammesgenossen um Hilfe bittet. Diese erscheinen denn auch in Gestalt von Männern, Kindern und weiteren Frauen. Beim Anblick der bewaffneten Weißen mit ihren beladenen Pferden und Ochsen rennen sie jedoch alle davon. Nur die Eingeborene auf dem Baum bleibt zurück und kriecht noch ein Stück höher ins Geäst. Als sie sich ein wenig beruhigt hat, weist sie Leichhardt und seinen Begleitern auf deren Frage nach Yarrai (= Wasser) den richtigen Weg flußabwärts. Ein weiteres Mal muß die Expedition enttäuscht feststellen, daß ihr der Weg nach Westen durch hohe Bergmassive, die sich in der Ferne ab-

Abb. 21: Emu (*Dromaeus Novea Hollandiae*)

zeichnen, verlegt ist. So muß der Plan aufgegeben werden, vorübergehend so weit wie möglich westwärts und anschließend direkt nach Norden zum Carpentaria-Golf vorzustoßen. Im Abstand zwischen 100 und 200 Kilometern zur Küste geht es weiter nach Nordwesten.

„Die verschiedenen Porphyr-, Diorit-, Granit- und Syenitfelsen, die für weite Strecken entlang der Ostküste Australiens kennzeichnend sind, fehlen hier ganz. Nicht ein Kiesel, nur Sandstein wurde in den zahlreichen Creeks und Gräben gefunden ... Auf den Kämmen der Sandberge waren die Waldeiche und der Rostgummi häufig."

Kein Weg ins Great Bassin. Sorge bereitet das zunehmend aggressive Verhalten der beiden Aborigines. Je länger man unterwegs ist, desto störrischer werden sie, weigern sich, Leichhardts Anweisungen zu folgen, oder sie entfernen sich für längere Zeit vom Lager. Offensichtlich mißfällt es ihnen, Monat um Monat mit den Weißen durch die Wildnis zu ziehen.

Die Aufsässigkeit erreicht ihren Höhepunkt, als Charley – von Leichhardt aufgrund seines häufig unbegründeten Fernbleibens zur Rede gestellt – dem Expeditionsleiter spontan ins Gesicht schlägt. Nach kurzer Beratung mit den anderen Begleitern werden die Eingeborenen aus der Gruppe ausgeschlossen. Sie zeigen sich jedoch bereits Tage später so reumütig und in ihrem Alleinsein dem Verhungern nah, daß Leichhardt sie weiter mitziehen läßt – unter dem festen Versprechen, nicht wieder aufsässig zu werden.

Die Wasserlöcher, auf welche man trifft, haben die Aborigines vielfach mit Astwerk abgeschirmt, um Tieren den Zugang zu erschweren und möglichst sauberes Wasser zu erhalten.

Ende Februar 1845 nähert sich die Expedition dem Quellbereich des Isaac. Er gabelt sich in zwei Arme, von denen einer nach Norden, der andere nach Osten strömt. Weitere 12 Kilometer – und man ist am Ziel. Die Vermutung., daß dieser Fluß aus mehreren Quellen gespeist wird, bestätigt sich. Ringsum dehnt sich eine fruchtbare Ebene aus, in der saftiges Gras sowie vor allem Eisenrinden- und Bastardbuchsbäume wachsen.

„Wenn man die Ausdehnung der Ebenen ... betrachtet", schreibt Leichhardt, „so dürfte sich wahrscheinlich keine Gegend besser für Viehzucht eignen. Als wir durchzogen, herrschte zwar großer Mangel an fließendem Wasser, und auch sonst war alles außerordentlich trocken, doch bewiesen die Brunnen der Eingeborenen und der üppige Wuchs des Rohres an manchen Stellen des Flusses, daß der Ansiedler im Notfall durch Brunnen dem Wassermangel abhelfen könnte."

Auch diese Hinweise von Ludwig Leichhardt sind dann ökonomische Anregung für die heutige intensive Weideflächennutzung im Quellgebiet des Isaac.

Ein etwa 6 Kilometer entfernter Creek wird Suttor genannt. Weiter geht es durch eine ausgedehnte Tiefebene und anschließend durch ein Buschgelände. Dann ge-

Abb. 22: Chamber's Fluß

langt die Expedition zu einer Hügelkette. Leichhardts geologische Untersuchung ergibt, daß es sich um eine plutonische Gesteinsformation handelt, die sehr eisenhaltig ist. Selbst im Wasser finden sich Mengen davon.

Am nächsten Tag wird ein großer See erreicht. Die steilen Ufer sind dicht von Bäumen und Strauchwerk bestanden. Pelikane und Enten tummeln sich in den seichten Buchten. Nach den langen Tagesmärschen durch Savanne, Busch und Hügelland ist dies ein vielversprechender Rastplatz.

Leichhardts topographische Erkundung ergibt, daß das relativ schmale Gewässer eine Länge von ungefähr 5 Kilometern hat. Er hält es für einen Hauptarm des Suttor. Nur einen Tag bleibt man in dieser lebensspendenden Oase.

Am 23. März 1845 – es ist Ostermontag – befindet sich die Expedition bereits an einem weiteren großen Creek. Wahrscheinlich ist es ein nördlicher Mündungsarm des Suttor. Auch hier kommt es zu mehreren kurzen Begegnungen mit Eingeborenen und in einigen Fällen sogar zu Gesprächen, die Brown und Charley vermitteln. Sie können sich in diesem Gebiet mit den Aborigines gut verständigen.

Auffallend ist der Reichtum an verschiedenen Entenarten. Eine schillernde, schnatternde Welt von Bogen-, Stock- und Krickenten ist vertreten. Unter den Männern bricht das Jagdfieber aus. So gibt es reichliche Geflügelmahlzeiten, die man ebenso reichlich mit schwarzem Tee umrahmt.

Ein aus südwestlicher Richtung in den Suttor mündender Fluß erhält den Namen Capefluß. Die Vegetation besteht aus lichtem Wald und Grasland. Der kleine

Careybaum – er kann bis sieben Meter hoch werden – sowie der Pandanus sind hier zu finden.

Die Anhöhen am Zusammenfluß bestehen wiederum vorwiegend aus Sandstein. Daneben ermittelt Leichhardt Granit- und harte Konglomeratbildungen von dunkler Tönung. Ein markanter Berg bekommt den Namen Mac Connel. Als Leichhardt ein Stück hinaufgestiegen ist, kann er deutlich ausmachen, daß im Norden ein weiterer Fluß in den Suttor einmündet. Die in der Sonne gleißende Wasserfläche ist etwa einen Kilometer breit.

Der fast schiere Überfluß an Wasser, aber ebenso die milde Witterung in diesem Flußgebiet veranlassen die Männer, hier für mehrere Tage das Lager aufzuschlagen und sich eine längere Rast zu gönnen. Sie alle haben es verdient. Wieder wird ein Ochse geschlachtet und ein Großteil des Fleisches gedörrt. So hat die Expedition auch für die nächsten Wochen keine Nahrungssorgen.

Streng durchorganisiert hat Leichhardt den Tagesablauf und das Leben im Lager: „Das Lagerleben verlief immer gleichmäßig, sofern nicht irgendein unvorhergesehenes Ereignis dazwischen trat. Der laute Ruf des lachenden Jackas war mein Weckruf. Seiner Pünktlichkeit wegen wird dieser Eisvogel von den Siedlern mit Recht ‚Weckuhr der Siedler‘ genannt. Dann weckte ich meine Kameraden, und jeder ging an seine ihm zugewiesene Arbeit. Wir Europäer übernahmen die Zubereitung des Frühstücks, während die beiden Australier das Vieh versorgten.“

Gegen 9.00 Uhr bricht man vom nächtlichen Rastplatz zum Weitermarsch auf. Zuvor hat man das Frühstück eingenommen; in der Regel geschmortes Trockenfleisch, manchmal auch ein Stück von frisch erlegtem Wild, dazu einen Becher Tee.

Die Tagesstrecke ist bereits vorher von Leichhardt bzw. von Brown und Charley erkundet, so daß es ohne lange Wegsuche bis zur nächsten Lagerstelle vorangeht. Nur wenn die Ochsen störrisch werden und wiederholt ihre Traglast abwerfen, wenn man stundenlang umherstreifen muß, um Wasser zu finden, oder bei Begegnungen mit Ureinwohnern kommt es mitunter zu Reiseverzögerungen.

Nachdem die Lagerstätte meist am frühen Nachmittag erreicht ist, wird den Tieren das Gepäck abgenommen. Man tränkt sie und läßt sie anschließend weiden. Jeder der Männer sucht sich seine Beschäftigung. Holz wird gesammelt, das Feuer entfacht, und man schmort ein großes Stück Trockenfleisch für den nächsten Tag. Außerdem müssen rund 750 Gramm Mehl zu einem Dämpfer oder Fettkuchen verarbeitet werden, um zumindest etwas Abwechslung in die sonst so monotonen Fleischmahlzeiten zu bringen.

Während einige auf Jagd gehen, erkunden die anderen die Route für den kommenden Tag. Kleidung und Sattelzeug gilt es ständig auszubessern, und an den Wasserstellen wäscht man natürlich die Wäsche. Bei Leichhardt kommt außerdem die Tagebucheintragung hinzu mit dem Kartieren der bewältigten Strecke und dem Festhalten der wesentlichsten wissenschaftlichen Resultate. Es gibt also eine Vielzahl an täglichen Pflichten. Man freut sich, wenn man endlich beim gemeinsamen

Abendessen am Feuer sitzt, wobei erzählt wird. Die Ereignisse des Tages sind meist ausführliches Thema; aber auch manche Erinnerungen, frühere Reiseerlebnisse fließen in die Unterhaltung ein.

Wenn die Nachtwache eingeteilt ist, begeben sich Leichhardt und seine Kameraden zur Ruhe. Er selbst zieht es wie die beiden Eingeborenen vor, unter freiem Himmel zu schlafen, während die anderen in Zelten campieren.

Den Burdekin abwärts. Am 2. April 1845 brechen die Männer erneut auf. Die Reise führt am Ostufer des Suttor entlang bis zu einem anderen Mündungsarm. Er wird Burdekin genannt – wiederum nach einem Gönner des Reiseunternehmens. Leichhardt und seine Kameraden begießen ihre geographische Benennung mit einem Whisky. Sie ziehen stromabwärts den Fluß entlang.

Die Landschaft geht allmählich in bergiges Waldland mit Pandanus- und Pappelgummibäumen über. Als die Männer in Ufernähe des Burdekin einen Berg ersteigen, sichten sie im Norden einzelne Gebirgszüge, die Robeyberge getauft werden. Der Weitermarsch verläuft durch hügeliges und steiniges Gelände. Häufig müssen kurze Pausen eingelegt werden, damit sich Menschen und Tiere einigermaßen von den Anstrengungen erholen können.

Nicht nur das schwierige Gelände, sondern auch das Wetter macht ihnen zu schaffen. Urplötzlich gehen kurze heftige Regenschauer nieder, so daß sie bis auf die Haut durchnäßt werden. Wenn die Kleidung dann wieder trocken ist, kommt prompt der nächste Regen.

Die von Leichhardt gesichteten Robeyberge als Ausläufer des Seaviewgebirges sind das nächste Ziel. Stück für Stück bewegt sich die Gruppe auf die Bergkette zu.

Die Flora nimmt hier, nördlich des 20. Breitengrades, eine zum Teil andere Gestalt an. Neben bislang vertretenen Spezies findet sich eine Reihe unbekannter Arten – vor allem an Schlingpflanzen und Strauchwerk.

Das Hochufer des Burdekin besteht, wie die Expedition ermittelt, aus mehreren Kalksteinschichten. Gesteinsproben, von Leichhardt entnommen, ergeben bei der späteren Untersuchung interessante paläontologische Aufschlüsse. Sie weisen Muschel- und Korallenversteinerungen auf.

„Herr Clarke in Paramatta", bemerkt Ludwig Leichhardt, „unterzog die mitgebrachten Versteinerungen nach unserer Rückkehr einer Untersuchung und erwies mir die Ehre, einer noch unbeschriebenen Korallenart meinen Namen zu geben."

Allmählich gehen die Kalksteinformen in Basalt über. Der Fluß führt reichlich Wasser, und es gibt in seinem felsigen Bett auch eine Reihe von Stromschnellen. Die lichten Ebenen zu beiden Seiten sind vor allem von Moretonbay-Eschen, von Traubenfeigen-, Eisenrinden- und Blutholzbäumen bestanden. Zahlreiche Känguruhs leben hier.

Immer beschwerlicher erweist sich der Marsch inmitten einer Landschaft, die mit jedem Kilometer mehr alpinen Charakter annimmt. An Felsen und Geröllhängen findet man weitere lohnende Gesteinsproben – vor allem Talkschiefer. Der Kalender zeigt den 22. April 1845, als sich die Männer einem weiteren großen Fluß nähern, der – aus Südwesten kommend – in den Burdekin mündet. Leichhardt nennt ihn zu Ehren eines Geologen und Meteorologen Clarke.

Lange ist er im Zweifel, ob er weiterhin dem Burdekin oder aber dem Clarke folgen soll. Schließlich entscheidet er sich doch für ersteren. Wie wertvoll dies sein soll, erweist sich Tage später, als die Expedition das Quellgebiet erreicht. Wie beim Isaac und dem Suttor hat Leichhardt damit den Lauf eines weiteren bedeutenden Flusses Ostaustraliens vom Mittellauf bis ins Quellgebiet erschlossen. Ein anderer Nebenarm des Burdekin, den man tags darauf entdeckt, erhält den Namen des Landvermessers Perry.

Noch immer befindet sich die Expedition östlich der Ausläufer der Great Dividing Range – dem Ostaustralischen Bergland – das, wie mehrfach ermittelt, vor der Küste in Teilgebirge zerfällt. Gesteinsuntersuchungen ergeben Psammit-Formationen vulkanischen Ursprungs. Im Burdekin sowie dem Clarke und Perry fällt den Männern der außergewöhnliche Fischreichtum auf. An den Ufern stoßen sie auf Knochenreste von Schildkröten und auf Termitenhügel. Eine Teppich-schlange wird gefangen. Die Teppichschlange (auch Rautenpython genannt) ist die am häufigsten vorkommende australische Riesenschlange und in ihrer ausgewach-senen Länge der brasilianischen Boa constrictor vergleichbar. Im nördlichen Queensland und am Carpentaria-Golf kommt als Unterart vor allem der Diamant-python vor. Er wird etwa 4 Meter lang. Den Farmern jener Region soll er oftmals die Katze ersetzen. So fängt man Teppichschlangen, sperrt sie in Schuppen und Scheunen, wo sie auf Mäusefang gehen.

In Buschzonen des Arnhemlandes, Kimberleys und der York-Halbinsel treten als größte unter den australischen Schlangen der Amethystpython und der Grüne Baumpython auf.

Neben einer Reihe ungiftiger Arten gibt es auch in Australien Giftschlangen, so daß man bei einer Expedition während des Marsches durch unübersichtliches Ge-lände gewisse Vorsicht walten lassen muß. Besonders einige Giftnatterarten sind es, die dem Menschen gefährlich werden können; an ihrer Spitze der Taipan als „König aller Giftschlangen und zugleich ... giftigste Schlange der Welt, dessen Biß in jedem Fall tödlich ist." Auch die Tigerschlange, die Große Todesotter und die recht zahl-reich vorkommenden Arten der Ornamentschlange sind gefürchtet.

Glücklicherweise hat die Leichhardt-Expedition keine unliebsamen Begegnun-gen mit Giftschlangen zu verzeichnen. Gelegentlich fängt man – wie im Fall der Teppichschlange – den einen oder anderen Python und bringt ihn zum Rastplatz. Dort wird er von allen ausgiebig bestaunt, vermessen und anschließend wieder frei-gelassen.

Jeder Expeditionsteilnehmer weiß, daß er wie auch die mitgeführten Tiere dem Biß von Giftschlangen ausgesetzt werden könnten. Im Ernstfall gäbe es für den

Betroffenen kaum Rettung. Die mitgeführte Reiseapotheke ist ohnehin äußerst notdürftig ausgestattet – und enthält schon gar kein Gegenmittel. Es bliebe wahrscheinlich nur das schnelle Aussaugen, Ausschneiden oder das Ausbrennen einer Bißstelle. Zum Glück gab es keine derartigen Zwischenfälle.

Zur York-Halbinsel. Das Terrain ist weiterhin gebirgig. Erneut bereitet das Auffinden von Wasserstellen in dieser Trockenzone, in die der Trupp nun geraten ist, beträchtliche Schwierigkeiten.

Zumeist in Gesellschaft von Charley oder Brown erklimmt Leichhardt Anhöhen und Gipfel, um die Gegend zu erkunden. Was sich ihnen präsentiert, ist die langgestreckte Formation des Seaviewgebirges. Berge und Täler sind von lichtem Wald bestanden; auch hier zum überwiegenden Teil Pappelgummi-, Buchs- und Eisenrindenbäume.

Einen Creek, auf den Leichhardt bei Geländeerkundungen stößt, nennt er Ameisenhaufen-Creek, weil sich an seinen Ufern eine Menge Termitenhügel befindet.

Die Region scheint bislang die von Aborigines am dichtesten besiedelte zu sein. Überall finden sich ihre Spuren: Pfade zu trockenen Wasserlöchern, verlassene Hütten, Rauch von Lagerfeuern in der Ferne. Auch Begegnungen bleiben nicht aus. Eine Gruppe Eingeborener mit Keulen und Speeren sucht das Lager der Expedition auf und weist den Männern schließlich den weiteren Weg. Ihnen fällt auf, daß die Speere mit Eisenspitzen versehen sind – ein nicht nur für Ostaustralien beachtlicher Umstand. Bis zur Besiedlung des Kontinents durch Indonesier, Malaien und schließlich durch die Europäer hatten die Aborigines ihre Beile, Speerspitzen und auch die Messer aus Stein gefertigt. Binnen weniger Jahrzehnte, da in fast allen australischen Regionen – vorwiegend an den Küsten – Eisen und Eisenwaffen auf dem Tauschweg erworben wurden, lernten die Ureinwohner jenen für sie recht hohen Gebrauchswert kennen und schätzen.

Die zwischen Seaviewgebirge und Ameisenhaufen-Creek lebenden Stämme scheinen weniger furchtsam und wesentlich kontaktfreudiger als manch andere. Als Ludwig Leichhardt nach einer Begegnung mit Eingeborenen weiterreitet, schleudern sie ihm einige Speere nach, die glücklicherweise alle ihr Ziel verfehlen.

Ansonsten hat die Expedition im folgenden Pech. Roper verliert durch einen Sturz sein Reittier, das Pferd bricht sich einen Schenkel. Das Fleisch wird von den Männern gerettet. Sie schlachten das Pferd, schneiden die besonders verwertbaren Teile in Streifen und trocknen sie in der Sonne.

Deutlich bemerkbar macht sich die lange Wegstrecke inzwischen bei den mitgeführten Tieren. Die Ochsen und auch mehrere Pferde lahmen stark. Leichhardt will dennoch versuchen, den größten Teil der Ochsen so lange wie möglich zu erhalten. Noch liegt das Ziel im fernen Ungewissen, und keiner weiß, was ihnen an Strapazen und Entbehrungen noch alles bevorsteht. Immerhin gönnt man sich eine weitere mehrtägige Pause; und einigermaßen gekräftigt setzt man dann die Reise fort.

Pfingsten 1845 ist angebrochen. Man begeht es mit Fettkuchen und Tee und zieht wieder weiter. Es geht über einen Ausläufer des Seaviewgebirges. Von seinem höchsten Punkt erblickt Leichhardt im Nordwesten und Westen hohe Bergmassive. In der klaren Luft bietet sich ihm und seinen Kameraden meist eine sehr gute Fernsicht.

Was sich gegen Westen abzeichnet sind Bergketten des später von der Gregory-Expedition überquerten und benannten Newcastlegebirges, das wiederum den östlichen Teil des Gregorygebirges bildet. Gleichzeitig macht Leichhardt einen größeren Creek aus, der in Marschrichtung der Expedition liegt.

Nachdem die Reisenden das Bergmassiv hinter sich gelassen haben und an diesen Creek gelangt sind, stößt Leichhardt bei geologischen Untersuchungen auf den interessanten Umstand, daß der Flußlauf gleichsam die Trennlinie von zwei Gesteinsbildungen ist. Aufgrund der geologischen Besonderheit gibt er ihm den Namen Separationscreek.

Auf dem Weitermarsch wird ein noch größerer Flußlauf erreicht. An seinen Ufern steht Rohrdickicht, und im Bett entdecken die Männer zu ihrer Freude Wasserlöcher. Diesen Creek tauft Leichhardt nach jenem Einwohner von Sydney, in dessen Haus er gastfreundliche Aufnahme fand – als Lynd geht er in die Karten und Annalen der Geographie ein.

Da der Lynd genau in Marschrichtung der Expedition verläuft, beschließt man ihm zu folgen. Dabei stößt man auf weitere Lagerstätten von Aborigines. In einem Eingeborenenlager, das Leichhardt zusammen mit Brown findet und das die Australier beim Erscheinen der Weißen panikartig verlassen, entdecken sie Honigwasser. Die in Rindergefäßen aufbewahrte Flüssigkeit ist den beiden willkommene Erfrischung. Sie nehmen einen tüchtigen Schluck und hinterlegen gewissermaßen als Bezahlung dafür einen Messingknopf. Ferner finden sich Steinmesser mit Holzgriffen, Bienenwachs, Fischspeere, Körbe und ähnliche Dinge.

Jedesmal wenn Ludwig Leichhardt in ein solches, für kurze Zeit von den Australiern verlassenes Lager kommt, studiert er alle Gegenstände sehr gründlich. Vielfach nimmt er gleich an Ort und Stelle einige wichtige ethnologische Eintragungen ins Notizbuch vor, um sie abends am Lagerfeuer in den ausführlichen Reisebericht und damit ins Tagebuch einfließen zu lassen. So erhält er wertvolle Aufschlüsse über die Lebensweise der Aborigines-Stämme in den durchreisten Gebieten, über die Beschaffenheit ihrer Geräte und Werkzeuge, ihre Nahrung und Jagdbeute, und er kann zumindest die lokale Verbreitung einzelner Stämme andeuten.

Die am Unterlauf des Lynd lebenden australischen Ureinwohner gehören zu den Murri – einer Stammesgruppe von Nomaden. Sie lebt vorwiegend von der Jagd, von eßbaren Früchten, Knollen und Samen. Eine Eigenart der Murri ist es, daß sie ungenießbare Knollen und Früchte „entbittern", indem sie sie rösten und wässern, bis sie sich essen lassen. Die Murrifrauen verstehen sich auch auf das Gewinnen von Akazienharz. Zu Kugeln geformt, ist es als eine Art Kautabak beliebt.

118

„Am Lynd entlang ging es dann weiter. Er teilte sich zuweilen in Arme, die felsige Hügel umflossen ... Wir hatten eine Breite erreicht, auf der nicht allein die Gestirne der südlichen, sondern auch die der nördlichen Halbkugel zu sehen waren. Ich werde nie die Freude meiner Gefährten vergessen, wenn ich sie gegen 4 Uhr morgens rief, damit sie sich das Sternbild des Großen Wagens ansehen sollten. Jeder Neumond wurde ebenfalls mit abergläubischer Ehrfurcht begrüßt ...

Der Lynd-Fluß machte schließlich eine starke Krümmung und strömte dann gegen Westen, nachdem er sich um eine schöne kurze Bergkette, von mir nach einem Freunde Kirchers Berge benannt, gewunden hatte. Weite Ebenen dehnten sich zu beiden Seiten des Flusses aus ...

Häufig mußten wir das Flußufer verlassen, da die Felsen bis ans Wasser herantraten. Der Fels bestand, soweit ich ihn untersuchte, aus sehr hartem Porphyr und bildete kugelförmige Hügel. Die Gegend wurde immer unwegsamer. Zu unserer Linken traten in einiger Entfernung vom Fluß schroffe Sandsteinfelsen mit Höhlen auf. Später näherten sie sich dem Ufer auf beiden Seiten und bildeten steile Abhänge, die uns nötigten, am Flußbett entlang zu reisen."

Im Stromgebiet des Mitchell. Am 14. Juli 1845 befindet sich die Leichhardt-Expedition auf 16° 38' südlicher Breite. Sie hat die Bergmassive der langgestreckten Queenslandkordillere von Süd nach Nord überquert – auf einer etwa 4 000 Kilometer umfassenden Strecke. Unvorstellbar sind die Anstrengungen, die Strapazen und Entbehrungen; denn sie alle – Menschen wie Tiere – waren ihnen gleichermaßen ausgesetzt.

Jetzt, da die hohen zerklüfteten Gebirgsmassive hinter ihnen liegen und einer weiten Buchsbaumebene weichen, überkommt sie das Gefühl, den schwierigsten Teil des Marsches zum Carpentaria-Golf geschafft zu haben. Während die Kameraden an einer Lagerstelle der Aborigines einen interessanten Hüttenbau aus Stangen und Baumrinde bewundern, kehrt Brown von einem Streifzug durchs Gelände zurück. Er berichtet, der Lynd vereinige sich nicht weit von dieser Stelle mit einem aus südöstlicher Richtung kommenden Fluß. Leichhardt nennt den neuen Flußlauf Mitchell.

Damit bekundet er seine nachhaltige Wertschätzung für den englischen Forscherkollegen, der wie er um das Erschließen des Inneren von Australien bemüht ist, in dem er aber noch immer einen Widerpart im eventuellen Wettlauf zum Carpentaria-Golf fürchtet.

Noch weiß Leichhardt nicht, daß der Mitchell direkt nach Nordwesten strömt und sich nach etwa 280 Kilometern in den Carpentaria-Golf ergießt. Der Standort der Expedition liegt inzwischen weit über 1 000 Kilometer von Brisbane entfernt im südlichen Teil der York-Halbinsel.

In der Ebene, durch welche sich die Gruppe bewegt, stehen viele Akazien. Sie sondern einen klebrigen Stoff ab, der sich – wie die Männer feststellen – besonders gut als Teezusatz verwenden läßt. Lagunen (im Sinne von Süßwasserlagunen), auf die man stößt, sind wie in der Dawson-Region reich an Vegetation und ebenso an Fischen, von denen man einige stattliche Exemplare fängt.

Als sich die Leute eines Abends zur Ruhe legen wollen, stürmen Brown und Charley aufgeregt ins Lager. Mit reicher Mimik und Gestik schildern sie den Kameraden, daß sie an einer der Wasserstellen die Fährte eines großen Tieres aufgespürt hätten. Wenn man ihren Ausführungen Glauben schenken darf, hinterließ es respektable Spuren und brüllte wie ein Ochse. Allmählich wird den Männern klar, die beiden dürften kurz vor Erreichen des Carpentaria-Golfes das erste Krokodil gesehen haben. Ludwig Leichhardt ordnet an, möglichst Creeks und kleine Gräben zu meiden und sie zu umgehen.

In den Uferzonen Nordaustraliens kommen das Johnston-Krokodil mit einer Länge bis zu drei Metern sowie das Leistenkrokodil vor, welches etwa acht Meter lang werden kann und in wenigen Fällen auch den Menschen angreift. Allerdings ist es kaum erfolgversprechend, der von den Eingeborenen gefundenen Krokodilfährte zu folgen. Diese Reptilienart hat ein ausgezeichnetes Gehör und zieht sich bei herannahender Gefahr meist ins Wasser oder in unzugängliches Sumpfgelände zurück.

Das Ufer des Mitchell wird immer steiler. Obwohl der Fluß reichlich Wasser führt, das nur träge dahinströmt, bedeutet es für die Männer jedesmal ein Risiko, wenn sie die Tiere tränken und sich erfrischen wollen. Inzwischen hat der Mitchell eine Breite von ungefähr 200 Metern erreicht. Trinkwassermangel verspüren die Männer im Gegensatz zu vorangegangenen Etappen ihrer Reise jetzt nicht. Überall gibt es Lagunen und gefüllte Wasserlöcher. Der Wasserreichtum deutet unmißverständlich auf die unmittelbare Nähe des Golfes hin.

Beim Zusammentreffen mit Eingeborenen fällt auf, daß diese mit Ausdauer und Vorliebe nach den Samenkapseln der Wasserlilie tauchen, die in Lagunen und Wasserlöchern reichlich wächst. Einige solcher Kapseln können Leichhardt und seine Kameraden untersuchen, wenn Eingeborene bei ihrem Herannahen die Flucht ergreifen und den mühsam gesammelten Pflanzensamen an der Lagerstätte zurücklassen. Eine erste Kostprobe enttäuscht jedoch. Der Samen ist bitter und eignet sich kaum zur Teezubereitung.

Trotz der immer noch bleibenden Ungewißheit, wann man endlich ans vorgesehene Ziel gelangen würde, fühlt sich ein jeder zuversichtlich. Wenn man bis zum Carpentaria-Golf vorgestoßen ist, so meinen die Männer, dann müßte es ihnen wohl auch gelingen, eines schönen Tages in Port Essington Einzug zu halten.

Bewaffneter Angriff. Der Mitchell zeigt sich kurz vor der Mündung in den Golf von Lagunen umgeben, in denen sich Scharen von Enten, Tauben, aber auch Adler und Milane tummeln. Roper sichtet die Spuren eines Känguruhs, und es gelingt ihm, das Tier zu schießen. Am Flußufer herrscht üppige Vegetation: bis zu 15 Meter hohe Palmen und rankenartiges Gestrüpp.

Nach Verlassen des Mitchell erreichen sie neue Creeks. Oftmals kommt man durch das dichte Strauchwerk nicht bis ans Ufer heran. In dieser Gegend schießen sie zahlreiche Enten und weitere Känguruhs und können ihren Fleischvorrat ergänzen, zumal die meisten der mitgeführten Tiere bereits verzehrt sind.

Offener Wald und Lagunen wechseln miteinander. Als die Reisenden an einem Spätnachmittag ihr Lager in Lagunennähe aufgeschlagen haben, wird Leichhardt durch lautes Geschrei aufgeschreckt. Mehrere Australier hatten sich lautlos herangeschlichen und ihre Speere auf die ahnungslosen Männer geschleudert. Bereits seit einigen Wochen war das zum Teil aggressive Verhalten der Eingeborenen in diesem Gebiet aufgefallen. Während sie in den bisher durchreisten Regionen beim Nahen der Expedition, wie wiederholt dargestellt, fast ausnahmslos die Flucht ergriffen, ist die Situation jetzt anders.

Ludwig Leichhardt, der wie immer im Freien lagert, kommt mit dem Schrecken davon. Die meisten Speere haben die Aborigines auf die Zelte abgeschossen, in denen sich Roper, Calvert, Murphy und Gilbert aufhalten. Murphy gelingt es als erstem – das Gewehr im Anschlag – aus dem Zelt zu entkommen.

Er sucht vor dem Speerhagel Schutz hinter einem Baum und eröffnet das Feuer. Zwar fliehen die Eingeborenen sofort, doch ihre Wurfgeschosse – zumeist mit Widerhaken versehen – zeigen verheerende Wirkung. Gilbert ist tödlich verwundet. Ein Speer hat seine Halsschlagader getroffen. Bei Roper und Calvert muß Leichhardt Speerspitzen aus Arm und Weichteilen entfernen und tiefe Wunden verbinden, die sie zum Teil auch durch Schläge mit Hartholzkeulen der Aborigines davongetragen haben.

Am nächsten Tag betten sie ihren Kameraden Gilbert in der australischen Wildnis, nur wenige Kilometer vom Meer entfernt, zur letzten Ruhe. Nachdem sich Calvert und Roper von ihren Verletzungen weitgehend erholt haben, beschließt Leichhardt am 1. Juli 1845 den Weitermarsch. Da er neue Angriffe des Eingeborenenstammes befürchtet, will er die Gegend so schnell wie möglich verlassen.

Lange Zeit können die Männer den Verlust ihres Kameraden Gilbert nicht überwinden. Es scheint, als ob ihnen auf dem Weitermarsch etwas fehlt. Wortkarg, meist schweigsam zieht man in den nächsten Tagen dahin. Noch sind die Eindrücke vom Überfall auf ihr Lager unmittelbar; und immer wieder muß bereits nach wenigen Kilometern eine längere Rast eingeschoben werden, damit Calvert und Roper einigermaßen zu Kräften kommen.

Wenn die Expedition eines Tages glücklich zu Ende gehen sollte, sinniert Leichhardt, ein Schatten würde dennoch bleiben – der Schatten Gilberts. So hat auch diese Forschungsreise bereits ihr Opfer gefordert. Insgeheim aber hoffen sie alle, daß kein anderer auf der letzten Wegstrecke hinauf zum Arnhemland sein Leben lassen muß.

Je näher man dem Reiseziel kommt, desto rastloser und aufgeregter wird Leichhardt mit jedem Tag. Als sich der Gesundheitszustand von Roper und Calvert einigermaßen gebessert hat, drängt der Expeditionsleiter ungestüm vorwärts. Längst gelten sie in den australischen Ansiedlungen als überfällig, als verschollen. Kaum einer der Siedler wird noch daran glauben, daß sie plötzlich zurückkehren könnten aus den unendlichen Weiten der Wildnis.

Bis auf Brown und Charley sind mittlerweile alle durch die Strapazen der monatelangen Reise und vor allem durch die einseitige Nahrung gesundheitlich angegriffen. Seit Monaten schon besitzen sie kein Mehl mehr, um Brot zu backen. Auch Graupen, Erbsen, Zucker und andere Lebensmittel sind längst aufgebraucht. So ernähren sie sich nur von Trocken- bzw. gelegentlichem Frischfleisch und Wasser. Die Folge sind Durchfall sowie häufige Magenkrämpfe. Bei Leichhardt stellen sich nun außerdem starke Nieren- und Blasenschmerzen ein. Sie überfallen ihn krampfartig und sind, wie er feststellen muß, auf Nierensteine zurückzuführen. Es ist also kein Wunder, daß sie alle das Ende dieser Reise sehr herbeisehnen.

An der Küste entlang. Auch auf ihrer Weiterreise spüren die Männer die unmittelbare Nähe von Aborigines, wenngleich sie ihrer größtenteils nicht ansichtig werden. Trifft man jedoch auf eine Stammesgruppe, ziehen sich die Ureinwohner meist in den Busch zurück, ohne daß es zur Kontaktaufnahme kommt. Fast immer sind sie in der Überzahl und hier in der Küstenregion obendrein recht gut bewaffnet – mit langen Speeren und Schilden, am Gürtel Messer, mitunter auch Steinäxte. Doch sie greifen nicht an, lassen die Expedition ihres Weges ziehen.

Eine Reihe salzwasserführender Flüsse, die in den Carpentaria-Golf mündet, muß auf dem weiteren Marsch überquert werden. (Das Salzwasser wird durch die Meeresströmung oft kilometerweit in die Flüsse hineingedrückt.) An den Ufern, die stellenweise sehr steil sind, wachsen Mangroven, Buchsbäume, Melaleucagewächse, Teebäume, dahinter ganze Bestände von Apfelgummibäumen. Auch hier findet eine paradiesische Vogelwelt ideale Nistbedingungen: Trappen, Milane, Eisvögel.

Bald muß ein weiterer Ochse geschlachtet werden. Die gelegentlich erbeuteten Vögel sowie in den Salzwassercreeks gefangene Fische reichen nicht aus, den Fleischbedarf der Expedition zu decken. Nach ihren strapaziösen Tagesmärschen brauchen die Männer ausreichende und kräftige Nahrung.

Mitte Juli 1845 befindet sich der Trupp ungefähr 80 Kilometer von der Meeresküste entfernt am Yappar. Dieser Flußname wird den Männern von Aborigines übermittelt, die sie nach anfänglichem Zögern im Lager aufsuchen. Sie bewundern und befühlen die Kleidung Ludwig Leichhardts und seiner Gefährten, Taschenuhr und Proviantbeutel. Begeistert zeigen sich die Eingeborenen von den breitkrempigen Hüten. Sie möchten sie am liebsten mitnehmen. Auch bei anderen Begegnungen mit Eingeborenen weckt dieses Utensil stets die größte Aufmerksamkeit, was sich Leichhardt und seine Kameraden nicht erklären können. Es muß halt auch Rätsel geben. Scheu und Ehrfurcht flößen meist die Pferde ein. Werden Aborigines zu

Abb. 23: Reisende überschreiten einen Sumpf

aufdringlich oder fürchtet man einen Angriff, so braucht man nur in ihrer unmittelbaren Nähe ein Pferd zu besteigen, und sie ziehen sich auf der Stelle zurück. Die Pferde gelten bei ihnen nämlich als bissige Hunde, mit denen sie keine Bekanntschaft machen möchten ...

„Seit dem Überfall und Gilberts Tod hatten wir eine andere Lagerordnung festgesetzt. Um das Herannahen von Eingeborenen rechtzeitig zu bemerken, wählten wir nach Möglichkeit offenes Gelände ohne niedriges Gehölz in seiner nächsten Umgebung. Unsere Packsättel wurden in zwei gleichlaufenden Reihen dicht nebeneinander aufgestellt. Hinter dieser Art von Bollwerk, gegen Speerwürfe einigermaßen geschützt, schliefen wir. Die Nachtwachen mußten jetzt streng befolgt werden. Die Pferde wurden bis auf eins gefesselt. Das frei herumlaufende erhielt ein Glöckchen ... So versah das Pferd gewissermaßen den Dienst eines Wachhundes."

Die Eingeborenen, denen sie hier begegnen, geleiten sie am nächsten Morgen ein Stück den Fluß hinunter in südlicher Richtung. Sie nennen ihn immer Yappar. So findet jener Flußname aus der Eingeborenensprache seine Eintragung in die Karte der Expedition und wird zur festen geographischen Bezeichnung.

„Am Caron-Fluß kamen wir wieder näher an die Küste. Die Mündung war von einem dichten Kranz Mangroven-Bäumen gesäumt. Wir ritten durch den Mangrovenbusch hindurch und hatten erneut den unermeßlich weiten Ozean vor uns."

Buschfeuer. Eine Erscheinung, die Ludwig Leichhardt und seine Begleiter seit ihrem Aufbruch von der Ostküste häufig verfolgen und worauf sie sich bei dem Zug durch das Landesinnere nicht selten spontan einzustellen haben, sind die Buschfeuer. Im Gegensatz zu den Gebieten um die Ansiedlungen und Farmen, wo die Feuer regelmäßig am Ende der Trockenzeit zur Düngung des Bodens angelegt werden, kommt es in den heißen Zonen Australiens nicht selten vor, daß sich besonders im November und Dezember, wenn die Temperatur mitunter 45 °C und mehr erreicht, das ausgedörrte und spröde Steppengras selbst entzündet.

Der Leichhardt-Expedition gelingt es immer rechtzeitig, sich vor den Buschfeuern in sandreiches oder gebirgiges Gelände bzw. an breite Creeks zurückzuziehen.

Auch die Aborigines haben den Wert der Buschfeuer für die Jagd und den Anbau einiger Früchte erkannt. Besonders am Carpentaria-Golf erlebt Ludwig Leichhardt, daß Eingeborene wiederholt solche Feuer legen – allerdings unter gewisser Kontrolle lokal begrenzt und zumeist, ohne größeren Schaden zu verursachen.

Von Kilometer zu Kilometer steigt die Stimmung in der Gruppe. Auf dem Arnhemland, so hat man ihnen vor der Abreise mitgeteilt – und Leichhardt hat es sorgfältig in seine Karte eingetragen – sollen sich einige Ansiedlungen britischer und holländischer Einwanderer befinden. Sie sind erst in letzter Zeit entstanden und wohl recht erfolgversprechend für Ackerbau und Viehzucht, wie die Männer aus der meist reichen und mannigfaltigen Vegetation des Ufergürtels am Golf schlußfolgern.

Ein Wermutstropfen allerdings fällt in diesen Junitagen 1845 immer wieder in ihren Optimismus. Roper befindet sich noch immer in kritischem Zustand. Seine Wunde will und will nicht heilen und platzt während der langen Tagesritte mehrfach auf.

Charley und Brown, die besten Schützen, ziehen während der Zwangspausen, die eingelegt werden müssen, auf Jagd aus und schießen Enten, Emus oder Löffelreiher und Wildgänse. In den ausgetrockneten Betten kleinerer Küstenflüsse sammeln die Männer Salz.

So wildreich eigenartigerweise die Gegend ist, so wenig Süßwasser findet man. Ein weiteres Mal beginnt die zeitaufwendige Wassersuche.

Die insgeheim gehegte Hoffnung, endlich zu einer Ansiedlung am Carpentaria-Golf zu gelangen, wo man sich zumindest eine längere Rast gönnen und die Proviantfrage regeln könnte, will und will sich nicht erfüllen.

Ende Juli ist die Expedition bis auf Sichtweite ans Meer herangekommen. Von Zeit zu Zeit überquert man einen der breiten Flüsse, die aus dem Inneren Queens-

Abb. 24: Im Sumpf steckengebliebene Pferde am Barlee-See

lands der Küste zuströmen. Enttäuscht muß man wie zuvor bereits feststellen, daß diese Flußläufe in unmittelbarer Küstennähe zwar viel Wasser führen, aber daß es salzhaltiges ist. Es wird durch die Strömung an der Einmündung in den Golf viele Kilometer weit in die Flüsse hineingedrückt, bis allmählich der Süßwasserausgleich erfolgt. Die meisten werden aber schon nach 80–100 Kilometern zu Creeks.

So ist Leichhardt immer wieder gezwungen, süd- und südwestwärts auszuweichen, um Wasser zu finden. Tagelang muß man solche Abstecher von der vorgesehenen Route in Kauf nehmen.

Die Männer setzen über den Norman und den Flinders, dann über einen breiten, fast geradlinig weit aus dem Inneren des Kontinents, von den Ausläufern des Selwyn-Gebirges, kommenden Fluß. Er erhält später Leichhardts Namen.

Von Zeit zu Zeit entdeckt man im vielfach sumpfigen und buschreichen Gelände Süßwasserlagunen, an denen meist das Nachtlager aufgeschlagen wird. Neben der zeitraubenden Suche nach Wasserstellen kommt hinzu, daß sich die noch verbliebenen Rinder in schlechtem Zustand befinden. Leichhardt scheint es wie ein Wunder, daß diese Tiere – sonst auf ein behäbiges Weideleben eingestellt – überhaupt so lange durchgehalten haben. Will man nicht eines schönen Tages durch völlige Entkräftung der Tiere auf die letzten sicheren Nahrungsreserven verzichten, ist Umsicht geboten. Da sich der Zustand der Pferde als nicht viel besser erweist, werden an größeren Süßwasserlagunen immer häufiger ein oder zwei Rasttage eingelegt.

Es geht durch eine langgestreckte sumpfige Küstenniederung mit zahlreichen kleineren Creeks, an die sich eine Savannenzone anschließt, von mehreren Baumgruppen durchbrochen. Bald darauf ist ein weiteres Sumpfgebiet zu durchqueren. Die Männer wie auch die Tiere brechen stellenweise tief im Morast ein. Der Sumpf ist von flachen Hügeln aus Eisenstein begrenzt. Im Süden und Südwesten zeichnen sich in der Ferne öde Sandstreifen ab – die Ausläufer des Berkly-Tafellandes.

Immer wieder finden sie Salzwassercreeks. Wie zum Hohn für Leichhardt und seine Gefährten „eine einzige Masse reinsten Salzes. Stücke davon hatten sich an Grasstengeln kristallisiert, die vom Wind in das Wasser getrieben worden waren."

Den Männern gelingt es, eine friedliche Begegnung mit Eingeborenen herbeizuführen. Ein eiserner Ring wird an einen Ast gehängt. Für die Ureinwohner ist das ein Zeichen freundschaftlicher Absicht. Schnell kommt der Kontakt mit ihnen zustande. Tage später werden sie jedoch von einer anderen Gruppe Aborigines mit Speeren beworfen. Die Australier haben ihre Waffen auf Wurfteller gelegt und schleudern sie den Reisenden entgegen. Leichhardt bleibt nichts anderes übrig, als zur Warnung mit der Pistole in die Luft zu schießen.

In der Nähe der Süßwasserlagunen stößt man neben Emuherden, aus denen immer wieder einige Vögel geschossen werden, auch auf Schwärme von Wildtauben und weißen Kakadus. Ein Bach mit klarem Wasser wird von Leichhardt Beames-Bach genannt. „Nach wenigen Kilometern", notiert er, „kamen wir wieder zu einem Fluß, der ein breites, sandiges und von hängenden Teebäumen umrahmtes Bett hatte, dessen Wasserlauf aber nur zwei Meter breit und sehr seicht war. Ich taufte ihn Nicholson-Fluß nach Dr. William Alleyne Nicholson in Bristol, dessen großmütiger Freundschaft ich es zu verdanken hatte, daß ich mich den Naturwissenschaften widmen konnte und nach Australien ging.

Meine Reise zum Golf hatte gezeigt, daß sich die von Kapitän Stokes entdeckten Ebenen bis zum Nicholson-Fluß ausdehnten und sich weit gegen Süden an zwei Salzwasserflüssen, deren westlicher der Albert-Fluß war, am Golf entlang erstreckten. Diese Ebenen wurden im Süden von Buchsbaumniederungen begrenzt und durch zahlreiche Creeks bewässert ... Eine bemerkenswerte Tatsache war die gemäßigte Temperatur dieser Gegend. Die erfrischende Eigenschaft der hier vorherrschenden Winde und die kalten Nächte taten uns sehr gut. Wir befanden uns mit Ausnahme von Roper, der noch an seinen Wunden litt, alle sehr wohl."

Ende August 1845 beginnt es heftig zu regnen. So wird kurz nach Verlassen des Nicholson eine längere Marschpause eingelegt. Auf einer sandigen Anhöhe schlägt man die Zelte auf und richtet sich für mehrere Tage ein.

Durchs Arnhemland. Je näher man dem Reiseziel kommt, desto spärlicher und öder wird die bis dahin üppige und abwechslungsreiche Landschaft. Zugleich nimmt sie aber alpinen Charakter an. Nur sind die Berghänge steiler und zerklüfteter als in der Great Dividing Range. Stellenweise erscheint die See auf dem Zug

Abb. 25: Chamber's Säule

nach Nordwesten zum Greifen nah. Überall stößt man auf Tintenfischknochen; und die Männer sehen die hohen gischtigen Wellen auf den weißen leeren Strand zurollen.

Es herrscht paradiesische Einsamkeit. Mehrfach ertappt sich Ludwig Leichhardt bei dem Gedanken, sich in den Sand zu legen, dem Spiel der Wellen zuzusehen und einfach hierzubleiben. Irgendwann würde sicher ein Schiff vorbeikommen, sie zurückbringen aus jener Traumwelt ...

Doch er verwischt den Gedanken. Verstohlen blickt er sich nach seinen Begleitern um. Vielleicht haben sie längst das gleiche Idol. Vorwärts – immer weiter – nur jetzt nicht solche Träume, da das Ziel nahe sein muß.

Anfang Oktober sichten Brown und Charley auf einem Erkundungsgang von einer Anhöhe aus ein inselartiges Gebilde im Carpentaria-Golf. Später stellt sich heraus, daß es sich um die Maria-Insel vor der Limmenbucht gehandelt hat. Hier liegt der Übergang zum Arnhemland.

Leichhardts topographische Berechnungen ergeben, daß die Expedition, wenn sie den Nordwestkurs beibehält und quer durch das Arnhemland zu seiner äußersten Spitze hinaufzieht, nach etwa 600 Kilometern die englische Ansiedlung Port Essington erreichen könnte. Erneute Zwangspausen sowie Abweichungen nach Süden und Südwesten auf Wassersuche einkalkuliert, veranschlagt er noch etwa 40–50 Tage. In eineinhalb Monaten wäre die Reise vielleicht zu Ende.

Der 21. Oktober ist ein schwarzer Tag. Bevor das Nachtlager aufgeschlagen wird, sucht man lange nach den Pferden. Endlich trifft Charley ein und berichtet, daß drei in einer starken Strömung des Flusses beim Tränken umgekommen sind. Kurz darauf verliert man ein weiteres, so daß die Expedition nur noch über neun Pferde verfügt.

Wie soll es weitergehen? Leichhardt überlegt. Er und seine Kameraden stehen kurz vor dem Ziel. Eine Nuance Ungewißheit bleibt. Wenn die Karteneintragungen über englische Ansiedlungen auf dem Arnhemland ungenau sind? Wenn man trotz der angegebenen Position von Port Essington noch etliche Meilen weiterreisen müßte unter erneuten Umwegen auf der Suche nach Wasserstellen?

Er berät sich mit seinen Begleitern. Alle sind sich einig, daß man die Traglast der Pferde nicht in ihrem gesamten Umfang auf die Ochsen verteilen kann.

Schweren Herzens entschließt sich Leichhardt wenige hundert Meilen vor dem Ziel, einen Teil seiner botanischen Kollektion, die er quer durch den australischen Kontinent transportiert hat, zu vernichten. Spät am Abend, als alle anderen bereits schlafen gegangen sind, gibt er Pflanzen, Gräser, viele Strauch- und Gehölzproben den Flammen des Lagerfeuers preis. Die wichtigsten Belege jedoch, so ist er überzeugt, wird er weiter mit sich nehmen und der Mitwelt Auskunft geben können über den interessanten Artenreichtum bisher unerschlossener Natur fast am Ende der Welt. Sie bleiben, werden vor der Vernichtung bewahrt und trotz mancherlei Erschwernis weitertransportiert. Ein Teil davon gelangt später nach Europa; das übrige Material wird in Sydney aufbewahrt.

Arnhemland, so stellen die Männer Tag für Tag fest, scheint weitaus dichter von Aborigines besiedelt als alle übrigen der bisher durchreisten Gebiete. Selbst am Carpentaria-Golf, wo sie ihnen auf Schritt und Tritt begegnet waren, schienen sie nicht so zahlreich wie hier.

Ursache mag die geringe Entfernung zur indonesischen Inselwelt sein, wo sich günstige Tauschmöglichkeiten für verschiedene Produkte ergeben. Immerhin beträgt die Distanz zwischen der Cobourg-Halbinsel als äußerstem Nordwestzipfel auf dem Arnhemland durch die Arafurasee bis zur Maluku-Insel Selaru nur rund 300 Kilometer und bis zur Insel Timor durch die Timorsee etwa 700 Kilometer.

Wiederholt kommen Aborigines ins Lager und zeigen den Leichhardt-Männern den Weg zum nächsten Fluß. Mehrere Tagereisen zieht man an den Ufern des Wilton hinauf. Dies scheint der bequemste Weg weiter nach Norden zu sein. Die Ufer sind felsig, ebenso das Hinterland zu beiden Seiten. Wollte man eine andere Route einschlagen, wäre das Vorwärtskommen wahrscheinlich noch weit schwieriger.

„Von einem Hügel aus hatte ich eine fast entmutigende und trostlose Aussicht über die erschreckend steinige Landschaft vor uns. Es schien, als ob die horizontal gelagerten Sandsteinschichten buchstäblich in Stücke gehackt worden seien. So lagerten die Steinblöcke in bizarren Formen da. Gestrüpp hatte in den Spalten und Klüften Wurzeln gefaßt und verbarg die Schwierigkeiten des Geländes, die uns noch bevorstanden. Der Creek, in dem wir nur langsam vorankamen, lag meist voll

Abb. 26: Port Darwin

großer Felsbrocken. Häufig glitten unsere geschwächten Tiere zwischen ihnen aus. Steile und fast senkrechte Felswände zu beiden Seiten des Creeks zwangen uns bald, ihn zu verlassen und uns einen anderen Weg zu suchen. So mühten wir uns Schritt für Schritt quer durch Arnhemland vom Flußgebiet des nach Osten fließenden Roper zu dem westlich gerichteten Daly oder Alligatorfluß hinüber.

Myriaden fliegender Füchse hingen in dichten Klumpen im schattigen und feuchten Uferwald hoch oben in den Bäumen. Kleine blaue Früchte eines häufig vorkommenden Baumes spendeten ihnen hier ausreichend Nahrung. Meine Begleiter schossen mehr als sechzig Stück ab. Sie lieferten uns reichliches Frühstück, Mittag- und Abendbrot. Ganze Schwärme kleiner Bienen setzten sich auf unsere Hände und unser Geschirr."

Port Essington. Immer zerklüfteter zeigt sich die Gegend. Es ist ein wahres Felsenlabyrinth, in das sie hineingeraten sind. Nun heißt es Ruhe bewahren, um auch unversehrt herauszufinden. Sie alle sind von den Anstrengungen des nicht enden wollenden Marsches gezeichnet. Zu den Magen- und Darmbeschwerden kommen

Hitzebläschen, die das ganze Gesicht sowie die Halspartie bedecken, zu eitern beginnen und einen unerträglichen Juckreiz verursachen – herbeigeführt durch die feuchtheiße Luft und die zahlreichen Insekten.

In den letzten Novembertagen des Jahres 1845 erreicht die Expedition den Südalligatorfluß. Bis Port Essington am Van-Diemen-Golf bleiben nach Leichhardts Schätzung über 200 Kilometer.

Je näher man der Küste kommt, desto häufiger wird das Zusammentreffen mit Aborigines. „Überall sahen wir Australier fischen, nach Wurzeln graben oder das Gras abbrennen."

Der 1. Dezember bringt die wohl bedeutendste Begegnung. An der Spitze mehrerer Männer nähert sich aus dem Busch ein älterer unbewaffneter Eingeborener und richtet nach der Begrüßung einige Worte in englisch an die Reisenden: „Kommandant! Kommt näher, seid gegrüßt! Sehr gut! Wie heißt Ihr?" Das freundliche, furchtlose Auftreten läßt darauf schließen, daß jene Aborigines nicht zum ersten Mal Weißen gegenüberstehen.

Die Vermutung bestätigt sich, denn sie kennen die europäischen Bewohner der Küste. Zwei Häuptlinge erklären sich bereit, die Expedition bis Port Essington zu führen. Als Gegenleistung erhalten sie einige Geschenke. Bevor man aufbricht, werden die Forscher von den Australiern mit Palmkohl und Wurzelknollen bewirtet.

Am nächsten Morgen ziehen etwa 200 Aborigines mit ihnen auf Port Essington zu. Auch Frauen und Kinder sind darunter. Ein ganzer Stamm, so scheint es, befindet sich im Aufbruch. Bald bleiben die meisten zurück. Dafür gesellen sich neue Eingeborene hinzu. Vermutlich gibt eine Stammesgemeinschaft die Expedition an die nächste weiter. So bewegt man sich am südwestlichen Ausläufer des Spencer-Gebirges bis zur Spitze der Cobourg-Halbinsel zwischen Van-Diemen-Golf und Dundas-Straße entlang. Ihren letzten Ochsen, der das Lieblingstier geworden ist, brauchen die Männer nicht mehr zu schlachten.

Am 17. Dezember zieht Ludwig Leichhardt mit seinen sechs Kameraden in der englischen Ansiedlung Port Essington ein. Die Kolonisten wollen ihren Augen nicht trauen und meinen, einen Geisterzug zu sehen.

Vor dem Haus des Ortskommandanten macht die Expedition zum letzten Mal halt. Leichhardt erstattet Kapitän Mac Arthur zunächst in aller Kürze Bericht über die Landreise von der Moretonbay bis zum Van-Diemen-Golf.

Mr. Mac Arthur und die Siedler sind begeistert. So recht wollen sie es aber immer noch nicht glauben, daß die vor ihnen stehenden bärtigen Männer in der abgetragenen, staubigen Kleidung als erste nicht mit einem Schiff zum Arnhemland gekommen sind, sondern über 1 800 Meilen von Brisbane quer durch die unerschlossene Wildnis.

Als Leichhardt zum Beweis seine Kartierungen vorlegt und einige Tagebuchaufzeichnungen, werden die letzten Zweifel zerstreut. Mac Arthur weist den

Männern bequeme Unterkünfte zu, wo sie sich von den Strapazen der Reise erholen können, und veranlaßt, daß sie neue Kleidung erhalten. Der Arzt in jener Ansiedlung unterzieht sie einer gründlichen Behandlung. Beim ersten Bad und anschließend bei einer Mahlzeit mit ham and eggs fühlt sich Leichhardt für manche Strapazen entschädigt. Als Dank für die freundliche Aufnahme schenkt er dem Ortskommandanten den letzten Ochsen. Es ist das eigenartigste, wenngleich überaus originelle Erinnerungsgeschenk, das wohl je von einem Expeditionsleiter gemacht wurde.

Port Essington mit seinen niedrigen Holzhäusern und schmalen Wegen, die von Kokospalmen gesäumt sind, läßt sich zwar nicht mit der Atmosphäre in Sydney oder Brisbane vergleichen, aber Leichhardt gefällt das Fleckchen europäischer Zivilisation in tropischer Wildnis. Wenngleich diese englische Niederlassung aufgrund der Unwirtlichkeit jener Region wieder aufgegeben wird, findet sie Jahrzehnte später gewissermaßen Fortsetzung mit der Gründung des Ortes Darwin – etwa 160 Kilometer südwestlich des ehemaligen Port Essington an der Küste des Arnhemlandes gelegen. Darwin entwickelt sich in der Folgezeit zur bedeutendsten australischen Hafenstadt im Nordterritorium.

Letzte Nachricht vom Cogoon-Fluß

Zurück nach Sydney. Bereits in Port Essington und seiner Umgebung werden Ludwig Leichhardt und seine Begleiter mit Ehrungen und Geschenken überhäuft. Jeder der Siedler will die beherzten Männer sehen, ihnen die Hand schütteln – und sie natürlich auch in seinem Haus begrüßen.

Nachdem er anfangs solchen Trubel über sich ergehen ließ, zieht sich Ludwig Leichhardt zurück und versucht den Aufenthalt für das Erfassen erster Reise- und Forschungsresultate zu nutzen. Mac Arthur hat angedeutet, daß vielleicht schon in wenigen Wochen ein Schiff auf dem Weg zwischen Djakarta oder Singapore zur australischen Ostküste in Port Essington anlegen und sie mit nach Sydney zurücknehmen würde.

Die Zeit bis dahin will Leichhardt nicht unnütz vertun. Und schon bald arbeitet er mit der gewohnten wissenschaftlichen Disziplin wie in Berlin, London, Paris oder Sydney auch im entfernten Port Essington. Er bringt einen Reisebericht zu Papier und schließt die Kartierungsarbeiten über die durchquerten Gebiete ab.

Am 24. Januar 1846 begibt sich Ludwig Leichhardt mit seinen Begleitern an Bord des englischen Segelschoners „Heroine", der sich auf der Fahrt von Java nach Sydney befindet. Das ist für sie ein glücklicher Umstand, denn so können alle auf direktem Wege zum Ausgangspunkt der Expedition zurückgelangen, ohne unterwegs irgendwo an Land gesetzt zu werden und auf das Weiterkommen warten zu müssen.

Von Kapitän Mac Arthur und den Siedlern herzlich verabschiedet, beginnt die Rückfahrt. Obwohl man nicht weiß, welche unliebsamen Überraschungen eine solche Seereise mit sich bringen mag, ist allen wesentlich wohler als vor fast zwei Jahren bei ihrem Aufbruch von der Moretonbay ins Ungewisse der australischen Wildnis.

Der Kapitän des Schiffes, Mr. Mackenzie, tut mit seiner Mannschaft alles, um den Forschern die Fahrt so angenehm wie möglich zu machen, dennoch wird sie für Leichhardt unangenehm. Seine Gefährten, die während des langen Marsches sonst Tag für Tag mit hunderterlei Dingen beschäftigt waren, sind nun für einige Wochen zur Untätigkeit verdammt. In der Enge des Schiffsraumes brechen Zwistigkeiten, die untereinander und besonders gegen Ludwig Leichhardt schon auf der Landreise nach Port Essington aufgetreten waren, erneut aus.

In einem Brief, den er an Bord der „Heroine" schreibt und dann von Sydney an Schwager Schmalfuß sendet, macht er seinem Ärger über Unstimmigkeiten mit den Reisebegleitern endlich einmal Luft: „In der Wahl meiner Gefährten bin ich recht unglücklich gewesen, und sie haben alles mögliche getan, meine Reise unangenehm zu machen ... Herr Gilbert suchte auf mannigfache Weise mich zu betrügen, und wäre er am Leben geblieben, so würde ich wahrscheinlich wenig Früchte von meiner Reise geerntet haben. Nach seinem Tode fand ich seine Pläne aus ...Roper war ein unerfahrener bornierter junger Mann, der es ... unter seiner Würde hielt, mir zu gehorchen und glaubte, daß er vollkommen soviel Recht an meinen Sachen hatte als ich selbst. Der einzige, der sich mit wenigen Ausnahmen untadelhaft gegen mich betrug, war ... Herr Calvert, welcher auf demselben Schiffe mit mir von England gekommen war ... Am Ende meiner Reise quälten mich meine Gefährten so sehr, daß ich es wahrscheinlich nicht länger als einen Monat ausgehalten haben würde. Ich war tief erschöpft ... mehr geistig als körperlich, als ich in Port Essington ankam. Du kannst Dir leicht denken, daß ich wenig Freude finde, mit diesen Quälgeistern nach Vollendung meiner Reise weiter zu verkehren; ihr bloßer Anblick ekelt mich."

Es ist das bittere Fazit eines Wissenschaftlers, dem die Forschungsarbeit durch egoistisches Verhalten mehrerer Begleiter vorwiegend in der letzten Phase seiner Expedition zur Last und zur Qual geworden war. Daß Leichhardt dennoch nicht aufgab, daß er alles daransetzte, trotz des täglichen Zwiespalts in seiner Reisegruppe das große Ziel zu erreichen, spricht eindeutig für die Disziplin und Beharrlichkeit, mit der er zu Werke ging. Jetzt auf der „Heroine" kommen Neidgefühle bei einigen Begleitern auf, denn wie es nun einmal üblich ist, bedachte man Leichhardt als Initiator und Leiter der Expedition mit den meisten Ehrungen. Dadurch aber fühlten sich andere benachteiligt und zurückgesetzt.

Leichhardt ist keineswegs der Mann, der sich in seinem Tatendrang durch derlei Nichtigkeiten für längere Zeit beeinträchtigen läßt. Auf der „Heroine" reift in ihm, wie ein Brief bezeugt, die Idee für eine zweite Expedition: „Sobald ich nach Sydney komme, werde ich meine Reise ausarbeiten und sie zum Druck zurecht machen. Habe ich diese Arbeit vollendet, so versuche ich es, mir Mittel zu einer andern Reise durch das Innere von Australien, von der Ostküste zur Westküste, nach dem Swan River, zu verschaffen, und ist mir dies gelungen, so werde ich an der Nordwestküste von Swan River nach Port Essington hinaufgehen. Es gibt hier noch viel zu tun. Habe ich alles dies hinter mir, dann werden die Umstände lehren, was noch weiter zu tun. Ich sehne mich nicht nach Europa, wohl aber nach europäischen Freunden; hätte ich diese hier, so würde ich kaum an ein Zurückkehren denken. In Sydney glaubt man, daß ich längst entweder ermordet oder verhungert bin, ja man vertraut so wenig dem glücklichen Erfolg meiner Unternehmung, daß man eine andere Expedition unter Sir Thomas Mitchell auszusenden im Begriff ist, welche insgesamt 7 000 Taler kostet, während die meinige kaum 900 Taler gekostet hat. Was werden die Leute sagen, wenn ich plötzlich aus dem mir schon gegrabenen Grabe auferstehe, mit einer Menge von Bergen, Gebirgen, Flüssen und Bächen in der Tasche? – Wir wollen sehen!"

Begeisterter Empfang. Es ist der 29. März 1846, als Ludwig Leichhardt und seine Gefährten wieder in Sydney eintreffen. Und er kommt nicht mit leeren Händen.

Obwohl er einen Großteil der botanischen Sammlung aufgrund jener Transportschwierigkeiten noch kurz vor dem Ziel vernichten mußte, bringt er etliche aufschlußreiche Belege aus Fauna, Flora und Geologie des australischen Inneren mit zur Ostküste. Darüber hinaus hat er exaktes Kartenmaterial, das er in täglicher mühevoller Kleinarbeit von den durchreisten Gebieten angefertigt hat, sowie detaillierte Tagebuchaufzeichnungen und den in Port Essington beendeten Reisebericht.

Das ist viel und soll binnen kurzer Zeit dazu beitragen, seinen Namen für immer in die Annalen der Wissenschaft eingehen zu lassen.

Noch am Tag seiner Ankunft begegnet er in Sydney einem alten Bekannten, dem Tabakhändler Aldis. Der übernimmt, da die Presse noch in den Kinderschuhen steckt, Telegrafie, Rundfunk und Fernsehen noch nicht existieren, die Funktion der fehlenden Massenkommunikationsmittel in einer Person. In Windeseile verbreitet er die Nachricht vom glücklichen Ausgang der längst verschollen geglaubten Expedition. Indem er Leichhardt zu Leutnant Lynd geleitet, ruft er jedermann in den Straßen zu: „Das ist Leichhardt, den wir längst begruben, über den wir Totenlieder sangen; er kommt von Port Essington und hat die Wildnis besiegt!"

Bald weiß es die gesamte Kolonie. Die Honoratioren, an ihrer Spitze der Gouverneur, sowie Farmer, Händler, Hafenarbeiter und Soldaten – sie alle gratulieren Leichhardt und seinen Kameraden zur Rückkehr von ihrer Expedition, an die zuvor niemand mehr glauben wollte.

Abb. 27: Öffentliche Begrüßung bei der Ankunft

Abb. 28: Sydney um 1800

Leutnant Lynd hatte bereits auf den totgeglaubten Leichhardt einen Grabgesang geschrieben. In der Freude von der Wiederkehr jedoch wird er durch den jungen englischen Kolonisten Sylvester umgehend zu einer Willkommenshymne. Adolf Böttcher hat diese Hymne später in einer Bearbeitung für den Lebensabriß über Ludwig Leichhardt ins Deutsche übertragen. „On Dr. Leichhardt's return from Port Essington to Sydney" (Auf Dr. Leichhardts Rückkehr von Port Essington nach Sydney")

Darin heißt es:
„O Wanderer, Du kehrst zurück aus jener Wüstenpracht, wo die Natur von ihrem Thron in Riesenschönheit lacht ...
Was galt in Wäldern Dir Gefahr? Was Dir mit Fluten Streit?
Du standest, ein Eroberer kühn, in öder Einsamkeit!
Ob Moor, ob Klippen Dir getrotzt, Dein Mut blieb treue Wehr – Entgegen jauchzt ein dankbar Volk heut Deiner Wiederkehr ...
Glorreicher Mann, von dem die Welt jahrtausendelang erzählt.
Als Wandrer, der voll Edelmut das kühnste Ziel gewählt ..."

Sicher werden manchem heutigen Leser die voll pathetischem Überschwang, in laienhaftem Stil geschriebenen Zeilen nicht behagen. Doch man muß berücksichtigen, daß die englischen Siedler, die ihre Heimat verließen und in Australien ansässig wurden, größtenteils – der elementaren Lebensweise auf dem neuen Kontinent entsprechend – einen starken Hang zur Natur- und Gefühlsdichtung ihrer Zeit besaßen. In eben jenem Tenor ist die Hymne auf Leichhardt verfaßt.

Ungeachtet dessen spricht Sylvesters Gedicht von der Begeisterung und Anteilnahme englischer Kolonisten an Leichhardts Expedition und seiner wohlbehaltenen Rückkehr. Eine Unzulänglichkeit ist jedoch nicht zu verkennen: Leichhardts Begleiter, die trotz mancherlei Unstimmigkeiten maßgeblichen Anteil am Gelingen der Forschungsreise hatten, werden darin mit keinem Wort erwähnt. Lediglich der Führer der Expedition steht im Blickpunkt und wird gleichermaßen der Mit- wie Nachwelt verherrlicht.

Die Kolonialregierung bleibt nicht müßig, ein finanzielles Ehrengeschenk zu machen. Im Namen des Gouverneurs von Neusüdwales überreicht Kolonialsekretär E. Deas Thomson Leichhardt am 25. Juni 1846 die Summe von 1 000 Pfund Sterling. Eine beigefügte Liste sieht folgende Verteilung unter den Expeditionsmitgliedern vor: Ludwig Leichhardt 600 Pfund, Calvert und Roper je 125 Pfund, Murphy 70 Pfund, Charles Fisher und Harry Brown je 50 Pfund und Philipps 30 Pfund Sterling. Philipps, der ja, als er die Reise unter Leichhardt antrat, noch Gefangener der Britischen Krone war, erhielt nach Abschluß der Expedition seine Begnadigung und Freilassung.

Durch eine Sammlung der Kolonisten für die Expeditionsteilnehmer kommen 854 Pfund Sterling zusammen. Sie werden Leichhardt am 21. September 1846 in der Sydneyer Schule der Künste feierlich überreicht, als er vor einem zahlreichen Publikum über die Reise berichtet.

Diese finanzielle Zuwendung ermöglicht es ihm und den Gefährten, in der zivilisierten Welt an der australischen Ostküste wieder einigermaßen Fuß zu fassen, und seine ehemaligen Begleiter können sich in aller Ruhe nach einer geeigneten beruflichen Tätigkeit umsehen.

Resümee. Leichhardt aber beginnt in fieberhafter Tätigkeit mit der fundierten Auswertung der Expedition. Immerhin hat er an der Seite der sieben, seit Gilberts Tod mit den verbliebenen sechs Begleitern zwischen dem 1. Oktober 1844 und dem 17. Dezember 1845 mehr als 1 800 englische Meilen zurückgelegt. Bedeutendste Entdeckungen waren die Flüsse Mackenzie, Isaac sowie Suttor.
Als besonders geeignet für den Ackerbau und die Weidewirtschaft ortet Leichhardt das Gebiet um Nonda, während er am Mackenzie größere Kohlevorkommen feststellt. In Sydney beendet er die Reinzeichnung seiner Reisekarte und legt ein vollständiges Verzeichnis aller von ihm während der Expedition zusammengetragenen Funde an.

Abb. 29: Sydney um 1860

Die weitaus meiste Zeit jedoch nimmt die Bearbeitung der Tagebuchaufzeichnungen ein, welche in England so schnell wie möglich in Druck gehen sollen:
„Fast seit meiner Ankunft von Pt. Essington bin ich beständig mit der Ausarbeitung
meines Reiseberichts beschäftigt gewesen. Während ich 15 Monate hindurch unter
Gottes freiem Himmel lebte und kaum während seltener Regentage von einem Zelt
Gebrauch machte, bin ich die letzten 4–5 Monate fast nicht aus dem Hause gekommen. Mein Werk ist vollendet, korrigiert und kopiert und wird in ungefähr 3 Wochen nach England abgehen. Es ist Englisch geschrieben; denn meine Beobachtungen waren Englisch abgefaßt, und es würde mir wenigstens dreimal so viel Zeit
gekostet haben, das Werk in der Deutschen Sprache zu schreiben ...

Mein Werk und meine Karte wird mir wahrscheinlich gleichfalls einiges Geld
einbringen, mit welchem ich meine Schulden an William zu bezahlen gedenke. Mit
dem Überschusse hoffe ich Mütterchens letzte Lebenstage sorgenloser zu machen.
Sollte Adolph noch nicht sich gezwungen gesehen haben, Vaters Haus zu verkaufen, so würde ich den größten Teil seiner Schulden bezahlen unter der Bedingung,
daß Mütterchen, so lange sie lebt, eine Annuität davon bezieht. Ich wünsche sehr,
Vaters Eigentum dem Namen Leichhardt zu erhalten ...

Ich habe von allen Seiten die größten Beweise von Achtung und Teilnahme erhalten, und ich erkenne mit Rührung die leitende Hand einer gütigen Vorsehung in
meinem wechselvollen Wanderleben an. Gestern abend gab ich eine öffentliche
Vorlesung in Bezug auf meine Reise, und meine Zuhörer empfingen und entließen

mich mit dem lautesten Beifall. Nichts befriedigt mich mehr, als das Bewußtsein, daß diese allgemeine Anerkennung mit keinem Neid getrübt ist, und sollte Neid in den Herzen einiger engherziger Menschen sich regen, so scheut er sich, an das Tageslicht zu kommen ...

Ein neuer Gouverneur, Sir Charles Fitzroy, ist angekommen; und ich werde wahrscheinlich in einigen Tagen bei ihm eingeführt werden.“

Inzwischen trägt er sich mit der Absicht, die bis Port Essington transportierten Teile seiner Pflanzensammlung an den Biologen Gaetano Durando vom Jardin des plantes in Paris zu schicken. Jedoch findet er nicht die Zeit, alle Belege zuvor eingehend zu analysicrcn und zu ordnen.

So bleibt es beim Vorsatz, und die Sammlung soll erst nach Beendigung der zweiten Expedition in die französische Hauptstadt abgehen. Immerhin fühlt sich Leichhardt auch im fernen Australien mit der wissenschaftlichen Welt Westeuropas verbunden.

Mit aller Kraft arbeitet er Tag für Tag am Reisebericht. Er muß möglichst schnell in die Heimat gelangen, damit er dort verlegt werden kann.

Nachdem er das Manuskript Ende 1846 aus Sydney abgeschickt hat, erscheint Leichhardts Reisebericht im darauffolgenden Jahr unter dem Titel „Journal of an overland expedition on Australia from Moreton Bay to Port Essington“ (Tagebuch einer Landreise in Australien von der Moreton Bay nach Port Essington) in London.

Die deutsche Übersetzung von Ernst Amadeus Zuchold kommt 1851 im Hallenser Verlag von H. W. Schmidt heraus. 100 Jahre später entstehen zwei Bearbeitungen dieser Tagebuchnotizen. Unter den Titeln „Ins Innere Australiens. Die erste Durchquerung von Brisbane zur Nordküste“ sowie „Schicksal im australischen Busch“ wurden sie vielen Lesern als spannende, koloritreiche Reiseschilderungen bekannt.

Was Leichhardt seit seiner Studienzeit insgeheim ersehnt und erhofft hat – die Reise mit ihren bahnbrechenden Resultaten nicht zuletzt für die künftige und heutige Besiedlung des Kontinents macht ihn im Handumdrehen sowohl in der australischen wie der internationalen Öffentlichkeit bekannt. Verblüffend sind die exakten Forschungsergebnisse, die er lediglich mit wenigen wissenschaftlichen Hilfsmitteln erbrachte.

Die unterschiedlichen Interessen der übrigen Expeditionsteilnehmer, ihre zum Teil völlige Gleichgültigkeit gegenüber Leichhardts beharrlichen Beobachtungen, Messungen und dem Sammeln von Belegen, natürlich auch die Streitigkeiten und Zerwürfnisse haben dazu beigetragen, daß die Reisegesellschaft sofort nach ihrer Ankunft in Sydney auseinanderfiel. Über das weitere Schicksal der meisten Teilnehmer ist nichts bekannt geworden.

Der deutsche Reiseschriftsteller Friedrich Gerstäcker (1816–1872) traf Roper Jahre später in Albury am Murray und schildert die Begegnung mit ihm im 4. Band

Abb. 30: Ayres-Rock

seiner „Reisen", der ausschließlich Australien gewidmet ist. Als einziger nimmt der Aboriginal Harry Brown 1847 an Ludwig Leichhardts zweiter Expedition teil.

Neue Pläne. Noch während er mit den wissenschaftlichen Auswertungen der ersten Reise beschäftigt ist, nimmt der Gedanke zu einem zweiten Forschungsvorhaben immer konkretere Formen an. Diese Expedition soll nach Leichhardts Vorstellung Anfang 1847 beginnen und nicht nur länger, sondern auch interessanter als die erste sein. Obgleich die Reise von Brisbane bis Port Essington bereits eine Fülle an Aufschlüssen erbracht hat, erwartet er offensichtlich von der Route zur australischen Nordwestküste noch mehr Ergiebigkeit, denn es gilt, sie bis Swan River „zu verfolgen. In einer Breite von 23° 30' kreuzte und verließ ich einen Fluß, der, obwohl nicht fließend, doch mit Wasser reichlich versehen war. Ich wünschte nun an diesem Fluß hinauf zu gehen und von seinen Quellen entweder auf die Quellen der Nebenströme des Burdekin oder auf die Quellen des Wassersystems des Golfs von Carpentaria zu kommen, welches ich in ungefähr 22°–23° Breite zu finden hoffte. Auf dem vorausgesetzten Plateau dieses Wassersystems wünsche ich nun gegen

Westen zum Cambridge Golf zu gehen und dann mich gegen Süden zu wenden und ungefähr 150–200 Engl. Meilen von der Küste, dieser parallel nach Swan River zu wandern. Ich habe nach Indien geschrieben, um Kamele zu erhalten und werde auf jeden Fall wenigstens zwei Kamele, die schon in der Kolonie sind, zu erhalten suchen ...

Capt. Perry (Deputy Surveyor General) ist eifrig beschäftigt, meine Karten systematisch und zierlich auszuarbeiten, und es ist eine Freude zu sehen, wie das durchwanderte Land aus dem unbekannten, unbeschriebenen Innern Australiens hervortritt."

Die nächste Reiseroute ist damit für Leichhardt abgesteckt. Diesmal jedoch geht es nicht nord- bzw. nordwestwärts. Die unvermeintlich schwierige Aufgabe im Vergleich zur ersten Reise besteht darin, Australien in seiner ganzen Breite von Ost nach West zu durchqueren und, wenn es dann noch ausführbar scheint, bis zur Nordwestküste nach Port Essington auf dem Arnhemland vorzustoßen.

Dies ist ein unvorstellbares Vorhaben, das in der Geschichte der geographischen Forschungen bis dahin seinesgleichen sucht. Der Blick auf die Karte verrät, daß allein die Distanz von der australischen Ostküste bis zu den Ansiedlungen des im Südwesten gelegenen Swan-Landes über 3 000 Kilometer beträgt. Von der Kolonie Südwestaustralien in Küstennähe bis zum Arnhemland hinauf wäre es mindestens ebeso weit. Gelänge die Ausführung eines so verwegenen Planes, dann könnte Leichhardt als erster für sich in Anspruch nehmen, auf dem Landweg um einen ganzen Kontinent gereist zu sein, denn in Port Essington würden sich die Endpunkte beider Expeditionen schließlich berühren.

Während Ludwig Leichhardt die Route zu seiner zweiten großen Reise aufstellt, ist Thomas Mitchell das vierte Mal durch das australische Innere unterwegs. Wie Leichhardt bereits von den Siedlern in Port Essington erfahren hatte, war Mitchell im Auftrag der englischen Kolonialbehörden abgesandt worden, um ebenfalls neue Siedlungsgebiete zu erkunden und eine möglichst effektive Landverbindung zwischen der australischen Ost- und Nordküste zu finden, denn an eine Rückkehr der Leichhardt-Expedition glaubte Ende 1845 niemand mehr.

Nur zwei Tage vor Leichhardts erfolgreicher Rückkehr bricht Mitchell am 15. Dezember 1845 mit einem Riesenzug von 28 Begleitern, Packpferden und Schlachtochsen von der kleinen Niederlassung Buree am Zusammenfluß von Darling und Macquarie in die Terra incognita auf. Persönlich hat er sich wie auf den vorangegangenen Reisen das Ziel gestellt, weitere Aufschlüsse über das Darling-Murray-Stromgebiet zu erhalten.

Über das Quellsystem des Darling und des Condamine, das er weitgehend erschließt, zieht er nach Nordwesten und entdeckt die Quellen des Warrego sowie des Barcoo und Fitzroy. Nachdem er dem Belyando nordwärts gefolgt ist, erreicht er unter 24° 14' südlicher Breite und 144° 34' östlicher Länge den bereits von Leichhardt entdeckten Cape. Dort aber muß er umkehren. Die Unwirtlichkeit der

Landschaft, die wie bei Leichhardts Reise aufwendige Trinkwassersuche – dies alles zermürbt die gut ausgerüstete Mitchell-Expedition.

Allerdings darf Thomas Mitchell für sich verbuchen, als erster bis ins Große Artesische Becken, die abflußlose Wüstenebene westlich des Ostaustralischen Berglandes, vorgedrungen zu sein.

Wie groß ist Sturts Wüste? Das halbe Jahr, das Ludwig Leichhardt in Sydney verbringt, ist nach seinen eigenen Worten „eine harte Arbeitszeit. Meine Karten, das Ausarbeiten meines Tagebuchs, die Vorbereitung zu der neuen Reise, das Ordnen alter Sammlungen und das Bestimmen vieler neuer Pflanzen, welche ich während meiner Reise gesammelt, mehrere Vorlesungen, die ich in einem Institut in Sydney zu geben versprochen hatte, und dann unaufhörliche Besuche von den Bewohnern der Kolonie – alles hielt mich in einer beständigen Gärung und ließ mir wenig Zeit."

Dennoch findet er trotz seiner vielen wissenschaftlichen Aufgaben Kraft und Zeit, die zweite geplante Forschungsreise vorzubereiten. Leichhardt will Aufschluß erhalten über die geomorphologische Struktur der riesigen Landmasse Süd- und Westaustraliens zwischen den Darling Downs und dem Indischen Ozean, aber auch über den „allmählichen Wechsel der Pflanzen und Tierformen von einer Küste zur anderen".

Von vornherein ist er sich des großen Wagnisses voll bewußt, denn die vorgesehene Route wird mehr als 2 500 Kilometer durch jene fast vegetations- und damit auch wasserarme Landschaft führen, die später als südliches Randgebiet der Großen Victoriawüste unter der wenig verheißungsvollen Bezeichnung „Nullarborebene" in die Karten einging.

Daß eine größere Wüstenformation im Süden Australiens existiert, ist den Einwanderern seit dem Vorstoß der Sturt-Expedition vor zwei Jahren bekannt. Sir Charles Sturt war in seiner Funktion als Generalinspekteur der Kolonie Südaustralien 1844 auf Weisung der Regierung aus dem Hauptort Adelaide aufgebrochen, um die Region nordwestlich und nördlich der acht Jahre zuvor gegründeten Niederlassung nach Acker- und Weidezonen zu durchforschen.

Zusammen mit seinem Kollegen John Mac Douall Stuart (1815–1866) und weiteren Begleitern orientierte er sich beim Vordringen ins Landesinnere zunächst am Verlauf des Darling, dem er stromaufwärts folgte. Anschließend stieß die Sturt-Expedition zu einem langgestreckten Gebirgsmassiv, der Flinders-Kette, vor, von wo aus auf einem strapazenreichen Marsch unter hohen Verlusten an mitgeführten Tieren der Eyresee erreicht wurde, welcher mit dem gesamten Eyresee-Becken die natürliche östliche Begrenzung der Großen Victoriawüste bildet.

Von den Bewohnern der australischen Kolonien wurde sie zunächst Sturts Wüste genannt.

Der weitere Weg führte die Expedition durch die Ausläufer jener Wüste zum Mittellauf des Cooper Creek, bis bei 25° südlicher Breite akuter Wassermangel zur Umkehr zwang.

Auch Charles Sturt war wie Thomas Mitchell die Durchquerung des australischen Kontinents nicht vergönnt. Dennoch reiht er sich in jene Forschergeneration ein, die unter schwierigsten Bedingungen, mit einem hohen Wagnis weit in die Terra incognita vorstieß und dabei wichtige geographische Aufschlüsse erbrachte.

Leichhardt veranschlagt für die Reise zum Swan-River zweieinhalb Jahre – eine Zeit, die er sicher auch gebraucht hätte auf der weit häufigeren Suche nach Wasserstellen als auf der ersten Expedition. Immerhin verfügt er durch das großzügige Geldgeschenk des Gouverneurs und dank der Sammlung unter den Bewohnern der Kolonie über 600 Pfund Sterling, was 4 200 Talern entspricht. Diese Summe steckt er uneigennützig in die Ausstattung für das neue Unternehmen.

Anfang Dezember 1846 ist es dann soweit, und von Mr. Dennis' Station in den Darling Downs teilt er Schwager Schmalfuß nach Cottbus mit: „Hier bin ich wieder auf den Grenzen der bewohnten Kolonie, und in 3 Tagen sagen wir dem europäischen Ansiedler Lebewohl. Es ist ein langes Lebewohl, denn ich kann nicht hoffen, ich kann selbst nicht wünschen, diese Reise ... in weniger als 2½ Jahren zu vollenden. Die Subskriptionen der Kolonie hatten mich in den Stand gesetzt, 600 £ auf die neue Reise zu verwenden. Ich kaufte 13 Maultiere, 12 Pferde, 270 Ziegen und die nötigen Lebensvorräte, besonders Mehl, Tee, Zucker und Salz und erhielt 3 Maultiere, 3 Pferde und 40 Ochsen zum Geschenk. 2 Schwarze und 6 Weiße begleiten mich; alle freiwillig, alle bereit, während der nächsten 3 Jahre von getrocknetem Rindfleisch zu leben und Tee zu trinken, denn mein Mehl- und Zuckervorrat ist nicht der Rede wert und wird kaum 6–8 Monate reichen. Doch das Beispiel meiner früheren Reise hat deutlich gezeigt, daß diese Nahrungsmittel vollkommen hinreichen, uns gesund und stark zu erhalten. Ich beginne meine Reise wiederum von einer der westlichsten Stationen der Darling Downs ... und verfolge meinen frühern Weg zu den Tropen bis zu Peak Range in lat. 22° 44' und wende mich dann gegen Westen, um die Ausdehnung jener interessanten Gegend zu bestimmen und zu versuchen, ob ich in dieser Breite gegen das Innere von Australien vordringen kann ...

Nach allem, was ich von meinen gegenwärtigen Begleitern gesehen habe, verspreche ich mir in dieser Beziehung eine sehr angenehme Reise. Es sind junge Leute, einige recht wohl erzogen, deren Charakter mir entweder seit einiger Zeit bekannt war oder die mir auf das beste empfohlen wurden. Ein junger Tannergesell Boecking ist vom Rheine und folglich ein Landsmann. Herr Mann ist surveyor (Kondukteur), Herr Bunce Botanischer Sammler, Herr Hely Sohn einer anständigen Familie in der Kolonie, Herr Turnbull der Aufseher des Pferde- und Maultiergestüts der Australischen Ackerbaugesellschaft und J. Perry ein junger Sattlergesell, alle in ihren verschiedenen Fächern sehr nützlich für meine Reise. (In meinem Testamente habe ich die notwendigen Verfügungen getroffen, sollte es Gott gefallen, mich nicht das Ende meiner Reise erleben zu lassen. Es ist in den Händen Herrn Lynds.)"

An der Tatsache, daß Leichhardt eine erstaunlich große Zahl an Ziegen mitnimmt, ist seine Absicht erkennbar, bei akutem Wassermangel mit der Milch dieser Vierbeiner auszukommen. Durch den relativ hohen Eiweißgehalt und Säuregrad ist Ziegenmilch in extrem tropischen Breiten nicht nur dazu geeignet, den Durst für längere Zeit zu löschen, sonders besonders ideales flüssiges Nahrungsmittel. So hofft er, bei dem Vorstoß nach Westen zumindest für jeweils einige Wochen auf Trinkwasser verzichten zu können.

Ludwig Leichhardt scheint von vornherein nicht völlig sicher über das Erreichen des gesteckten Reiszieles zu sein, denn er äußert beispielsweise: „Es ist indessen schwer zu bestimmen, welchen Weg ich einzuschlagen habe. Ich hänge gänzlich von der Gegenwart des Wassers ab und muß vorwärts schreiten, wie ich Wasser finde. Es ist selbst möglich, daß ich zum Golf von Carpentaria zu gehen und einen der Flüsse zu seinen Quellen zu verfolgen habe, um dem Innern von Australien nahe zu kommen. Dies wird von Herrn Cap. Stockes empfohlen, und ich werde diese seine Bemerkungen nicht aus den Augen verlieren. Sir Thomas Mitchell ist noch nicht zurückgekehrt und ich fürchte, daß ich von seinen Entdeckungen keinen Gebrauch werde machen können. Es ist indessen immer möglich, daß ich ihm im Innern begegne ..."

Als Mitchell 1847 wieder in Sydney eintrifft, ist Leichhardt bereits nach Westen aufgebrochen.

Vergebliche Mühe. Obwohl er sich noch immer nicht von den Strapazen der ersten Reise erholt hat und während des australischen Sommers häufig an Erschöpfungszuständen leidet, gibt es für Leichhardt kein Rasten.

In Woolshet (Mr. Dennis' Station) haben sich ebenfalls viele Kolonisten eingefunden, um die wagemutigen Forscher zu verabschieden. Es gibt Umarmungen, letzte Ratschläge und viele, viele gute Wünsche.

Zunächst ist Ludwig Leichhardt sehr optimistisch. Seine Begleiter haben ihm versichert, ihr Bestes zu geben, damit auch diese Expedition ein Erfolg wird. Sie wissen, daß ihnen die Wildnis alles, aber auch alles abverlangen wird. Er hat es ihnen vor Antritt der Reise eindringlich geschildert, denn er weiß es aus eigener Erfahrung so gut wie kein anderer. Vom Einsatz seiner Leute verspricht er sich diesmal bedeutend mehr als von den Begleitern des ersten Unternehmens nach Port Essington.

Während Freund Lynd noch voller Stolz nach Hamburg meldet, Ludwig Leichhardt sei guter Dinge und bei bester Gesundheit zu seiner neuen Reise ins Landesinnere Australiens aufgebrochen und habe die Absicht, nach der glücklichen Rückkehr zusammen mit einer jungen Dame, die er in Sydney kennengelernt hat, endlich einmal Deutschland zu besuchen, ist für diesen und seine Gefährten bereits nach wenigen hundert Kilometern die Reise zu Ende.

Noch ehe die Expedition richtig begonnen hat, ereilt sie ein unglücklicher Umstand nach dem anderen. Mehrere Männer erkranken an fiebrigem Durchfall, eine größere Anzahl Ochsen und Maultiere läuft während nächtlicher Rast davon und wird trotz aufwendiger Suche nicht mehr gefunden. So sinkt die Moral in der Gruppe bereits kurz hinter den Darling Downs. Die geringste unvorhergesehene Situation gibt Anlaß zur Streiterei. Unlust, ja Widerwillen gewinnen die Oberhand. Von der anfänglichen Disziplin ist kaum noch etwas zu spüren.

Schweren Herzens muß sich Leichhardt somit zur Umkehr entschließen. Wenn er es zunächst auch kaum glauben will – die zweite Expedition ist erst einmal gescheitert; und im Mai 1847 kehrt er deprimiert nach Sydney zurück.

„Die Ursachen dieses Mißlingens", so schätzt er selbst ein, „sind ungefähr die folgenden: Die jungen Leute, welche ich mit mir nahm, waren aus Sydney; sie waren an ein weichliches behagliches Stadtleben, aber nicht an das harte Leben des Busches gewöhnt ... Sie kannten kein anderes Interesse als ein rein pekuniäres und weltliches; sie hofften am Ende ihrer Reise von der Regierung Anstellungen und vom Volke Geld zu erhalten ... Sobald die Schwierigkeiten der Reise kamen, war ihre Festigkeit erschüttert, und anstatt sich ihrer frühern Dankbezeugung zu erinnern, betrachteten sie mich nun als einen harten Meister, dem es recht war, mit Schikanen und Intrigen zu schwächen."

Die Diarrhöe, unter welcher Leichhardts Leute zu leiden hatten, führt er auf das zu häufig genossene frische Schaffleisch zurück. Von den 108 mitgeführten Schafen schlachtete man fast täglich eins, „welches von 9 Menschen verzehrt wurde. Dabei genossen wir nur wenig Mehlspeisen und hatten keine anderen Vegetabilien, welche dem frischen Fleisch das Gleichgewicht halten konnten. Die Folge dieser frischen Fleischnahrung war, daß unsere Mägen häufig in Unordnung gerieten und daß unsere Körper leichter einer Ansteckung ausgesetzt waren."

Obendrein befällt Leichhardt heftiges Rheuma, und er kommt kaum auf sein Pferd hinauf. Trotz jener Unpäßlichkeiten versuchte er auch auf der relativ kurzen Forschungsreise sein wissenschaftliches Arbeitsprogramm zu erfüllen. Nach einem etwa 14tägigen Zwangsaufenthalt, den die erkrankten Expeditionsmitglieder auf Mr. Russels Station einlegten, erkundete Leichhardt auf der weiteren Tour den Mittellauf des Condamine und kartierte das Gebiet sorgfältig. In diesen sechs Wochen wurde er sein Rheuma nach und nach wieder los – durch ein elementares Mittel: Er entblößte ganz einfach die schmerzenden Körperteile und ließ sie während des Rittes durch die Wildnis von der australischen Sonne „braten". Da Wärme bei Rheuma bekanntlich nie schadet, vergingen die Schmerzen unter der täglichen Hitzetour sehr schnell.

Wer glaubt, Leichhardt würde nach dem Mißgeschick der zweiten Expedition aufgeben und sich fortan ausschließlich Wissenschaft und Publizistik verschreiben, der irrt gründlich. Bereits auf dem Rückweg nach Sydney plant er den nächsten Start in das Landesinnere. Er will den Kontinent als erster von Ost nach West durchqueren – es ist und bleibt sein sehnlichster Wunsch.

Hohe Ehrungen. Während Leichhardt allmählich die Enttäuschung über sein gescheitertes Forschungsunternehmen überwindet, wird ihm im fernen Europa, ohne daß er es im geringsten ahnt, hohe Ehre zuteil.

Am 24. Mai 1847 tritt die Königlich-Geographische Gesellschaft Englands in London zu einer ihrer Sitzungen zusammen. Erst wenige Wochen zuvor hatte sie durch Dr. William Nicholson einen Tagebuchauszug der erfolgreichen ersten Australienexpedition Ludwig Leichhardts erhalten.

Nun ehren die anwesenden Mitglieder die aufopferungsvolle Leistung des deutschen Forschers. Der Präsident der Gesellschaft, Lord Colchester, überreicht Nicholson, den man stellvertretend für seinen in Australien weilenden Freund geladen hat, die jährlich zu vergebende goldene Medaille (die sogenannte Patron's medal) der Königlich-Geographischen Gesellschaft mit Leichhardts Porträt.

„Die von Dr. Leichhardt von Moreton Bay nach Port Essington zurückgelegte Reise ...", betont der Präsident, „durch eine zuvor völlig unbekannte Gegend, mit einer fast beispiellosen Beharrlichkeit ausgeführt und mit dem vollständigen Erfolge gekrönt, eröffnet dem Ansiedler Australiens ein neues und weites Feld für seine Unternehmungen und verbindet die entfernt davon liegenden Ansiedlungen von Neusüdwales mit einem sichern Hafen in der Nähe des Indischen Archipels, wodurch die mit bedeutenden Umwegen verbundene und äußerst gefährliche Schiffahrt durch die Torres-Straße vermieden wird. Sie ist ein Unternehmen, von dem Concile der Medaille für würdig erachtet, welche von unserer allergnädigsten Beschützerin, unserer Königin, verliehen wird ... Wichtig und bemerkenswert bei dieser Reise bleibt, daß sie ganz und gar das Resultat eines Privatunternehmens ist. Wir erfreuen uns der Gegenwart eines von Leichhardts größten Gönnern, des Dr. Nicholson, welcher als jenes Stellvertreter diese Medaille übernehmen wird; denn Leichhardt selbst geht auf neue Entdeckungen aus ...“

William Nicholson dankt in seiner Erwiderungsrede: „Mein Lord. Anstatt meines Freundes Ludwig Leichhardt bitte ich Euer Herrlichkeit, meinen verbindlichsten Dank für die edelmütige Weise entgegenzunehmen, in welcher es der Königlich-Geographischen Gesellschaft gefallen hat, die Dienste anzuerkennen, welche durch seine letzte Reise nach Port Essington der Geographie erwachsen sind ...“

Wenig später verleiht die Geographische Gesellschaft Frankreichs Ludwig Leichhardt ihre goldene Medaille. Dies sind zwei hohe Ehrungen für ihn im Ausland. In seinem Vaterland hingegen bleibt ihm die Anerkennung vorerst noch versagt.

Im Dezember 1847 verläßt Leichhardt ein weiteres Mal Sydney, um endlich die Ost-West-Durchquerung des Kontinents Wirklichkeit werden zu lassen. Wieder sind neue Begleiter mit von der Partie. Zu seiner besonderen Freude befindet sich unter den Expeditionsteilnehmern Schwager August Classen aus Hamburg. Erst wenige Wochen zuvor war der Schiffskapitän in Sydney eingetroffen. Von seiner Teilnahme erhofft sich Ludwig Leichhardt mehr Unternehmungsgeist und Disziplin in der Forschergruppe. Zumindest würde er in schwierigen Situationen jederzeit auf ihn zählen können. Insgesamt besteht die Gruppe diesmal aus sieben Teilnehmern.

Bevor sie in die Wildnis aufbrechen, reist Leichhardt an den Hunter, um befreundete Farmer wiederzusehen, und anschließend über Port Stephens, wo er die neu gekauften wissenschaftlichen Geräte testet, in die Darling Downs. Im Haus des Mecklenburger Schafmeisters Brackers findet er gastfreundliche Aufnahme. Unmittelbar nach seiner Ankunft setzen starke Regenfälle ein: „Die Kolonie hatte unglaublich von der Dürre gelitten, und der plötzlich kalte Regen, welcher auf die eben geschorenen, der freien Nachtluft ausgesetzten Schafherden Neuenglands niederkam, schadete selbst mehr als die Dürre. 100 000 Schafe sollen während des Regens in der Kolonie gestorben sein. Ich selbst war Zeuge des Todes von 800 in einer Nacht, während eine ganze Herde von 1 000 Stück sich Schutz suchend in die Pferdeställe und Wohnungen drängte und weder Drohungen der Leute noch die Hunde fürchtete."

Abb. 31: Landungsplatz bei Bourke am Darling

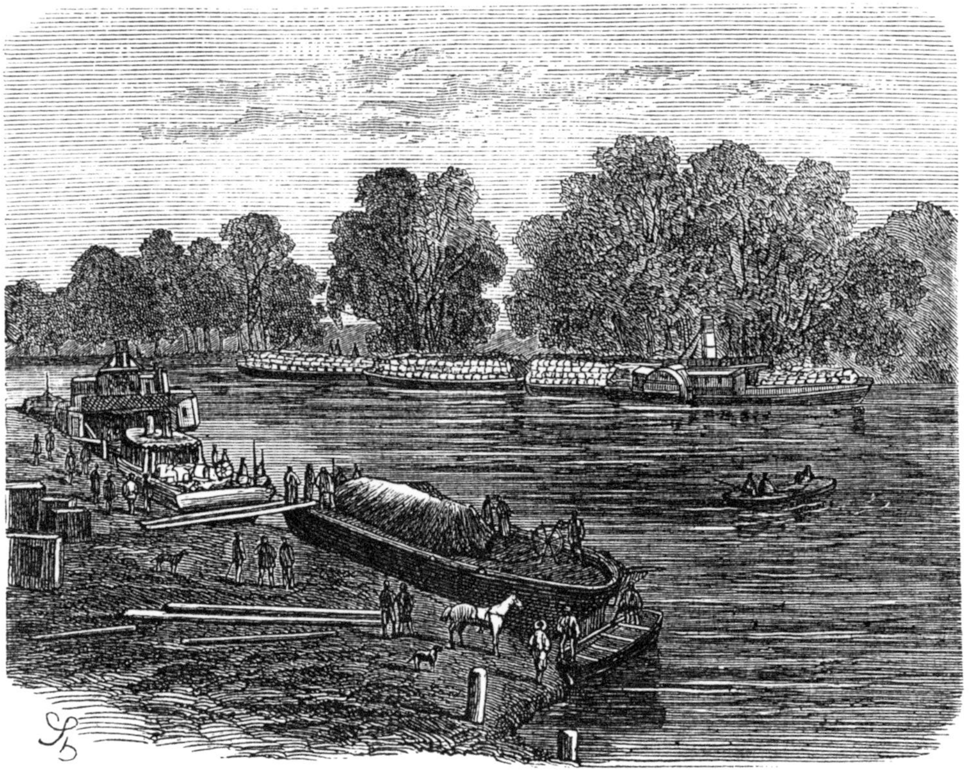

Auch diesmal führt die Leichhardt-Expedition eine stattliche Anzahl Tiere mit sich: 7 Pferde, 50 Rinder und 20 Maultiere. Auf Ziegen und Schafe verzichtet man, um sich nicht erneut unnötigen Darmbeschwerden durch den Genuß des fetten Fleisches und eventuell sogar der ebenso fettreichen Milch auszusetzen. Lebensmittelvorräte für die ersten Monate sind auch gekauft.

Dann geht es los. 300 englische Meilen weit (etwa 400 Kilometer) stößt man in den folgenden 11 Tagen von Birells Station zur Macpherson-Station auf den Fitzroy-Dünen vor und von dort weiter nach Westen. Der Marsch verläuft ohne Zwischenfälle.

Von der Üppigkeit an Flora und Fauna dieses Gebietes sind die Männer derart begeistert, daß sich Ludwig Leichhardt entschließt, vor dem Weiterzug zu Mr. Macphersons Station zurückzureiten. Er will den Siedlern eine Nachricht überbringen, die viele von ihnen sehnsüchtig erwarten – daß es riesige Flächen fruchtbaren Landes gibt, nur wenige Dutzend Meilen von ihren Niederlassungen entfernt. Allerdings hatte man dort kein Trinkwasser gefunden. Nachdem er den Kolonisten jene Kunde überbracht hat, schickt er am 3. April 1848 einen letzten Brief von der Station am Cogoon-Fluß ab – an seinen Freund Lynd in Sydney: „Ich benutze die letzte Gelegenheit, Ihnen einen Bericht über meine Fortschritte abzustatten. In elf Tagen gelangten wir von Birells Station am Condamine zu der Macphersons auf den Fitzroy-Dünen. Obgleich das Land mitunter bedeutende Schwierigkeiten darbot, so ging doch alles gut vonstatten. Meine Maultiere sind in gutem Zustande, meine Begleiter von ausgezeichnetem Geiste beseelt. Drei von meinen Stieren sind lahm; einen davon werde ich jedoch noch heute abend schlachten, damit wir wieder Vorrat von getrocknetem Fleisch erhalten.

Die Fitzroy-Dünen, über welche wir ungefähr zweiundzwanzig Meilen von Ost nach West reisten, sind in Wahrheit eine herrliche Gegend, und Sir Thomas Mitchell hat in seiner Schilderung ihrer Schönheit nicht übertrieben. Der Boden ist üppig und steinig, reich mit Gras bewachsen und, dem Myal (Acacia pendula) nach zu urteilen, von fetter Beschaffenheit ... Meine Messung der geographischen Länge stimmte mit jener Mitchells genau überein. Ich fürchte, daß der Wassermangel auf den Fitzroy-Dünen im hohen Grade der Kolonisation dieser schönen Gegend hinderlich sein wird ... Obgleich die Tage noch sehr heiß sind, so sind die prächtig klaren Nächte kühl und machen die Moskitos erstarren ... Myriaden von Fliegen sind unsere einzige Plage.

Wenn ich bedenke, wie glücklich ich bei meinem Vordringen bisher war, so bin ich von Hoffnung erfüllt, daß unser Allmächtiger Beschützer mir gestatten wird, meinen Lieblingsplan zu einem erfolgreichen Ende zu führen."

Es bleibt das letzte Lebenszeichen der Expedition. Leichhardt kehrt, nachdem er jene Nachricht vom fruchtbaren Landstrich hinter den Fitzroy-Dünen überbracht hat, unverzüglich zu den wartenden Kameraden zurück. Und ihre Spuren verlieren sich für immer in den unendlichen Weiten der australischen Wildnis ...

Das große Rätsel. Das Jahr 1848 und auch das darauffolgende vergehen, ohne daß aus einer der Ansiedlungen an der West- und Nordwestküste eine Nachricht über das Eintreffen der Expedition nach Brisbane oder Sydney gelangt wäre.

Diesmal bleibt man lange ruhig und glaubt, Leichhardt würde auch diese Reise zu einem glücklichen Ende bringen. Immerhin hatte er ja nach eigener Aussage zweieinhalb bis drei Jahre veranschlagt.

Schließlich sind die drei Jahre jedoch um, ohne daß er mit seinen Begleitern aus der Wildnis aufgetaucht wäre. Wenn man bedenkt, „daß die sich darbietenden Schwierigkeiten um vieles größer sein mußten auf dem geplanten Schritte durch das Herz des Kontinents als längs der Küste nach den nördlichen Niederlassungen, so wird man unter allen Umständen zur Überzeugung gelangen, daß bei der Durchführung der Reise auf eine regelmäßige Ausbeute der Hilfsmittel des Landes durch Jagd, Fischfang und Produkte aus dem Pflanzenreiche kaum gerechnet worden war und daß daher die Ausrüstung an Lebensmitteln eine ungleich vollständigere zu sein hatte ...“

Nach und nach mehren sich Stimmen unter den Siedlern, Leichhardt hätte seine zweite Expedition nicht mit der nötigen Sorgfalt ausgerüstet, wie es für ein solches Mammutunternehmen erforderlich gewesen wäre – ein Unternehmen, das die meisten von ihnen Mitte des vorigen Jahrhunderts für unausführbar halten, gibt es doch noch keine erfolgversprechende Reisetechnik, keine Konservierungsmethoden für verschiedene Nahrungsmittel, die man über Monate hinweg hitzeresistent mit sich führen könnte. Der Hauptgrund aber, weshalb eine derartige Forschungsreise ihrer Meinung nach scheitern muß –das ist der über mehrere tausend Kilometer lange Weg durch höchstwahrscheinlich unfruchtbare Gebiete.

Sorge bereitet nicht nur die andersartige Konstellation des zweiten Leichhardt-Unternehmens, sondern ebenso, daß sein Gesundheitszustand durch die Strapazen der ersten Reise stark in Mitleidenschaft gezogen ist. Um so mehr bewundert man Leichhardts unverminderte wissenschaftliche Besessenheit, mit der er an die Vorbereitung und den Start zur Ost-West-Durchquerung heranging.

In eben dem Maße werden unter den Leuten in den Ansiedlungen Stimmen laut, die darauf verweisen, daß gerade jenes Höchstmaß an Forschereinsatz bei den anderen Mitgliedern der Expedition, deren Teilnahme größtenteils durch die Verheißung von Abenteuer, Ruhm und Profit motiviert ist, auf zunehmenden Widerwillen, ja eventuell auf Gegenaktionen stoßen könnte.

Vorgewarnt dürfte Ludwig Leichhardt durch die Vorfälle auf den ersten beiden Reisen jedenfalls gewesen sein. Hatte es wieder Auseinandersetzungen in der eigenen Mannschaft gegeben? Eine andere Version, die von der Reise nach Port Essington bekannt ist: Es gab damals eine bewaffnete Auseinandersetzung mit Aborigines. Wie, wenn sich Derartiges auch zu Beginn der jüngsten Reise zugetragen hat und die Expeditionsmitglieder im Kampf mit Eingeborenen ihr Leben lassen mußten?

Viel wahrscheinlicher aber ist, daß die Männer irgendwo in Trockensteppe oder Wüste kein Trinkwasser gefunden hatten und verdurstet waren.

Suchexpeditionen. Als das Jahr 1851 zu Ende geht, mehren sich die Stimmen der Besorgnis.

Der englische Admiral Sir Francis Beaufort empfiehlt, in Port Essington ein Lebensmitteldepot anzulegen, was von der Kolonialregierung unverzüglich getan wird. Immerhin ist es möglich, daß Leichhardt eines Tages in der inzwischen aufgegebenen Niederlassung wieder eintrifft.

Ein anderer Plan sieht das Entsenden einer Suchexpedition von der Swan-River-Kolonie vor. Sie soll den umgekehrten Weg der Leichhardt-Männer wählen, kommt aber im letzten Augenblick nicht zustande.

Erst zu Beginn des Jahres 1852 startet die erste Suchexpedition aus Sydney. Sie steht unter Leitung von Hovenden Hely, einem Gefährten Leichhardts auf der gescheiterten Reise. Auf der vermeintlichen Route dringt sie nach Westen vor bis zum Alice-Fluß. Hier stößt Hely auch auf unverkennbare Spuren der Leichhardt-Expedition, aber er begeht einen unverzeihlichen Fehler. Anstatt sie konsequent weiter zu verfolgen, schenkt er den verworrenen Aussagen von Eingeborenen Gehör. Sie besagen, daß Leichhardt und seine Kameraden von Aborigines erschlagen worden seien. Dies wäre geschehen, als sie auf ihren Pferden einen Fluß überqueren wollten. Der Schlüssel zu Leichhardts Uhr und auch Gebeine seien gefunden worden.

Leider vertraut Hely, obwohl selbst reiseerfahren, diesen zweifelhaften Aussagen der Eingeborenen. Nachdem er noch ein paar Wochen lang die Umgebung nach Spuren abgesucht hat, tritt er die Rückreise zu den Niederlassungen am Balonne westlich der Darling Downs an, wo er am 22. Juni 1852 eintrifft.

Vielleicht hätte man unmittelbar nach Helys Rückkehr vom Alice-Fluß eine weitere Suchexpedition ausgerüstet. Doch gelingt dies zunächst nicht – der Goldrausch zieht die Siedler in seinen Bann. Trupp auf Trupp begibt sich in die Blauen Berge vor Sydneys Haustür und in das Craigs-Gebirge nordwestlich von Brisbane, gründet Claims, schürft Gestein und wäscht es in den creeks und soaks (Wasserlöchern). Als man des mühevollen Goldwaschens mehr und mehr überdrüssig wird, entsinnt man sich auch wieder eines Ludwig Leichhardt und seiner Gefährten, die da irgendwo im australischen Busch verschollen sind und vielleicht dringend auf Hilfe warten. Der britische Australienforscher August Charles Gregory (1819–1905) wird durch den Gouverneur in Neusüdwales 1855 mit einer weiteren Suchexpedition beauftragt.

Gregory hat in der geographischen Fachwelt bereits einen Namen. Er machte sich besonders durch Forschungsarbeiten in Westaustralien verdient, die er seit 1846 teilweise gemeinsam mit seinen Brüdern Francis und H. C. Gregory vorgenommen hatte. Dabei untersuchte er unter anderem die Region nördlich von Perth bis hinauf zur Shark-Bai.

Jetzt will er zunächst per Schiff zur Mündung des Victoria-Flusses reisen, wo ein Proviantdepot errichtet werden soll. In Gregorys Begleitung befindet sich auch der deutsche Australienforscher Baron Ferdinand von Mueller (1825–1896).

Die Fahrt verläuft von Sydney durch die Bass-Straße, welche den Kontinent von der Insel Tasmanien trennt, durch die Große Australische Bucht vor der Südküste zur Kolonie Westaustralien, wo in Perth ein Zwischenaufenthalt eingelegt wird, um Wasser und Proviant zu ergänzen. Anschließend setzt die Expedition ihre Schiffsreise entlang der West- und Nordwestküste fort und nimmt dann durch den Joseph-Bonaparte-Golf Kurs auf das Queens-Kap vor der Mündung des Victoria-Flusses. Man errichtet das Depot und bricht zur Suchaktion auf. Dabei durchstreifen Gregory, Mueller und ihre Begleiter die Breiten zwischen dem Roper-Fluß und dem Carpentaria-Golf und Teile von Queensland. Ferdinand von Mueller sammelt im Verlauf dieser Reise in einem gänzlich unerschlossenen Gebiet mehr als 3 000 Pflanzen.

Leider ist Gregorys Unternehmen ebenfalls kein Erfolg beschieden. Da das Auffinden von Wasserstellen immer schwieriger wird, muß die Suche abgebrochen werden, ohne daß man irgendeine Spur der Leichhardt-Männer fand.

Zwei weitere Suchexpeditionen unternimmt Gregory dann 1855 und 1858, wobei er zugleich wertvolle Beiträge zur Erschließung der australischen Nord- und Nordostregion leistet.

Abb. 32: Auffinden der Leiche eines im Busche verirrten Reisenden

Im Verlauf der ersten Reise durchstreift er erneut das Territorium zwischen dem Victoria-Fluß sowie dem Carpentaria-Golf „und folgte einer Route, welche sich jener Dr. Leichhardts auf seiner ersten Reise ungefähr anschloß", schreibt Neumayer. „Nirgends wurde auf diesem Wege eine Spur der Vermißten gefunden, und über die Flüsse Albert, Flinders und Gilbert kehrte die Expedition ... Ende des Jahres 1856 über den Burdekin und den Belyando nach den Kolonien im Osten zurück ... allein schon Anfang des Jahres 1858 unternahm A. C. Gregory von Moreton Bay aus abermals eine Aufsuchungs-Expedition. Zehn Jahre waren nun verflossen seit den Tagen, da Leichhardt den Alice-Fluß erreicht haben konnte; und es läßt sich denken, daß nach so langer Zeit die Spuren, welche die Entdeckungs-reisenden gelassen hatten, sehr verwischt worden waren."

Als weitere Suchexpeditionen nach den Leichhardt-Männern können dann auch die von John MacDouall Stuart (1815–1866) und anderen Forschern gewertet werden: „... 1860 beginnt eine bedeutende Wendung in der Erforschung des austra-lischen Innern. MacDouall Stuart durchkreuzte 1860 bis 1862 sechs Mal in rascher Aufeinanderfolge das Zentrum Australiens, bis er endlich die britische Flagge an den Ufern des Van-Diemen-Golfes aufpflanzte.

Burke und Wills durchzogen, dem Meridian von 141 folgend, das Innere, und eine Schar von Expeditionen durchkreuzte nach allen Richtungen die östliche Hälf-te des Kontinents. Sie alle hatten den Auftrag erhalten, eifrigst nach Leichhardt und seinen Gefährten zu spähen, und sie alle brachten ... keinen Aufschluß", heißt es weiter bei Neumayer.

Der deutsche Wissenschaftler Georg von Neumayer, Begründer und bis 1864 Direktor des Observatoriums in Melbourne, unterbreitete der Königlichen Geogra-phischen Gesellschaft in London 1868 den Vorschlag, ohne Zögern eine Expedition ins Innere Australiens zu entsenden – mit der Zielstellung, neben dem weiteren geographischen Erkunden vor allem dem Schicksal Leichhardts nachzugehen. Auch in Deutschland wird Neumayers Projekt kurz darauf der Öffentlichkeit vor-gestellt – durch den in den „Mitteilungen aus Justus Perthes' geographischer An-stalt über wichtige neue Erfahrungen auf dem Gesamtgebiet der Geographie" pu-blizierten Aufsatz „Dr. Neumayers Projekt zu einer wissenschaftlichen Erfor-schung Central-Australiens". Ohne Resonanz bei zuständigen Regierungsstellen gefunden zu haben, wiederholt Neumayer 1869 sein Ersuchen. Wiederum hat er keinen Erfolg, denn ein Jahr später macht der Deutsch-Französische Krieg die Ausführung jenes Projektes zunächst zunichte.

Je weiter die Europäer jedoch beim Bau von Straßen und Eisenbahnstrecken, dem Verlegen von Telegrafenleitungen in den Kontinent vordringen und je häufiger sie dabei mit den Eingeborenen in Berührung kommen, desto mehr verhärtet sich das Gerücht, Leichhardt und einige seiner Kameraden hätten weit zurückgezogen im Westaustralischen Tafelland bei einem Stamm der Aborigines Aufnahme ge-funden und würden dort noch leben. Wenngleich man dieser Mitteilung keine

Bedeutung beimessen will – kennt man doch allzu gut die legendenreichen Nachrichten der Ureinwohner. Irgendein Fünkchen Wahrheit schien von Stamm zu Stamm weitergegeben worden zu sein, bis es schließlich auch die Ohren der Europäer erreichte.

Noch einmal wird die Leichhardt-Suche stimuliert, denn 1871 stößt der Polizeibeamte Gilmore südlich des Mulligan auf Grabstätten, „die Überreste von Europäern enthielten, darunter Sattelzeug, Haare, die zum Ausstopfen der Sättel benutzt worden waren u. dgl. m. Leider scheint die Untersuchung jener Stelle, die in der Nähe von jenem Punkt liegt, bis zu welchem Sturt im Jahre 1845 vordrang, nicht eingehend genug geführt worden zu sein, um die Bedeutung derselben für die Leichhardtsche Expedition ins volle Licht stellen zu können."

Drei Jahre darauf gelangt der ehemalige britische Sträfling Andrew Hume, der sich mehrere Jahre bei Aborigines aufgehalten hat, in die Kolonie Queensland. Er berichtet, daß er 1867 weit im Landesinneren am Mulligan-Fluß einem ehemaligen Teilnehmer der verschollenen Leichhardt-Expedition begegnet und zwei Monate lang mit ihm zusammen gewesen sei. Nach seiner Aussage hätte es sich bei jenem Mann um Leichhardts Verwandten Classen gehandelt. Er habe ihm auch einige Wertgegenstände, so einen Kompaß und einen Oktanten der Expedition, überlassen. Hume gibt allerdings vor, diese Dinge seien ihm später von Eingeborenen wieder geraubt worden.

Dichtung oder Wahrheit? Hume wird von einem reichen Farmer mit ausreichender Reiseausrüstung und Proviant versehen und bricht im Dezember 1874 abermals ins Landesinnere auf. Sein Auftrag lautet, Classen umgehend in eine der Niederlassungen zurückzubringen. Das Unternehmen scheitert. Die zum Teil fruchtbaren Landstriche, die Hume auf dem Weg nach Queensland passiert hatte, waren von einer großen Dürre heimgesucht worden. Schließlich hatte er keine Nahrung und kein Wasser mehr. Hume mußte den Weg zu Classen mit dem Leben bezahlen.

Sechs Jahre darauf erhitzten sich die Gemüter erneut, „indem ein Herr Skuthorpe, der am Herbert-Flusse seine Niederlassung hat, unleugbare Spuren des langjährigen Aufenthaltes von Adolph Classen an dem Mulligan-Flusse fand", schreibt Neumayer. „Nach den Mitteilungen jenes Herrn wurden mehrere Mischlingskinder aufgefunden, welche die deutsche Sprache redeten und mit der Bibel bekannt waren; auch sollen dieselben Mitteilungen über ihren Vater gemacht haben, welche es als unzweifelhaft erscheinen lassen, daß der Name desselben Classen, des Begleiters Leichhardts, war. Derselbe soll im November 1876 auf einem Fluchtversuche, welchen er zur Erreichung der nur 20 Meilen entfernten Expedition von Hodghinson unternommen, umgekommen sein."

Nach Aussage von Mr. Skuthorpe dürfte der Ort, an welchem Adolph Classen dreißig Jahre (!) unter den Aborigines gelebt hatte, „ungefähr auf dem Wendekreis des Steinbocks und in 138° östlicher Länge sich befinden."

Noch in den 70er Jahren des 19. Jahrhunderts gelangten durch Arbeiter, die am Bau der rund 3 000 Kilometer langen Überlandtelegrafenlinie von Port Augusta am Spencer-Golf bis nach Darwin auf Arnhemland eingesetzt waren, Informationen über das Schicksal der Leichhardt-Expedition nach Adelaide. Sie stimmten mit jener Version überein, wonach die Expeditionsmitglieder von Aborigines getötet worden waren. „.... daß Leichhardt und seine Gefährten ungefähr einige hundert Meilen östlich von ‚Charlotte waters‘ umgekommen sind, und zwar sollen dieselben in zwei Zügen ein Gewässer passierend von Schwarzen überfallen und niedergestochen worden sein ...

Wie und auf welche Weise die Geschichte des Lebens und Untergangs von Classen mit dem Untergang eines Teiles der Expedition in Einklang zu bringen sei, das zu ermitteln ist eine Aufgabe, deren Lösung sich die Kolonien so schleunigst als möglich unterziehen sollten."

1875 meldete Viehzüchter Fane den Behörden, vermeintliche Spuren der verschollenen Reisenden gefunden zu haben. Fane war auf der Suche nach neuen Weideplätzen von der australischen Westküste bis hinter den Austin-See vorgedrungen. Aborigines erzählten ihm dort, daß vor vielen Jahren vier erschöpfte Weiße mit ihren Pferden in jene Gegend gekommen wären. Unter ihnen entbrannte eines Tages ein blutiger Kampf um die verbliebenen Mehlreste, wobei zwei getötet wurden; die anderen beiden seien nicht lange danach an Wassermangel gestorben. Als daraufhin die westaustralische Regierung das Durchsuchen der Region durch eine Polizeiabteilung anordnet, entdecken die Beamten unweit eines Eingeborenenlagers ein zweites. Es war vor längerer Zeit wahrscheinlich von Weißen errichtet worden. Reste menschlicher Skelette und Pferdeknochen werden gefunden, jedoch keinerlei Gegenstände bzw. Tagebücher, die irgendeinen Aufschluß hätten geben können. Im Ergebnis der Untersuchungen mutmaßte man, daß es sich um ein Lager entflohener Sträflinge gehandelt habe.

Immerhin nehmen die australischen Behörden jeden erfolgversprechenden Hinweis zum Anlaß, insgesamt 100 Jahre lang Suchexpeditionen nach den verschollenen Leichhardt-Männern auszusenden, mit zum Teil beträchtlichem finanziellen und reisetechnischen Aufwand – so zum Beispiel 1938 eine Expedition in die Simpson-Wüste und 1953 die bisher letzte, die nach Zentralaustralien gestartet wurde. „Man wollte nach einer eisernen Truhe suchen, die dort von Eingeborenen gefunden worden war. Da Leichhardt eine ähnliche Kiste bei sich gehabt hatte, vermutete man, es könnte sich um die Medizinkiste des Forschers handeln." Die Truhe wurde gefunden, doch sie gehörte gewiß nicht Leichhardt oder einem seiner Gefährten ...

Bekannt ist, daß er auf seinen Reisen vor allem an wichtigen Orientierungspunkten in Bäume sein Signum, ein großes L, einkerbte. Professor Colin Roderick von der New South Wales University Sydney hat in dem Buch „Leichhardt the dauntless explorer" auch auf einige solcher Bäume verwiesen.

Nach seinen Angaben stieß der Landvermesser David Lindsay 1888 in der Nähe von Arltunga (etwa 100 Kilometer östlich der Stadt Alice Springs) auf einen mit L markierten Baum.

Etwa 450 Kilometer östlicher – bei der Glenormiston Station am Georgina-River – wurde 1949 ein weiterer „Leichhardt-Baum" gefunden.

Falls es sich tatsächlich um Bäume handeln sollte, die der deutsche Forscher einst markierte, würden diese Funde die spärliche Reihen von Angaben bestätigen, wonach die Ost-West-Durchquerung der Leichhardt-Expedition wahrscheinlich in den nördlichen Ausläufern der Simpson-Wüste ihr tragisches Ende fand.

Unvergessene Forschungsleistung. 140 Jahre sind inzwischen vergangen, da Ludwig Leichhardt mit seiner kleinen Schar aus den Darling Downs aufbrach, um das tollkühne Wagnis einzugehen, den riesigen Kontinent von Osten nach Westen zu überqueren. 140 Jahre, in denen auch zahlreiche Suchexpeditionen den Erdteil in allen Richtungen durchzogen und dabei allmählich seine Geheimnisse entschlüsselten. 140 Jahre aber auch, die die Spuren der Leichhardt-Männer fast gänzlich verwischt haben dürften, so daß ihr Schicksal wohl ewiges Geheimnis der australischen Wildnis bleiben wird.

Die Tatsache allein, daß man in Australien so viele Jahre hindurch versuchte, Aufklärung über den Ort und die Umstände zu erhalten, wo die Leichhardt-Expedition gescheitert sein könnte, zeugt von der großen Popularität, die der deutsche Forscher seit langem dort genießt. Auf jenem Kontinent, für dessen Erschließung tinentl Leben gab, ist er zum Nationalhelden geworden. Flüsse, Gebirge, Ortschaften, auch Pflanzen benannte man nach ihm.

Nach Ludwig Leichhardt benannte Örtlichkeiten in Australien (Aus: „Geographische Berichte" 3/ 1985, S. 205)

Bezeichnung/Lage	Koordinaten	
Mount Leichhardt (Nordterritorium) So benannt von J. McD. Stuart.	21° 49' S.	132° 36' E.
Leichhardt Creek (Nordterritorium)	16° 30' S.	129° 40' E.
Leichhardt River (Queensland) Fließt in den Golf von Carpentaria.	17° 35' S.	139° 38' E.
Leichhardt Creek (Queensland) Fließt in den Dinner Creek, der in den Anni Creek mündet.	14° 28' S.	143° 40' E.
Leichhardt Creek (Queensland) Ein Kanal zwischen dem Mitchell- und dem Scrutton-Fluß	15° 55' S.	142° 16' E.
Leichhardt-Creek (Queensland) Kleiner Nebenfluß des East Normanby Flusses	15° 46' S.	144° 56' E.
Leichhardt Creek (Queensland) Zufluß zum Stillen Creek, der in den Einasleigh-Fluß mündet.	17° 46' S.	143° 22' E.
Leichhardt Creek (Queensland) Zufluß zum Cattle Creek, der in die Halifax-Bay mündet.	18° 49' S.	146° 13' E.

Bezeichnung/Lage	Koordinaten	
Leichhardt Creek (Queensland) Fließt nordwestlich von Townsville ins Meer.	19° 06' S.	146° 31' E.
Leichhardt Creek (Queensland) Westlich von Aramac	23° 02' S.	145° 10' E.
Leichhardt Falls (Queensland) Etwa eine halbe Meile stromaufwärts vom Zusammenfluß von Leichhardt- und Alexandra-Fluß	18° 14' S.	139° 53' E.
Leichhardt Gorge (Queensland) Am Isaac-Fluß	21° 31' S.	148° 06' E.
Leichhardt-Range (Queensland) In der Nähe des Zusammenflusses von Bowen- und Burdekin-Fluß	20° 30' S.	147° 15' E.
Leichhardt Spring (Westaustralien) Auf der Küstenebene östlich der Mündung des Ord-Flusses	15° 09' S.	128° 24' E.
Leichhardt (Neusüdwales) Vorort von Sydney mit 61 951 Einwohnern	33° 53' S.	151° 09' E.
Leichhardt (Victoria) Westlich der Eisenbahnstation Bendigo an der Strecke Bendigo–Inglewood	36° 41' S.	144° 04' E.
Leichhardt (Queensland) Station Homestead am Leichhardt Creek in der Nähe von Aramac	23° 07' S.	145° 08' E.
Leichhardt Downs (Queensland) Station am Isaac-Fluß	22° 46' S.	148° 32' E.
Leichhardt Farms (Queensland) Station in der Nähe von Aramac	23° 09' S.	145° 06' E.
Leichhardt Downs (Queensland)	19° 50' S.	147° 15' E.

Gemeinde Leichhardt (Neusüdwales)

Landkreis Leichhardt Street (Canberra, Territorium der Bundeshauptstadt)

Leichhardt Highway (Queensland)
Verbindet die Condamine und die Duaringa Autostraße

Leichhardt Park (Neusüdwales)
In dem bereits aufgeführten Vorort Leichhardt von Sydney

Leichhardt Street (Neusüdwales)
Straße in Sydney

In Deutschland fand Ludwig Leichhardt lange Zeit nicht die Anerkennung, die ihm längst gebührt hätte. Der Beeskower Lehrer Hermann Kempcke versuchte als einer der ersten, den großen Forscher in dessen Heimatkreis zu würdigen. Als ehrenamtlicher Leiter des Museums in Beeskow gründete er dort ein Leichhardt-Archiv sowie eine Gedenkecke. Nachdem jedoch 1945 der gesamte Museumsbestand verlorengegangen war, begann man mit dem Aufbau einer neuen Belegsammlung zu Leben und wissenschaftlicher Leistung Leichhardts.

Im Jahre 1962 berief der Vorsitzende des Kreises Beeskow in Vorbereitung des 150. Geburtstages ein Leichhardt-Komitee. Es wurde geleitet von Dr. Heinz Haufe (1909–1980), dem Autor der fundierten Leichhardt-Biographie „Entdeckungsreisen in Australien". Dem Wirken dieses Komitees war es zu verdanken, daß das

Jubiläum 1963 unter breiter Anteilnahme der Bevölkerung des Kreises Beeskow begangen werden konnte und hohe Resonanz in der nationalen wie internationalen Öffentlichkeit fand.

Unter Leitung der Direktorin M. Große-Wolfe begann man im Biologischen Heimatmuseum Beeskow mit dem Aufbau einer umfangreichen Leichhardt-Ausstellung. Auch das Archiv wurde beträchtlich ausgebaut. So erhöhte sich die Zahl der Belege von 100 auf mehr als 500 – nicht zuletzt durch verstärkte Kontakte zur Mitchell-Bibliothek Sydney, die dem Beeskower Museum zahlreiche Negative aus Leichhardts Tagebüchern übersandte.

Der 175. Geburtstag des deutschen Forschers wurde ebenfalls sorgfältig vorbereitet. Gleichsam im Vorfeld der Feierlichkeiten veranstaltete die New South Wales University Sydney Ende März 1988 eine interdisziplinäre Konferenz zu Leichhardt und den Leistungen deutscher Einwanderer beim Erschließen des fünften Kontinents. Schwerpunkte der Tagung waren beispielsweise Beiträge zur Jugend- und Studienzeit Leichhardts sowie zum Vergleich von Patrick Whites Roman „Voß" mit dem Expeditionstagebuch des deutschen Forschers.

Unter dem Thema „Beiträge und Studien zur Erforschung und Erschließung Australiens unter besonderer Würdigung Ludwig Leichhardts und weiterer deutscher Wissenschaftler" fand vom 24.–28. Oktober 1988 in Chossewitz ein Symposium statt, an dem Wissenschaftler aus Deutschland und dem Ausland teilnahmen. Neben einer größeren Zahl an Vorträgen zu ethnischen und ethnographischen Aspekten Australiens waren einige Leichhardts geologischer Tätigkeit auf jenem Kontinent sowie seiner zweiten Expedition von 1846/ 47 gewidmet, aber auch Gelehrten wie Alexander von Humboldt, Georg Forster, Ferdinand von Mueller oder Amalie Dietrich. Es waren Zeichen der weitreichenden Resonanz von Leichhardts Wirken und zugleich für seine hohe Wertschätzung.

Anhang

Literatur von Ludwig Leichhardt

Beiträge zur Geologie Australiens. In:
„Beiträge der Naturforschenden Gesellschaft
Halle". Halle/ S. 1856.

Ins Innere Australiens. Die erste Durchquerung von
Brisbane zur Nordküste. Leipzig **1952.**

Journal of an Overland Expedition in Australia
from Moreton Bay to Port Essington, a Distance
of Upwards of 3 000 miles, during the years
1844–1845. London 1847.

Letters to his relatives. Melbourne 1936.

Scientific Excursions in New Holland, 1842–44.
London 1845.

Tagebuch einer Landreise in Australien von
Moreton Bay nach Port Essington, eine
Entfernung von rund 3 000 Meilen, in den
Jahren 1844–45. Halle/ S. 1851.

Literatur über Ludwig Leichhardt, seine Zeit und über Australien

Australia. A sunset travel book. California 1979.

Bauer, Roland u. a.: Berlin. 800 Jahre Geschichte
in Wort und Bild.Berlin 1980.

Berlin und seine Umgebung im neunzehnten
Jahrhundert. Leipzig 1972.

Beeskow. Kreisstadt an der Spree. Beeskow 1969.

Brinke, Josef: Bevölkerungsgeographischer
Überblick von Australien. In: „Geographische
Berichte. Mitteilungen der Geographischen
Gesellschaft der Deutschen Demokratischen
Republik". Gotha/ Leipzig 30 (1985) 3.

Brinke, Josef: Im australischen Busch. Leipzig 1977.

Deutscher Ludwig Leichhardt handelte nicht in
Unkenntnis. Konferenz über den deutschen
Forscher an der Univesität Sydney.
In: „Die Woche", Sydney (1988) 14.

Dr. Ludwig Leichhardts Briefe an seine Angehöri-
gen. Hrsg. Im Auftrage der Geographischen
Gesellschaft in Hamburg von G. Neumayer u.
O. Leichhardt. Hamburg 1881.

Fitzpatrick, Kathleen: Australian explorers. London
1958.

Gellert, Johannes F.: Der Australienforscher Ludwig
Leichhardt (1813–1848) als Geologe.
In: „Zeitschrift für geologische Wissenschaften".
Berlin 9 (1981) 5.

Gellert, Johannes F.: Bedeutung und Stellung des
Australienforschers Ludwig Leichhardt aus
Trebatsch bei Beeskow, Mark Brandenburg,
in der geographischen Wissenschaft.
In: „Wissenschaftliche Zeitschrift der Päda-
gogischen Hochschule Potsdam".
Potsdam (1985) 3.

Grigorescu, Dan Er.: Paris. Leipzig 1973.

Haufe, Heinz: Entdeckungsreisen in Australien.
Ludwig Leichhardt. Ein deutsches Forscher-
schicksal. 5. Aufl., Berlin 1984.

Holz, Paul: Ludwig Leichhardt.
Ein Nachklang zu seinem 150. Geburtstag.
In: „Geographische Berichte. Mitteilungen der
Geographischen Gesellschaft der Deutschen
Demokratischen Republik".
Gotha/ Leipzig 9 (1964) 2.

Leichhardt. An era in pictures. Sydney 1982.

Lenhardt, Christian: In Australien verschollen. Das
Rätsel Ludwig Leichhardt. Burgholzhausen vor
der Höhe 1973.

The letters of F. W. Ludwig Leichhardt. Collected
and newly translated by M. Aurousseau. 3 vol.
Cambridge 1968.

Lhotsky, Alphons: Ein Bericht über die Universität
Göttingen für den Staatskanzler Fürsten
Kaunitz-Rietberg (1772). Göttingen 1966.

Meissner, Hans-Otto: Das fünfte Paradies.
Stuttgart 1965.

Mitchell, Thomas: Journal of an expedition into the
interior of tropical Australia. London 1848.

Müller, Ernst: Deutsche Forschung in Australien:
Baron Ferdinand von Mueller.
In: „Geographische Berichte. Mitteilungen
der Geographischen Gesellschaft der Deutschen
Demokratischen Republik".
Gotha/ Leipzig 10 (1965) 2.

Petersen, Hans (Hrsg.): Australische Erzähler von
Marcus Clarke bis Patrick White. Berlin 1984.

Roderick, Colin: Leichhardt the dauntless explorer. Hongkong 1988.

Rose, Frederick: Ureinwohner, Känguruhs, Düsenclipper. Leipzig 1966.

Schicksal im australischen Busch. Vorstoß in das Herz eines Kontinents. Hrsg. V. K. Helbig u. J. Schlieben. Leipzig (1959).

Veselovsky, Zdenek: Ausflug ins Tertiär. Ein Zoologe reist durch Australien. Leipzig 1978.

White, Patrick: Voss. A novel. London 1957.

Winkler, Heiner: Australien. Kleine Reihe „Länder der Erde". Berlin 1985.

Wolanowski, Lucjan: Abschied vom Bumerang. Australien gestern und heute. Leipzig 1973.

Zuchold, Ernst Amandus: Dr. Ludwig Leichhardt. Eine biographische Skizze. Leipzig 1856.

200 Jahre Geschichte der deutschsprachigen Gemeinschaft in Australien 1788–1988. Sonderausgabe der „Woche". Sydney, Januar 1988.

Abbildungsverzeichnis

Bei der Auswahl der Abbildungen aus zeitgenössischen Quellen wurde versucht, einen Eindruck über Australien im vergangenen Jahrhundert zu vermitteln, wie es sich wohl auch Ludwig Leichhardt dargeboten hat. Dabei konnte nicht in jedem Fall eine Überstimmung der im Text beschriebenen Landschaften und Begebenheiten erreicht werden. Auf Abbildungen, die sich nicht auf Australien beziehen, wurde bewußt verzichtet. Die Ziffern hinter den Abbildungen im nachfolgenden Verzeichnis geben die unten aufgeführten Quellen, die aus dem Bestand der Bibliothek des Verlages stammen.

1. Quelle:
Alfred R. Wallace: Australasia. Vol. I. (= Stanford's Compendium of Geography and Travel. New Issue). 1893 London (Abb. 8, 10)

2. Quelle:
John Forrest: Explorations in Australia. 1875 London (Abb. 14, 24, 27)

3. Quelle:
G. Neumayer, Otto Leichhardt (Hrsg.): Dr. Ludwig Leichhardt's Briefe an seine Angehörigen. 1881 Hamburg (Abb. 1)

4. Quelle:
H. Butler stoney: Victoria: with a Description of its Principal Cities, Melbourne and Geelong, and Remarks on the Present State of the Colony...1856 London (Abb. 11, 12)

5. Quelle:
[G.F.A.]: Australia: A Popular Account of its Physical Features, Inhabitants, Natural History and Productions. With the History of its Colonization. (o.J.) London (13)

6. Quelle: Richard Oberländer: Australien. Geschichte der Entdeckung und Kolonisation. Bilder aus dem Leben der Ansiedler in Busch und Stadt. 2. Auflage, 1880 Leipzig (Abb. 2 - 7; 9, 15, 16, 19, 20, 21, 23, 26, 28–32)

7. Quelle: William Hardman: The Journal of John McDouall Stuart during the Years 1858–1862. 1864 London (Abb. 18, 22, 25)

EDITION PETERMANN – die neue Reihe bei Perthes, die Themen, Probleme und Persönlichkeiten der Geographie- und Entdeckungsgeschichte vorstellt und Hintergründe, Zusammenhänge und Entwicklungen deutlich macht.

Oswald Dreyer-Eimbcke
Auf den Spuren der Entdecker am südlichsten Ende der Welt
Meilensteine der Entdeckungs- und Kartographiegeschichte vom 16. bis 20. Jahrhundert

Der Bogen reicht von der Teilung der Welt zwischen Spanien und Portugal durch den Papst 1493 bis zum Falkland-Konflikt 1982, wie von der Entdeckung und Entschleierung Chiles, Patagoniens, Feuerlands, der „Terra australis" und der Antarktis von der ersten Durchfahrt durch die Magellanstraße 1520 bis zur Südpolarexpedition von Roald Amundsen 1911.

248 Seiten, 81 teils farbige Abbildungen
ISBN 3-623-00350-6

Johannes H. Voigt
Die Erforschung Australiens
Der Briefwechsel zwischen Ferdinand von Mueller und August Petermann (1861–1878)

Der Briefwechsel zwischen dem Gothaer Geographen August Petermann, bekannt durch seine bis heute erscheinenden „Petermanns Geographische Mitteilungen" und dem herausragenden Botaniker Ferdinand von Mueller in Melbourne, berühmt durch seine Erforschung der Flora Australiens, vermittelt ein Spiegelbild der zeitgenössischen Erforschung Australiens und ihrer Darstellung im verlegerischen Wirken des Justus Perthes Verlages.
Die Veröffentlichung dieses Briefwechsels erfolgt aus Anlaß des 100. Todestages des großen deutsch-australischen Naturwissenschaftlers.

Der Herausgeber, Professor Dr. Johannes H. Voigt, hat seit seiner Tätigkeit als Research Fellow an der Australian National University in Canberra 1968–71 über die australische Geschichte allgemein und die deutsch-australischen Beziehungen im besonderen geforscht. Veröffentlichte Ergebnisse sind u. a. die erste auf Deutsch geschriebene Geschichte Australiens (1988) und Australia–Germany (1988).

ca. 160 Seiten, ca. 16 Abbildungen
ISBN 3-623-00351-4